Roberto Aparici
(organizador)

CONECTADOS
NO CIBERESPAÇO

Dados Internacionais de Catalogação na Publicação (CIP)
(Câmara Brasileira do Livro , SP, Brasil)

Conectados no ciberespaço / Roberto Aparici (coordenador) ; [tradução
Luciano Menezes Reis]. – São Paulo : Paulinas, 2012.

Conectados no ciberespaço / Roberto Aparici (coordenador) ;
[tradução Luciano Menezes Reis]. – São Paulo : Paulinas, 2012.

1. Cibercultura   2. Ciberespaço   3. Comunicação   4. Inclusão
digital   5. Internet (Rede de computadores) – Aspectos sociais   6. Internet
(Rede de computadores) - História   7. Mídia digital – Aspectos sociais   8.
Redes sociais   I. Aparici, Roberto.   II. Série.

12-12972   CDD-303.4833

Índice para catálogo sistemático:
1. Ciberespaço : Sociologia 303.4833

Título original da obra: *Conectados en el ciberspacio*

© Roberto Aparici (coordinador).
Cesión de la Universidad Nacionial de Educación a Distancia (UNED)

Direção-geral: *Bernadete Boff*
Editora responsável: *Luzia M. de Oliveira Sena*
Tradução: *Luciano Menezes Reis*
Copidesque: *Anoar Jarbas Provenzi*
Coordenação de revisão: *Marina Mendonça*
Revisão: *Ruth Mitzuie Kluska*
Sandra Sinzato
Assistente de arte: *Ana Karina Rodrigues Caetano*
Gerente de produção: *Felício Calegaro Neto*
Projeto gráfico: *Manuel Rebelato Miramontes*
Capa e diagramação: *Wilson Teodoro Garcia*

1ª edição – 2012
1ª reimpressão – 2014

Nenhuma parte desta obra poderá ser reproduzida ou transmitida
por qualquer forma e/ou quaisquer meios (eletrônico ou mecânico,
incluindo fotocópia e gravação) ou arquivada em qualquer sistema ou
banco de dados sem permissão escrita da Editora. Direitos reservados.

Paulinas

Rua Dona Inácia Uchoa, 62
04110-020 – São Paulo – SP (Brasil)
Tel.: (11) 2125-3500
http://www.paulinas.com.br – editora@paulinas.com.br
Telemarketing e SAC: 0800-7010081

© Pia Sociedade Filhas de São Paulo – São Paulo, 2012

SUMÁRIO

Introdução – Conectividade no ciberespaço 5
ROBERTO APARICI

PRIMEIRA PARTE
Comunicação e conectividade

Capítulo 1 – Comunicação e web 2.0 25
ROBERTO APARICI

Capítulo 2 – Modelo emerec de comunicação 37
SAGRARIO RUBIO CRESPO

Capítulo 3 – História da comunicação 47
JEAN CLOUTIER

Capítulo 4 – Formação dos comunicadores na era digital 53
PEDRO SOLER ROJAS / MANUEL AGUILAR GUTIÉRREZ

Capítulo 5 – Conectivismo: uma teoria da aprendizagem
para a era digital 83
GEORGE SIEMENS

SEGUNDA PARTE
Gerações de meios digitais

Capítulo 6 – *Homo sapiens* digital: dos imigrantes e nativos
digitais à sabedoria digital 101
MARC PRENSKY

Capítulo 7 – Uma geração de usuários da mídia digital 117
CÉSAR BERNAL BRAVO/ÁNGEL BARBAS COSLADO

TERCEIRA PARTE
As redes sociais

Capítulo 8 – Interatuantes e interatuados na web 2.0 147
SARA OSUNA ACEDO

Capítulo 9 – A internet como expressão
e extensão do espaço público 165
RAÚL TREJO DELARBRE

Capítulo 10 – Movimentos sociais: TICs e práticas políticas 195
CARLOS EDUARDO VALDERRAMA H.

Capítulo 11 – A web 2.0: uma verdade incômoda 213
DAVID DE UGARTE

QUARTA PARTE
Tecnologias digitais e educação

Capítulo 12 – TICs: entre o messianismo
e o prognatismo pedagógico 225
RAMÓN IGNACIO CORREA GARCÍA

Capítulo 13 – Educação comunitária e novas alfabetizações 247
BLAS SEGOVIA AGUILAR

Capítulo 14 – O uso da TIC no ensino e na aprendizagem:
questões e desafios 269
JEROME MORRISSEY

Capítulo 15 – Educação na rede. Algumas falácias,
promessas e simulacros 283
JOSÉ ANTONIO GABELAS BARROSO

Capítulo 16 – Pesquisar a educação on-line a partir da etnografia
virtual. Reconhecer a complexidade nos novos
contextos educativos 299
CARLOS RODRÍGUEZ-HOYOS/AQUILINA FUEYO GUTIÉRREZ /
ADELINA CALVO SALVADOR

Capítulo 17 – Riscos e promessas das TICs para a educação.
O que aprendemos nesses últimos dez anos? 323
NICHOLAS C. BURBULES

INTRODUÇÃO

Conectividade no ciberespaço

*Roberto Aparici**

Em declaração à revista digital *Learning Review*, George Siemens afirmou que,

> numa sociedade complexa, como aquelas em que a maioria de nós estamos imersos, o conhecimento é distribuído e interconectado. Atividades como construir um carro ou um avião, administrar um centro médico, ou sustentar um sistema legal, não podem ser feitas por indivíduos isolados. A maioria dos campos são tão complexos que não existe um indivíduo que possa "saber tudo". O conhecimento, então, passa a ser distribuído através de uma rede de indivíduos e, cada vez mais, de agentes tecnológicos. O aprendizado é o processo de acrescentar e moldar essas redes de conhecimento.

Assim como este livro, que exigia diferentes saberes e autorias para articular e organizar temáticas de diferentes naturezas no contexto da conectividade no ciberespaço, Siemens sugere que não é possível, na maioria dos campos, realizar um trabalho individual. Muitas das competências valorizadas no novo ambiente comunicacional e tecnológico estão ligadas à conectividade. Neste sentido, ele diz que

---

*   Roberto Aparici dirige o Programa Modular em Tecnologias Digitais e Sociedade do Conhecimento, além de ser docente na UNED.

muitas de nossas competências derivam de como estamos conectados com outras pessoas. Quando uma organização contrata um indivíduo, também está contratando sua rede pessoal. Sua competência no trabalho está influenciada pelas pessoas às quais ele tem acesso. Os novos projetos revelam o valor dos indivíduos com distintas redes. Uma vez que um problema é identificado, ou uma tarefa para um projeto, os indivíduos se reúnem para procurar soluções e buscar oportunidades.

Para David Gauntlett, a conectividade e a participação nas redes sociais estão ligadas aos seguintes princípios:

- As pessoas querem deixar sua marca no mundo;
- As pessoas querem ser sociais e (portanto) desejam conectar-se;
- A criatividade se canaliza através de ferramentas que nos permitem fazer muitas coisas de maneira individual e coletiva;
- As coisas adquirem mais valor se podemos compartilhá-las com outras pessoas;
- A colaboração com outras pessoas contribui para a felicidade e para o bem-estar.

A escola desconectada

As instituições educativas (escolas, institutos ou universidades) são herdeiras da tradição livresca ligada aos saberes acadêmicos institucionalizados.

Crianças e jovens desempenham essa moral dupla imposta pelo sistema educacional: dentro da sala de aula, praticam a cultura oficial e, fora dela, a cultura popular, a educação informal, as redes de amigos Facebook ou Tuenti (rede social virtual espanhola voltada para o público jovem), para citar somente duas delas.

Dentro da sala de aula estão desconectados. Podem contar com aulas de informática ou a escola pode estar conectada à internet e, inclusive, cada aluno pode contar com um computador. Mas não costumam estar conectados entre eles; estão conectados com o ou a docente para repetir o mesmo de sempre, apesar de a tecnologia permitir muito mais que a mediação, coordenação ou supervisão de tarefas pedagógicas.

Os grupos costumam se organizar nas escolas. Este trabalho grupal é posto em funcionamento a partir de uma divisão de tarefas, e cada membro participa em função das atividades atribuídas a cada um, como se se tratasse da produção em série de uma fábrica. O modelo de ensino-aprendizado que ainda hoje impera na educação é o fabril, herdado da sociedade industrial, em que cada indivíduo só é responsável por uma parte do todo.

Diante destas práticas institucionalizadas na universidade e no sistema educativo em geral, os próprios jovens, fora da sala de aula, colaboram com as redes sociais, utilizando um paradigma solidário e colaborador em que cada um pode ser participante e coautor de todo o processo.

Nas horas escolares, o aluno costuma estar condenado à competitividade e ao individualismo, enquanto – uma vez fora da instituição educativa – pode encontrar-se com "seus amigos" e construir discussões, organizar seu tempo livre, aprender coisas novas, sendo a informação a matéria-prima dessas interações.

Para Stephen Downes,

> a escola de hoje, inclusive de agora, está dominada pelas salas de aula. É certo que algumas dessas salas agora contam com computadores, mas o planejamento continua sendo essencialmente aquele em que os estudantes se reúnem numa sala para concentrar-se em atividades de aprendizado dedicadas, geralmente, a algum tipo de conteúdo transmitido por um professor. Embora os currículos tenham enfrentado desafios durante os últimos dez anos, sua estrutura básica não mudou e, de fato, em alguns lugares se tornou

ainda mais arraigado, à medida que as escolas se preocupam com o retorno às matérias básicas.

As tecnologias digitais e as redes sociais tornaram visíveis as práticas comunicativas que imperam no ensino: transmissivas e reprodutoras. Durante as aulas, os docentes agem como se estivessem num meio de comunicação de massas: um emissor e dezenas ou centenas de receptores. Em muitas ocasiões, lançam mão de tecnologias para a conectividade para repetir as velhas concepções pedagógicas da reprodução e do isolamento.

A educação tradicional não será substituída, da noite para o dia, pelos paradigmas da participação, da conectividade ou da convergência. O processo de convergência deveria ser mais apropriadamente chamado "de transição", pois nele vão conviver as formas tradicionais e as formas novas de aprender e ensinar.

Nesse sentido, Downes diz:

> As mudanças que veremos no aprendizado não ocorrerão como resultado de um tipo de aprendizado que substitui outro, mas sim como o resultado de uma convergência gradual entre as diferentes formas de aprendizado. Isso já começa a ser visto no que hoje se denomina aprendizado misto, que é essencialmente o aprendizado tradicional na sala de aula, complementado por atividades e recursos on-line.

Enquanto algumas escolas utilizam a telefonia móvel como um recurso a mais de aprendizado, na maioria das instituições educativas o seu uso está proibido, até mesmo se proíbe a modalidade de envio de mensagens SMS. Estas proibições se articulam para defender o sistema gutenberguiano que mantém de pé o modelo cognitivo da escola e da universidade. Os alunos, usando SMS na sala de aula, poderiam estabelecer diferentes relações de conectividade com seus companheiros ou participar de uma atividade didática, como fazem na Irlanda durante o ensino da língua materna, mas o uso dos SMS com fins pedagógicos representa uma alteração do tempo (passar da época gutenberguiana à comunicação digital) e da ordem linear cartesiana à teoria do caos, da complexidade e da incerteza (próprios da comunicação e da narrativa digital), além de significar também uma alteração nas relações de poder.

Proibir o uso de um artefato tecnológico responde a todo um sistema de organização escolar e a uma ideologia determinada. Uma proibição implica a manutenção do *status quo* e do universo herdado desse ambiente.

É importante destacar o sentido do tempo homogêneo praticado tanto no ensino presencial como no ensino on-line. A rigidez caracterizará por muito tempo a ambos os tipos de âmbitos educativos. Nesse sentido, Downes diz que muitas instituições, por razões administrativas, têm mantido o calendário tradicional. As aulas on-line já começam em setembro (início do ano letivo normal), são realizadas sessões sincrônicas uma vez por semana, numa hora programada, e espera-se que os estudantes mantenham um horário de trabalho tradicional. Contudo, não há razão acadêmica ou tecnológica para manter esse horário; além disso, vemos eventos de aprendizado programados fora da instituição, como aqueles realizados por EdTechTalk, que podem acontecer em qualquer época do ano e em qualquer dia da semana:

> Pode ser necessária uma mudança cultural mais ampla para sacudir a compreensão institucional do tempo, assim como sua dependência nele. As aulas e cursos continuam aparecendo nos calendários como "horas-crédito", como se a "hora" fosse uma unidade de conhecimento ou de aprendizado.

Siemens também faz uma advertência:

> Muitas universidades estão usando princípios de aprendizado interconectado. No entanto, a maioria das atividades acontece num nível não estrategicamente planejado. Em troca, educadores individuais estão usando blogs ou YouTube, ou recursos educacionais abertos, para melhorar a qualidade das experiências de aprendizado dos estudantes.

Isto é, as instituições educativas em muitas ocasiões utilizam o aprendizado interconectado para continuar realizando as práticas de aprendizagem de toda a vida, sem prestar atenção ao novo ecossistema comunicacional e às ferramentas que permitem melhorar as experiências de aprendizado ligadas aos ambientes comunicativos dos estudantes. Em síntese, como dissemos em outras obras, as novas tecnologias são utilizadas para continuar reproduzindo as velhas concepções pedagógicas.

O próprio Siemens faz um apelo para que não se continue repetindo os modelos transmissores centrados numa única fonte de informação. Ele nos diz:

> Hoje, com melhores opções de busca e redes sociais que podem propagar a informação rapidamente (tanto boa como má), temos menos necessidade de um único papel informacional. A diversidade é importante para entender qualquer área temática. Um curso, então, deveria expor os estudantes às várias fontes de informação, aos vários pensadores de um mesmo campo e às várias perspectivas sobre um tópico.

Isso significa ensinar a aproximar-se de um tema a partir de perspectivas e interpretações diferentes, e introduzir os alunos nos princípios da incerteza, uma das características de nossa época, e que os sistemas educativos apegados a sistemas tradicionais se negam a abordar. A ordem linear e a certeza são duas das características dos sistemas industriais do conhecimento que ainda se perpetuam de maneira constante nos âmbitos informacionais da educação conectada.

A declaração da independência do ciberespaço

Considero de vital importância fazer referência a um texto já clássico como a "Declaração da Independência no Ciberespaço", para poder entender melhor essa contradição que se vive na escola desconectada do ciberespaço, e como fora da escola ou da universidade está presente a cultura das redes.

O termo "ciberespaço" foi criado pelo escritor William Gibson, em seu romance *Neuromante*, em que mostra um futuro invadido por microprocessadores, dispositivos eletrônicos e cirúrgicos em que a informação é uma mercadoria de primeira necessidade.

Este romance se tornou uma obra de culto entre todos os interessados na rede, mas foi John Perry Barlow que se apropriou do termo para referir-se ao ciberespaço como um lugar onde se estabelecem inter-relações entre pessoas livres de ataduras físicas.

Perry Barlow publicou, em 8 de fevereiro de 1996, em Davos, durante a reunião da Organização Mundial do Comércio, sua "Declaração da Independência do Ciberespaço", um texto essencial para a organização dos movimentos sociais em escala mundial.

A "Declaração da Independência do Ciberespaço", de Perry Barlow, diz:

> Governos do Mundo Industrial, vós, cansados gigantes de carne e aço, venho do Ciberespaço, o novo lar da Mente. Em nome do futuro, peço-vos no passado que nos deixeis em paz. Não sois bem-vindos entre nós. Não exerceis nenhuma soberania sobre o lugar onde nos reunimos. Não elegemos nenhum governo, nem pretendemos tê-lo, de modo que me dirijo a vós sem mais autoridade que aquela com a qual a liberdade sempre fala. Declaro o espaço social global, que estamos construindo, independente por natureza das tiranias que estais procurando nos impor. Não tendes nenhum direito moral de nos governar, nem possuís métodos para nos fazer cumprir vossa lei que devamos temer verdadeiramente.
>
> Os governos derivam seus justos poderes do consentimento dos que são governados. Não pedistes nem recebestes o nosso. Não vos convidamos. Não nos conheceis, nem conheceis nosso mundo. O Ciberespaço não se encontra dentro de vossas fronteiras. Não penseis que podeis construí-lo, como se fosse um projeto público de construção. Não podeis. É um ato natural que cresce de nossas ações coletivas.

Não vos unistes a nossa grande conversação coletiva, nem criastes a riqueza de nossos mercados. Não conheceis nossa cultura, nossa ética, ou os códigos não escritos que já proporcionam a nossa sociedade mais ordem que a que poderia ser obtida por qualquer uma de vossas imposições.

Proclamais que há problemas entre nós que necessitais resolver. Usais isto como uma desculpa para invadir nossos limites. Muitos destes problemas não existem. Onde houver verdadeiros conflitos, onde houver erros, os identificaremos e resolveremos por nossos próprios meios. Estamos criando nosso próprio Contrato Social. Esta autoridade será criada segundo as condições de nosso mundo, não do vosso. Nosso mundo é diferente. O Ciberespaço está formado por transações, relações e pensamento em si mesmo, que se estende como uma quieta onda na teia de aranha de nossas comunicações. Nosso mundo está simultaneamente em todas as partes e em nenhuma parte, mas não está onde vivem os corpos.

Estamos criando um mundo em que todos podem entrar, sem privilégios ou preconceitos de raça, poder econômico, força militar ou lugar de nascimento.

Estamos criando um mundo em que qualquer um, em qualquer lugar, pode expressar suas crenças, sem importar que sejam singulares, sem medo a ser coagido ao silêncio ou ao conformismo.

Vossos conceitos legais sobre propriedade, expressão, identidade, movimento e contexto não se aplicam a nós. Estão baseados na matéria. Aqui não há matéria. Nossas identidades não têm corpo, de modo que, ao contrário de vós, não podemos obter ordem por coação física. Cremos que nossa emanará da moral, de um progressista interesse próprio e do bem comum. Nossas identidades podem ser distribuídas através de muitas jurisdições. A única lei que todas as nossas culturas reconheceriam é a Regra Dourada. Esperamos poder construir nossas soluções particulares sobre essa base, todavia não podemos aceitar as soluções que estais tratando de impor. Nos Estados Unidos hoje criastes uma lei, a Ata de Reforma das Telecomunicações, que repudia vossa própria Constituição e insulta os sonhos de Jefferson, Washington, Mill, Madison, Tocqueville e Brandeis. Estes sonhos devem renascer agora em nós.

Vossos próprios filhos vos atemorizam, já que eles são nativos de um mundo em que sempre sereis imigrantes. Como os temeis, encomendais a vossa burocracia as responsabilidades paternas às quais, covardemente, não podeis enfrentar-vos. Em nosso mundo, todos os sentimentos e expressões de humanidade, das mais vis às mais angelicais, são parte de um todo único, a conversação global de *bits*. Não podemos separar o ar que asfixia daquele sobre o qual as asas batem.

Na China, Alemanha, França, Rússia, Cingapura, Itália e Estados Unidos estais tentando rejeitar o vírus da liberdade, erigindo postos de guarda nas fronteiras do Ciberespaço. Pode ser que impeçam o contágio durante um pequeno tempo, mas não funcionarão num mundo que brevemente será coberto pelos meios que transmitem *bits*.

Vossas cada vez mais obsoletas indústrias da informação se perpetuariam a si mesmas propondo leis, na América e em qualquer parte, que reclamem sua possessão da palavra por todo o mundo. Estas leis declarariam que as ideias são outro produto industrial, menos nobre que o ferro oxidado. Em nosso mundo, qualquer coisa que a mente humana possa criar pode ser reproduzido e distribuído infinitamente, sem nenhum custo. A transfusão global de pensamento já não precisa ser realizada por vossas fábricas. Estas medidas cada vez mais hostis e colonialistas nos colocam na mesma situação em que estiveram aqueles amantes da liberdade e da autodeterminação que tiveram de lutar contra a autoridade de um poder distante e ignorante. Devemos declarar nossos "eus" virtuais imunes à vossa soberania, embora continuemos consentindo vosso poder sobre nossos corpos. Nós nos espalharemos por todo o planeta para que ninguém possa encarcerar nossos pensamentos.

Criaremos uma civilização da Mente no Ciberespaço. Que ela seja mais humana e formosa do que o mundo que vossos governos criaram antes.

Essa Declaração da Independência mostrou que o ciberespaço deveria ser percebido como uma espécie de Estado habitado por bilhões de pessoas, sobre o qual nada nem ninguém pudesse alegar jurisdição. O ciberespaço tem demonstrado que é o universo, o território de todos aqueles usuários que podem ter acesso a um contexto virtual, em que cada um exerce suas próprias normas e convive de maneira individual e coletiva com outros cibernautas que seguem também suas próprias normas.

Ninguém regula um espaço sem território que, ano após ano, congrega mais cibernautas. Daí os esforços de muitos países por controlá-lo, por colocá-lo em algum lugar físico com a finalidade de vigiá-lo. Com esse propósito, decidiram transformar o ciberespaço numa extensão do campo das leis e padrões da justiça ordinária.

Podemos pensar que a independência da internet foi somente uma ilusão? Acabaram-se os sonhos de um espaço comum para a comunicação democrática? Os padrões da grande mídia terminaram por controlar também a internet, como o fizeram em outros campos como as rádios e os canais de televisão locais, para que tudo esteja atado e muito atado? Os filtros de informação que estão atuando no ciberespaço não seriam estratégias para restringir a liberdade de expressão, valendo-se de argumentações que tentam convencer sobre a legitimidade de um estado de direito no mundo virtual, assim como acontece no mundo real? Os sonhos e terrores de Orwell não estão cada dia mais presentes em nossa vida cotidiana, e o sistema totalitário dominante atual – invisível em escala mundial, mas que tem sido articulado através do *globalitarismo* – está a ponto de arrasar-nos para que ninguém escape dos cânones e lógicas do mercado, tanto nos espaços reais como no ciberespaço?

Vinton Cerf, um dos criadores da internet, afirma que, "se todas as jurisdições no mundo insistissem em alguma forma de filtração para seu território, a internet deixaria de funcionar". Recordemos que Cerf, na década de 1970, começou a trabalhar com Robert E. Kahn nos protocolos informáticos TCP/IP (Transfer Control Protocol/ Internet Protocol), que permitiram conectar os computadores entre si e, entre 1982 e 1986, planejou o primeiro serviço comercial de correio eletrônico que se conectaria à internet, o MCI Mail.

Encontro intergeracional no ciberespaço

Marc Prensky, no começo do século XXI, realizou uma classificação caracterizada por nativos e imigrantes digitais. Estas reflexões perderam vigência porque atualmente não mais se adéquam às tendências dos usuários desta nova década. O próprio Prensky fez uma revisão dessa classificação, a qual publicamos nesta obra.

Em função do estudo realizado pelo Pew Internet & American Life Project, pode-se afirmar que a rede está cada vez mais intergeracional. Isso significa que não há uma só categoria de usos, nem também uma tendência que diga que cada geração a utilizará de uma forma homogênea.

Enquanto a década de 1990 e os primeiros anos do século XXI se caracterizaram por um predomínio dos setores juvenis no uso da rede, hoje podemos afirmar que os adultos descobriram este meio e se relacionam numa variedade de formas.

No estudo citado, pode observar-se uma relação equilibrada entre as porcentagens da população, segundo tipologias geracionais (Geração Y, Geração X, Baby-Boomers, Geração Silenciosa e Geração Invisível) e os usuários da rede.

Roberto Aparici

Explicação das gerações			
Nome da geração	Anos de nascimento e idade em 2009	% da população adulta total	% população usuária de internet
Geração Y (do milênio)	Nascimento 1977-1990, Idade 18-32	26%	30%
Geração X	Nascimento 1965-1976 Idade 33-44	20%	23%
Boomers mais novos	Nascimento 1955-1964 Idade 45-54	20%	22%
Boomers mais velhos	Nascimento 1946-1954 Idade 55-63	13%	13%
Geração silenciosa	Nascimento 1937-1945 Idade 64-72	9%	7%
Grande geração	Nascimento 1936 Idade 73+	9%	4%

Fonte: *Pew Internet & American Life Project December 2008 survey*. 2.253 de adultos, com margem de erro de ± 2%. 1.650 de usuários da internet, com margem de erro de ± 3%.

Nesse estudo intergeracional, é importante destacar o rápido envelhecimento da população internauta: "Se, em 2005, 25% da população de idade superior a 70 anos entrava na rede, hoje a cifra de 'Silver Surfers' se situa em 45%".

Em http://www.rizomatica.net/la-red-es-intergeneracional/ indicam que,

se os mais jovens a utilizam fundamentalmente para estar em contato e realizar atividades lúdicas, as gerações mais maduras a utilizam mais como ferramenta de informação, de comunicação e de transação com as entidades financeiras e/ou comércio eletrônico.

É importante destacar que a convergência em usos e práticas são habituais nas distintas gerações:

O e-mail é utilizado em massa pelos usuários, independentemente da idade; no quesito baixar vídeos, observa-se que 38% dos mais jovens são usuários habituais, enquanto os mais idosos, a Geração Invisível, representavam 13% no final de 2009. Este mesmo grupo geracional significava só 1% em 2005.

Embora esses dados correspondam aos Estados Unidos, esta tendência intergeracional pode ultrapassar este contexto, e a grande divisão já não é geracional, mas de acessibilidade à rede, aqueles que podem, ou não, estar conectados. Neste sentido, podemos dizer que muitas instituições educativas são responsáveis pela exclusão digital. E esta responsabilidade não é só dos docentes, mas também de administradores, gerentes, diretores e reitores que continuam aferrados a um ambiente comunicativo e tecnológico dos séculos XIX e XX.

São os alunos que tornam visíveis estas contradições, quando se compara a vida na sala de aula com a vida fora da sala de aula. Estas questões serão desenvolvidas no primeiro capítulo, quando falaremos da "cultura oficial" e da "cultura popular" caracterizada por *video games*, celulares etc., que não fazem parte da cultura institucional.

Conectados através de uma rede social

A expressão "redes sociais" é utilizada no campo das humanidades, desde a metade do século XX, para referir-se a normas, estruturas e dinâmicas de interação social. No entanto, atualmente, a expressão "redes sociais" costuma ser utilizada para se referir às plataformas on-line, como Facebook, MySpace, Tuenti etc.

As redes sociais na internet estão modificando totalmente a forma de nossos relacionamentos. Enquanto para uns é uma maneira de socializar-se e sentir-se acompanhados, para outros é – além disso – uma forma de construção social nova que permite interações e conexões de diferente natureza. Para o antropólogo Dunbar, é impossível manter relações sociais estáveis com mais de 150 pessoas, embora nas redes sociais o número de "amigos" costume superar essa quantidade e, no caso de esportistas, artistas ou políticos, podem chegar a milhões.

Para David Cierco,

> uma Rede Social é um ambiente perfeito para favorecer o empreendimento dentro de uma organização. Já que se trata de descobrir novas possibilidades de comunicação e de participação, é um campo fértil para novas ideias.

> É escalável. Isto significa que pode ser aberta ou fechada. O acesso pode ser feito livremente ou por convite. Pode-se compartilhar um interesse muito particular ou ir diversificando os temas a serem tratados.

> Permitem dinamizar as organizações. Ideias e iniciativas são compartilhadas, e um novo conhecimento é gerado. Realizam-se novas relações horizontais entre diferentes estamentos ou departamentos. Geram-se sinergias em tempo real e se favorece a participação.

> Não são fóruns. Permitem compartilhar todo tipo de arquivos, especialmente arquivos multimídia, além de experiências profissionais e experiências pessoais. Podem ser estabelecidas relações de cumplicidade.

> Pode-se transformar numa linha de atividade muito produtiva da organização. Se for uma empresa, pode ser uma fonte de renda, especialmente se os conteúdos são administrados corretamente.

> As redes sociais permitem que uma organização seja mais inteligente e aprenda de seus usuários. Pode aprender de suas interações e, até mesmo, estabelecer espaços de experiência num ambiente seguro.

Permitem descobrir novas linhas de ação. São uma fonte de inspiração. Você pode descobrir interesses que o levem a desenvolver áreas de atividades que antes pensava que não tinham nada a ver com seus propósitos.

As redes sociais lhe dão a possibilidade de ser uma referência para sua área de atividade. É como uma semente que pode crescer e se tornar um sucesso, desde que se consiga que exista um nível de atividade crescente.

E, por último, podem se tornar um ativo muito importante para sua organização, com valor econômico ou de dinamização social. Nesse sentido, a tecnologia desenvolvida e o número de usuários podem ser elementos diferenciadores.

O país das redes sociais

Enquanto um blog é mais frequentado à medida que seus conteúdos sejam atualizados constantemente, com o propósito de que sempre haja algo novo para mostrar, numa rede social o mais importante é o número de participações dos interagentes.

Um estudo realizado pela professora Jamison-Powell afirma:

Quanto maior fosse o número de palavras com as quais uma pessoa tivesse contribuído, mais ela era avaliada como mais atraente pelos outros membros da comunidade. O fator mais forte que se encontrou foi o número total de palavras com que contribuíram durante a semana. Não é uma surpresa, então, que também encontramos que a quantidade de material resultante da contribuição de uma pessoa estivesse relacionada com o tamanho de sua rede de contatos. Mais uma vez, aqueles que contribuíam mais tinham o maior número de contatos em sua rede [...]. Desse estudo, concluímos que para que uma pessoa seja popular on-line é a quantidade e não a qualidade o que realmente importa.

A plataforma Facebook, fundada por Mark Zuckerberg, registrava – em julho de 2010 – mais de 500 milhões de usuários.

Segundo http://www.gizmodo.es, o Facebook, com mais de 500 milhões de usuários,

> seria o terceiro país do mundo em número de habitantes [...]. Existem mais de 550 mil aplicações e um milhão de desenvolvedores [...]. Dos mais de um milhão e meio de páginas ativas, lideram, pelo número de fãs, a de Michael Jackson, com 13,3 milhões; Pai de Família, com 9,5 milhões; e Lady Gaga, empatada com Obama, com 9,1 milhões de fãs. O valor médio por fã é de 136,38 dólares, permitindo supor o valor que alcançam algumas páginas. Além disso, os anúncios no Facebook supõem 16% de mercado, chegando à quantidade de 176 bilhões de anúncios mostrados no primeiro trimestre de 2010, tendo quadruplicado o número de anunciantes a partir de 2009.

Se a estes dados do Facebook somamos o total de usuários de todas as redes sociais, teríamos um universo de conexões composto pelo equivalente ao segundo país em número de habitantes.

Não podemos predizer qual é o futuro das redes sociais nos próximos anos, mas existem duas características, pelo menos, que vão crescer: a participação e a conectividade dos usuários e as diferentes redes.

Na medida em que surgirem novas ferramentas para facilitar a comunicação e a conectividade, poderão surgir migrações e, ao mesmo tempo, as redes poderão sofrer, também, profundas mudanças que permitiriam que os usuários realizassem outro tipo de ações.

Independentemente do que possa acontecer, as diferentes gerações já conhecem o caminho percorrido e sabem que a mudança permanente é uma característica constante nas diferentes interações que sejam realizadas na rede.

Conectados no ciberespaço é uma obra coletiva de pesquisadores e docentes do Canadá, Colômbia, Espanha, Estados Unidos, Irlanda e México, que abordam temáticas sobre a comunicação, a geração de usuários de meios digitais, o papel dos interagentes nas redes sociais, as práticas políticas dos movimentos sociais, o uso crítico das TICs (Tecnologias de Informação e Comunicação), as novas alfabetizações e o papel da etnografia virtual nas pesquisas on-line. Cada um dos artigos oferece propostas, reflexões e constitui um convite à criação e à crítica do ciberespaço.

Webgrafia

http://www.tendencias21.net/Cantidad-por-encima-de-calidad-en-las-redes-sociales_a4479.html

http://blogs.uab.cat/brugnoli/2010/02/04/95

http://www.gismodo.es/2010/07/04/si-facebook-fuera-un-pais-se-pareceria-a-esto-mas-o-menos.html

http://www.abc.es/hemeroteca/historico-05-07-2010/abc/Medios_Redes/si-facebook-fuera-un-pais_140353385290.html

http://www.visualeconomics.com/wp-content/uploads/2010/06/facebook-economy.jpg

http://www.abc.es/hemeroteca/historico-26-07-2010/abc/Medios_Redes/si-facebook-fuera-un-pais_140353385290.html

http:// public.tableausoftware.com/views/Facebook/Facebook500M?:embed=yes&:to

http://www.guardian.co.uk/technology/blog/2010/jul/22facebook-countries-population-use

http://www.pewinternet.org/Topics.aspx

http://www.webislam.com/?idt=15840

http://manuelgross.bligoo.com/content/view/773247/Conectados-La-era-de-las-redes-sociales.html

http://www.innovatuweb.com/internet/articulos/44-diez-razones-para-crar-una-red-social html

http://www.internautas.org/documentos/decla_inde.htm

http://www.inicia.es/de/iniciativaweb/DOCUMENTOS.htm

http://www.spain.cpsr.org/Documentos.php

http://www.bufetalmeida.com/textos/hackercrack/libro.html

http://www.ugr.es/~aquiran/cripto/enfopol.htm

http://derecho.org/comunidad/comercioe/ley.htm

http://www.iec.csic.es/criptonomicon/articulos/tematico.html

http://www.makingisconnecting.org/

http://www.scribd.com/doc/16527898/
El-Futuro-del-Aprendizaje-en-Linea-Diez-anos-Despues

http://www.rizomatica.net/la-red-es-intergeneracional/

www.learningrewiew.com

PRIMEIRA PARTE

COMUNICAÇÃO E CONECTIVIDADE

Capítulo 1
Comunicação e web 2.0

*Roberto Aparici**

Os meios de comunicação convencional, como o rádio, a televisão ou a imprensa escrita se dirigem a muitos receptores. A relação comunicativa é a de um emissor que se dirige a muitos indivíduos isolados entre si. O mesmo acontece no ensino transmissivo, um docente que se dirige a muitas pessoas para que reproduzam suas mensagens. Os meios de comunicação, assim como as instituições educativas, estão ancorados num modelo característico da sociedade industrial: a produção e o consumo em massa e individualista de objetos e de conhecimentos.

A web 2.0 modificou as regras do jogo e permite que na internet seja possível contribuir de maneira colaborativa na construção do conhecimento coletivo, a partir de atos de comunicação individuais e grupais que podem acontecer no ciberespaço e nos espaços reais.

Na web 2.0, a relação comunicativa é de todos com todos, e se pode estabelecer uma infinidade de conexões entre todos os cibernautas.

Os modelos de comunicação

Os modelos funcionalistas estão baseados na existência de um emissor que transmite mensagens a um receptor, podendo ou não existir uma retroalimentação (*feedback*). Diante destes modelos centralizados

---

*   Roberto Aparici dirige o Programa Modular em Tecnologias Digitais e Sociedade do Conhecimento, além de ser docente na UNED (Universidade Nacional Espanhola de Educação a Distância).

no emissor ou na transmissão de mensagens, temos o modelo emerec (do francês, *émetteur/receptor*, emissor/receptor), em que se estabelece um relacionamento de igual a igual entre todos os participantes do processo, não existindo papéis designados àqueles que participam da comunicação: os emissores são receptores e os receptores são emissores.

Este modelo adquire um especial interesse na prática comunicativa com os meios de comunicação, em que, de receptores ou público da mídia, passam a ser emissores ou produtores de mensagens. De alguma maneira, cada pessoa pode ser potencialmente um meio de comunicação.

As relações de poder na comunicação

Em todo processo de comunicação, duas ou mais pessoas trocam pontos de vista, emoções ou informações. Aqueles que estabelecem uma relação autoritária estão colocando em prática sua concepção hierárquica da interação humana. Esta concepção hierárquica está presente em contextos familiares, sociais, institucionais, e se dá tanto no nível local como internacional. Podemos distinguir dois grandes modelos comunicativos: um deles, concentrado na emissão e exercido por quem possui o poder informacional; e outro, um modelo negociado, em que as duas partes constroem e negociam significados de uma maneira simétrica. O modelo concentrado na emissão é utilizado pela mídia e pela maioria das instituições educacionais. Este modelo hierarquizado distingue "quem é quem" de maneira rígida, e está também presente nas relações pessoais, institucionais ou empresariais. No segundo modelo não existe essa falsa dicotomia entre emissor e receptor. Aqui todos são emissores e receptores e todos podem produzir e receber mensagens numa variedade de signos.

Não existe a comunicação alternativa

Quando falamos de comunicação alternativa, falamos simplesmente de comunicação: a construção de mensagens a partir de dois ou mais pontos de vista. Qualquer outro processo que não implique duas ou mais pessoas com o mesmo nível de poder, de tratamento, de categoria, não é comunicação. É um ato autoritário, inconsciente ou deliberado, porém autoritário no final das contas.

O que seria, então, a comunicação?

A comunicação implica diálogo, uma forma de relacionamento que coloca duas ou mais pessoas num processo de interação e de transformação contínua. No entanto, o poder tem disfarçado, metamorfoseado, travestido o significado desta palavra, e ainda que possa ser utilizada como sinônimo de "dar a conhecer", "informar" ou "transmitir", seu significado é diferente. Se o sinônimo de "comunicação" for "interação", devemos nos perguntar como as pessoas participam deste ato ou processo, de que maneira, que tipo de relações estabelecem, que papel desempenha cada um dos que intervêm. O roubo foi quase perfeito. E a palavra "comunicação", que implica a ideia de transformação, mudança, movimento, foi substituída por outra que implica a ideia de transmissão somente de uma parte a outra. A comunicação não estabelece limites do tipo "quem é quem", todos os que participam deste processo podem exercer todos os papéis. O roubo, então, cumpriu seu objetivo: sequestrar o significado de uma das palavras mais belas de nossa língua: a "comunicação" permite uma relação entre iguais. Qualquer outro exercício ou prática da "comunicação" que não implique uma relação horizontal deixa sob suspeita aqueles que a pronunciam ou a exercem em seu nome.

Informar não é comunicar

A maioria das pessoas tem dificuldades para distinguir o que caracteriza a comunicação e a informação. O processo informacional se caracteriza pela transmissão de dados. Informar não implica comunicar, porém, em todo ato comunicativo se informa alguma coisa.

Os meios de comunicação se caracterizam por produzir e transmitir dados de todo tipo e cujo objetivo principal é vender audiências a diferentes empresas e instituições públicas ou privadas. O objetivo da mídia somos nós, uma audiência potencialmente consumidora de tudo o que se anuncia; o propósito dos produtores da mídia é que este consumo seja não só dos conteúdos de uma mensagem, como também dos produtos apresentados.

O objetivo das empresas da mídia é o consumo de mensagens, e o *feedback*, a retroalimentação, se dá no momento do consumo.

Neste modelo, a cidadania não tem voz. Os proprietários públicos ou privados da mídia nacional ou local repetem o mesmo modelo; e os sonhos da prática, de uma prática informativa diferente com a mídia local, se dissiparam porque reproduzem os mesmos modelos da grande mídia ou a grande mídia se apropriou da mídia local da comunidade.

Comunicar não é manipular

Comunicar não significa submissão de uma parte sobre outra, nem também um processo de "vampirização" para que uma das partes se pareça com os que detêm o poder. Tampouco significa assimilar. A manipulação utiliza técnicas ocultas para convencer e submeter o outro. As informações e as emoções podem ser manipuladas não somente na mídia, como também na comunicação entre pessoas. Na mídia, a manipulação pode estar presente tanto nos programas informativos como nos espaços de ficção. Diante dos meios de comunicação de massa, propriedade de grandes empresas, existem na internet alguns espaços que informam de maneira diferente, onde a cidadania pode encontrar e, ao mesmo tempo, oferecer outro ponto de vista dos acontecimentos.

Tecnologia e comunicação

Os estrategistas do marketing e da informática também têm usurpado o termo *comunicação*, com o propósito de levá-lo a seu terreno. Roubam o termo *comunicação* e o aplicam à conexão entre máquinas, não só com o fim de criar uma metáfora, como também para doutrinar os usuários sobre as bondades tecnológicas. E, associada à tecnologia, surge a palavra mágica "interatividade", que os especialistas em informática ou engenheiros costumam vincular à relação dos usuários com a máquina, sem a preocupação de que estes usuários tenham possibilidade de criar ou produzir mensagens ou se, na maioria dos casos, reproduzem o itinerário traçado pelos projetistas.

Narcisismo, exibicionismo e comunicação

A web 2.0 tem permitido que cada cidadão possa agir como um meio de comunicação. No entanto, a maioria destes "meios emerecs" que criaram seus próprios blogs, ou que participam em redes do tipo Facebook, Tuenti ou MySpace, difundem e utilizam os recursos para exibir-se, para mostrar-se e conhecer outros cibernautas. As pessoas se conhecem e se mostram através da web, sobretudo para falar de si mesmos.

Os cibernautas tornam pública suas vidas privadas e transformam, frequentemente, o ciberespaço numa experiência herdada dos "reality shows". A herança estética e ética deste tipo de programas é visível ao enunciarem suas vidas privadas, mostrarem suas fotos pessoais e familiares, contarem suas experiências pessoais, laborais e afetivas. De certo modo, cada cibernauta realiza e desenvolve uma teatralização de sua própria existência ou do grupo a que pertence. São exibidas qualidades reais ou inventadas, é criada uma segunda ou terceira vida e, como nos falsos documentários, transforma-se em ficção a própria vida. É, ao mesmo tempo, documento e ficção que pertence a toda uma comunidade virtual. Os emerecs agora possuem os meios e se apropriam de uma parte do ciberespaço para autopromover-se, transformando a comunicação em um ato muitas vezes narcisista. (Radiografia de uma época I).

A conectividade significativa

A web 2.0 permite que cada cidadão possa agir como um meio de comunicação. A maioria destes "meios emerec" cria seus próprios blogs ou participam de redes como Facebook, Tuenti, MySpace ou Fotolog, difundindo e utilizando os recursos e conectando-se entre si para criar conteúdos significativos, construir conhecimentos colaboradores, resolver problemas individuais ou coletivos, divertir-se e dedicar-se ao ócio criativo e recreativo.

A conectividade adquire a dimensão de um saber coletivo reconstruído cotidianamente. (Radiografia de uma época II).

Redes sociais para a comunicação e o conhecimento

Os cibercidadãos se organizam em redes para a construção de espaços para o conhecimento e para a solidariedade. Organizam-se para produzir mensagens multimídia e oferecer contrainformação na rede.

A cidadania apresenta vídeos e programas audiovisuais que não são oferecidos nos grandes meios de comunicação e mostram outras representações da realidade em espaços como YouTube e videogoogle. Em algumas ocasiões estas representações entram em conflito com a grande mídia que tenta difundir aqueles vídeos da rede que reforçam sua própria ideologia e valores ou, então, mostram produções que estão na web com um claro afã sensacionalista, para atrair ou manter sua audiência e desqualificar – de maneira invisível – a própria web.

Nenhum meio de comunicação de massa oferece um panorama sobre o movimento antiglobalização como se faz na web, também não mostra as lutas e conflitos que revelam as injustiças vividas pelo terceiro mundo, nem apresenta os excluídos por motivos de raça ou de gênero, se não for de modo espetacular para transformar num "show da dor" o sofrimento de milhões de pessoas.

Comunicação e web 2.0

O poder quer nos condenar a continuar sendo só receptores mudos ou emissores vazios, sem atitude crítica e reflexiva. Parte disso é o sucesso da eclosão de blogs, *videolixos*, álbuns fotográficos que repetem a mesmice de sempre, como uma sala de infinitos espelhos sobrepostos. Este tipo de participação majoritária na web nos diz que ainda continuamos sendo uma opinião pública sem voz.

Todavia, ao mesmo tempo, devemos ter presente o fenômeno dilemático que está ocorrendo: a opinião pública deixou de ser um elemento de fundo nas relações que o Estado estabelece com os seus cidadãos, para ter a possibilidade de nos transformar num dos elementos de decisões e mudanças mais potentes nos modelos de comunicação e ensino em escala local e/ou global.

A comunicação está vinculada aos atos fundamentais de um cidadão. Significa participação, ação, conectividade. Para isso, é preciso ter consciência da necessidade de pôr em funcionamento processos de libertação, em termos *freirianos*, a partir de novas alfabetizações que comprometam toda a cidadania.

A conectividade e o infolixo

Muitos cibernautas, instituições e empresas criam *infolixo*. Assim como uma parte da programação televisiva se caracteriza por um tipo de produção denominada *telelixo*, no ciberespaço encontramos algo similar em escala planetária.

O infolixo não é a publicidade, não é a informação empresarial, econômica ou política, também não são os sites dedicados ao entretenimento. O infolixo não é um dado relevante ou significativo, mas ocupa a maior parte do ciberespaço.

Se a matéria-prima do ciberespaço é a informação de qualquer natureza, o que não responder aos critérios desta matéria-prima é considerado infolixo. Está presente em qualquer tipo de site e se reproduz continuamente. Disso são responsáveis não só as grandes empresas ou instituições, como também as redes sociais. Junto à informação e à comunicação significativa convivem as formas mais degradadas do conhecimento, do ócio e do entretenimento. A coautoria do infolixo não é responsabilidade somente da grande mídia ou de empresas, mas também de qualquer cibernauta que atua como um meio de comunicação, reproduzindo os paradigmas herdados da mídia convencional.

Cultura oficial e cultura popular

A escola e a universidade gabam-se da cultura oficial. São territórios da cultura assimilada, pronta para seu consumo maciço. São territórios desnaturalizados de seu contexto e de seu tempo. A escola e a universidade oficiais estão ancoradas nas tecnologias da sociedade industrial. A educação, assim como continua sendo praticada na atualidade, está regida por cânones pré-gutenberguianos e, no melhor dos casos, gutenberguianos. Alunos e docentes continuam se comunicando, na maioria das vezes, manualmente, com lápis e canetas e de modo mecânico, através da reprodução seriada de informações, sendo muito poucos os que utilizam e produzem recursos informacionais no ciberespaço.

Na cultura oficial ainda não entraram as formas populares da cultura deste século, como o YouTube, as redes sociais, a telefonia móvel ou os *video games*. Não obstante falar-se frequentemente deles, não são utilizados como linguagem, meio de comunicação ou tecnologia nas práticas cotidianas da sala de aula.

A cultura popular deste século, ao contrário daquela do século passado, permite a participação individual e coletiva. A cultura popular deste século está ligada à conectividade, e a conectividade não foi institucionalizada na vida escolar ou universitária.

Conectividade

Até o século XX, a mídia se dirigia aos indivíduos de maneira maciça, procurando seu público específico. A mídia contava as

Comunicação e web 2.0

pessoas, fazia com que elas compartilhassem seus gostos, formas de pensar e formas de fazer representações da realidade.

Até o século XX, os indivíduos contavam com poucas maneiras de organização e de conexão, a não ser de forma real. Os indivíduos se conectavam entre si nas universidades, sindicatos, igrejas, partidos políticos e clubes.

Até o século XX, os meios de comunicação e a educação impunham aos indivíduos certas práticas cotidianas: serem receptores de mensagens ou transferirem-se aos centros de formação.

A partir deste novo século, os indivíduos formam redes, organizam-se, articulam movimentos e ações do ciberespaço aos espaços reais e dentro do próprio ciberespaço. Os indivíduos articulam pensamentos coletivos, constroem conhecimentos e cada um é portador de seu próprio meio de comunicação ou de sua escola ou universidade, através da telefonia móvel.

As empresas, o entretenimento e os fora da lei

O ciberespaço é um "não lugar" dilemático e contraditório que ainda mantém as características anárquicas de sua origem, mas que – pouco a pouco – está sendo organizado à imagem e semelhança do mundo real, através de um sistema de governo criado *ad hoc* pelos países do primeiro mundo que têm o controle e o poder informacional da web: operadores de telefonia, empresas, o mundo das finanças e instituições internacionais. Neste sistema de governo, têm cuidado especial com os sistemas de controle disfarçados de respeito à privacidade, com o objetivo de defender os interesses econômicos daqueles que o sustentam.

O ciberespaço é um "não lugar" de entretenimento individual e coletivo, em que estão sendo feitos investimentos empresariais dirigidos ao consumo de produtos, bens e serviços. As redes sociais podem estar ligadas a diferentes tipos de empresas, instituições, partidos políticos, organizações, ou podem estar conformadas por indivíduos cuja principal atividade é o ócio.

E no ciberespaço também estão "os fora da lei", como na vida real. Os "fora da lei" não são só pederastas, conforme alguns grupos querem fazer a sociedade acreditar, com a finalidade de estabelecer algum tipo de censura, mas são também delinquentes informáticos, grupos antidemocráticos, captadores de gente para associá-la a diferentes tipos de ações, falsificadores e usurpadores de identidades... como na própria vida. Por isso, fica cada vez mais contraditório que se estabeleça uma divisão entre mundo virtual e mundo real: o mundo real está impregnado de muitas instâncias virtuais, e o mundo virtual constitui – de alguma maneira – muitas projeções, múltiplas representações e extensões do mundo real.

A comunicação como sistema aberto de inter-relações

As relações que acontecem no ciberespaço são de diferente natureza. Há nichos para todos os interagentes, até mesmo para aqueles que ainda não foram criados.

Os níveis de conectividade entre os membros de uma rede social são de diferente natureza e têm diferente intensidade de participações. Existem as relações de primeiro grau, em função do nível de amizade e interesses; as de segundo grau, que são os amigos dos amigos; e as de terceiro grau, abertas às várias combinações que podem ser feitas entre os dois primeiros níveis.

Nas redes sociais existe espaço também para os grandes e pequenos meios de comunicação, para as empresas, as universidades etc. Encontram seu lugar: grupos de fãs de um(a) cantor(a), de uma série, de um filme, grupos de economistas, de políticos, de associações etc.

Nas redes se movem os interagentes, estabelecendo vínculos de diferente natureza: reforçam os paradigmas oferecidos no mundo real, propõem alternativas a diferentes questões, proporcionam contrainformação, produzem até o infinito o que já foi "dito", conhecem novas pessoas, organizam reuniões e "falam, falam e falam" com os outros interagentes.

Capítulo 2
Modelo emerec de comunicação

*Sagrario Rubio Crespo**

Jean Cloutier, autor canadense com só dois livros, construiu uma teoria da comunicação que se transformou em referência obrigatória. De maneira sintética, abordamos algumas de suas ideias principais que advogam por uma comunicação democrática e que permita o empoderamento da cidadania.

Cloutier (1973) propõe um modelo de comunicação em que todos os participantes têm a possibilidade de serem emissores. Este único fato faz com que ele seja um dos antecedentes teóricos mais notáveis das práticas comunicativas que vêm sendo realizadas desde 2004, com o aparecimento da web 2.0.

O autor denomina sua teoria como *emerec* (*émetteur/récepteur*, na sigla em francês). Nela, os interlocutores são a soma de numerosos fatores individuais e coletivos, transformando cada pessoa no centro da comunicação. Os emerecs entram em interação com outros emerecs através de qualquer meio (*medium*), estabelecendo assim inter-relações entre iguais.

Cloutier (1973: 59) diz que o "emerec será a personificação da ambivalência do *homo comunicans*, ao mesmo tempo emissor e receptor", e acrescenta que "o emerec é o ponto de partida e o ponto de chegada da comunicação".

Todo processo de comunicação é um fenômeno global que tem múltiplas funções. Na figura a seguir, Cloutier estabelece quatro funções que se inter-relacionam entre si e afirma que "estudar este

---

* Sagrario Rubio Crespo é professora da UNED (Universidade Nacional Espanhola de Educação a Distância).

fenômeno através de apenas uma ou outra função geraria confusão" (1973: 46). Por isso defende o estudo do fenômeno de maneira holística.

Figura 1

Cloutier estabelece que cada um de nós somos "emerec" quando nos comunicamos com nossos semelhantes, e nos define como *homo comunicans* quando diz que todos somos emissores e receptores.

Cloutier (2001) revisou, trinta anos depois, sua própria teoria de 1971 e esclarece que o processo comunicativo pode realizar-se de diferentes maneiras:

- Com outro ou com vários emerecs compartilhando o mesmo espaço e tempo.

- A distância, com um ou vários emerecs, sempre que forem utilizadas as tecnologias da informação e da comunicação.

- Diretamente, em tempo real ou diferido, permitindo que o emerec leia livros, veja filmes, ouça música ou se comunique com amigos a distância.

Esse autor canadense define uma série de conceitos no contexto das tecnologias digitais:

EMEREC é o *homo comunicans* todo ser humano, ao mesmo tempo emissor e receptor.

OS MEIOS (*MEDIA*) são as máquinas que comunicam, permitindo ao emerec ter mais tempo e espaço.

A INFORMAÇÃO tem seu significado quando utiliza uma determinada linguagem.

AS MENSAGENS pertencem aos sistemas de informação criadores de significados, tanto no âmbito da recepção como no da emissão.

AS LINGUAGENS permitem enfrentar as mensagens e transmitir a informação perceptível e transmissível.

O AQUI E AGORA (*estant*, em francês, corresponde à contração de *espace* e *instant*, o "aqui e agora" da comunicação).

A LEI DOS TERÇOS é a lei natural que rege todas as comunicações, tanto no mundo material como no cibermundo.

AS TECNOLOGIAS DIGITAIS constituem a noção que engloba os meios, linguagens e mensagens.

Esses conceitos são vitais e se inter-relacionam na construção da teoria. Cloutier (2001: 40) afirma que "a comunicação entre os diferentes emerecs é um sistema aberto, composto por um conjunto de elementos em inter-relação entre eles e com o ambiente". Essas relações se transformam em interações quando se intercambiam conceitos, noções etc.

A comunicação vista como um sistema, segundo Cloutier (2001: 41), está formada por "elementos de base e elementos de natureza operacional":

1. *Os elementos de base* são todas aquelas pessoas que se comunicam entre si, consideradas emerecs.

2. *Os elementos de ordem operacional* são os seguintes:
   - A INTER-RELAÇÃO é o elemento presencial ou virtual (segundo a variável espaço-tempo).
   - A INTENÇÃO são os objetivos de cada um dos que intervêm.
   - A INFORMAÇÃO são os dados que servem para construir as mensagens que se intercambiam e que vão transformar suas inter-relações.
   - A INTERAÇÃO é o processo da relação entre todos os emerecs.

3. *Os elementos de natureza operacional* correspondem às TICs (Tecnologias de Informação e Comunicação) e são os seguintes:
   - AS LINGUAGENS de codificação e de decodificação de informações para construir mensagens.
   - AS MENSAGENS são a informação estruturada e codificada na "linguagem audio-escrita-visual".
   - OS MEIOS são os recursos tecnológicos que contêm as mensagens codificadas numa determinada linguagem para difundi-las e conservá-las através do espaço e do tempo.

4. *Os elementos do ambiente são:*
   - O ESPAÇO é o lugar compartilhado pelos emerecs. É material quando eles se encontram na presença física uns

dos outros, ou virtual (imaterial) quando se comunicam através de um meio ou com um meio.
- O TEMPO é o momento, o instante compartilhado pelos emerecs. A comunicação pode ser direta, "em tempo real" ou "em tempo diferido".
- O AQUI E AGORA. A relação temporal que vivem os participantes, tanto em tempo diferido como em tempo real.

O emerec é sempre o centro de todo o processo comunicativo. Toda mensagem sai dele e volta para ele.

Na figura a seguir, observamos como os emerecs se relacionam uns com outros e como se relacionam ou se vinculam entre si através das tecnologias e dos meios num ambiente comunicacional determinado.

Esquema da comunicação, segundo o modelo emerec

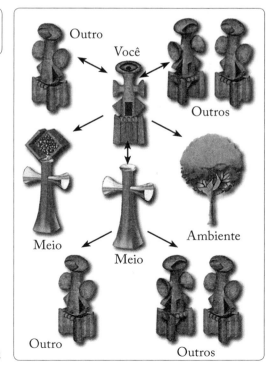

Figura 2

Cloutier considera importante levar em conta dois fatores que, também, têm a ver com a emissão e recepção das mensagens: são os preconceitos e o humor que condicionam todas as mensagens, sem esquecer – por isso mesmo – de todos aqueles elementos que impedem uma correta compreensão desse processo. Quando falamos de preconceitos no ato comunicativo, Cloutier se refere ao filtro que se interpõe e influi na percepção da mensagem no emerec-receptor e no significado que ela assume. Convém lembrar que, por exemplo, a entonação dada à mensagem delata o humor, o cansaço ou a alegria.

Para que a mensagem seja legível e chegue a bom termo, é preciso falar de três elementos: a linguagem, a mensagem e o significado, que servem para transformar uma inter-relação em interação. A mensagem é um ato individual que permite, através da linguagem, comunicar todo tipo de informação, tornando-se – desta maneira – um produto social. O significado da mensagem do emerec-emissor foi compreendido pelo emerec-receptor, levando em conta que cada emerec constrói a mensagem com seu significado influenciado por sua experiência, conhecimento e bagagem sociocultural. Recordemos que o emerec pode estar numa situação de emerec-receptor e, ao mesmo tempo, de emerec-emissor.

Conhecer cada um dos elementos e fatores que formam a natureza do emerec ajuda para uma melhor compreensão das mensagens. Saber distinguir os estados de ânimo dos dois polos do processo comunicativo contribui para um melhor entendimento não só da mensagem, como também do emerec, seja ele emissor ou receptor. Observemos a figura proposta por Cloutier (2001: 43):

Modelo emerec de comunicação

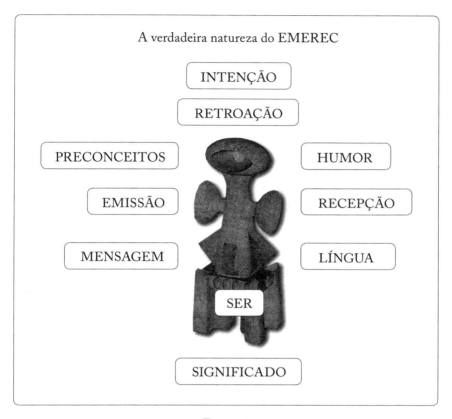

Figura 3

Nesta figura é dada muita importância à intenção e à significação das mensagens e a todos os elementos que influem no emerec antes de sua emissão. A recepção implica o conhecimento por parte do emerec-receptor de todos os componentes utilizados pelo emerec-emissor, para que a compreensão da mensagem seja correta.

O emerec e as tecnologias digitais

Para Cloutier (2001: 55), as tecnologias digitais se caracterizam por três elementos: o meio, a linguagem e a mensagem.

O meio, neste contexto, são as máquinas que ajudam a nossa comunicação e que facilitam criar, negociar, divulgar e conservar toda a informação.

A linguagem é o veículo utilizado nos meios para a comunicação. Este conceito é o mais desconhecido e estudado, talvez porque todos falamos alguma língua e nos comunicamos através dela. No entanto, o conhecimento de qualquer outra linguagem ("áudio-escrita-visual") abre a possibilidade de acesso a todo tipo de informação.

E, por último, as mensagens que serão transmitidas. Toda mensagem é aquilo que um ou vários interlocutores têm em comum.

Os meios (*media*) cumprem diferentes funções entre os emerecs:

- Os meios se comportam como intermediários entre os interlocutores separados pelo espaço e, em algumas ocasiões, pelo tempo.
- Uma das funções dos meios é difundir os acontecimentos e os documentos para divulgá-los ao vivo ou em outro tempo.
- Os meios produzem documentos escritos e audiovisuais.

Observemos, na figura 4 proposta por Cloutier (2001: 56) como o emerec recebe a informação, a administra e a emite.

O emerec realiza funções em qualquer ato de informação ou de comunicação. As três funções podem acontecer separada ou simultaneamente. Um emerec pode transformar-se em intermediário, difusor e produtor da notícia.

As contribuições feitas por Jean Cloutier, em 1973 e em 2001, são uma antecipação das práticas comunicativas que podem ser realizadas em rede a partir de 2004 e é um referente obrigatório na hora de falar da geração de "prosumers", isto é, aqueles que são produtores e consumidores de informação ao mesmo tempo. É importante destacar que a teoria de Cloutier está baseada numa concepção comunicacional e é um antecedente do "empoderamento cidadão".

Figura 4

Bibliografia

CLOUTIER, J. *La communication audio, scripto-visuelle à l'heure des self--Media*. Montreal, Les Presses de l'Université de Montréal, 1973.

_____. *EMEREC à l'heure des technologies numériques d'information et de communications*. Paris, s.n., 2001.

TAPSCOTT, D. *Wikinomics*. Barcelona, Paidós, 2007.

Capítulo 3
História da comunicação

Jean Cloutier*

A história da comunicação é cumulativa

A chegada de novos meios criam novos tipos de comunicação que não substituem os anteriores, pelo contrário, se somam ao conjunto, complementando-os. A história da comunicação pode ser dividida em cinco episódios que correspondem a cinco tipos de meios de comunicação.

OS TIPOS DE COMUNICAÇÃO	OS TIPOS DE MEIOS
A comunicação interpessoal	Homem-medium
A comunicação de elites	Media-suportes
A comunicação de massas	Mass-media
A comunicação individual	Self-media
A comunicação universal	Media de rede

---

* Jean Cloutier é um autor canadense que publicou duas obras que exerceram muita influência no mundo da comunicação ibero-americano: *La communication audio, scripto-visuelle à l'heure des self-Media* (1973) e *EMEREC à l'heure des Technologies numériques d'information et de communications* (2001). As duas obras deste visionário constituem o marco conceitual de muitas das teorias que se desenvolveram na primeira década do século XXI: a convergência dos meios de comunicação, a participação, os novos modelos de comunicação que surgiram a partir da web 2.0. Este fragmento que reproduzimos de Jean Cloutier é uma sincera homenagem que realizamos ao autor que influenciou muitos teóricos da comunicação latino-americanos e espanhóis (Roberto Aparici).

A comunicação interpessoal utiliza o homem como meio de comunicação e o audiovisual como linguagem

É com o *Homo sapiens* que se inicia a história da comunicação. Desde que o ser humano aprendeu a exteriorizar suas necessidades, desejos e ideias, estabeleceu um sistema de comunicação cada vez mais elaborado, a partir de seu próprio corpo. Fez gestos que se tornaram cada vez mais precisos para os sentidos. Emitiu sons que se transformaram – pouco a pouco – em códigos significativos até constituir a linguagem em que as palavras se complementam com os gestos. É, portanto, com seu corpo que se comunica. O ser humano é, então, verdadeiramente um *emerec*, isto é, um emissor e um receptor ao mesmo tempo.

A comunicação de elite foi possível graças aos meios de comunicação que servem de suporte e separação das linguagens áudio, visual e escrita

Depois de ter aprendido a exteriorizar-se, o ser humano aprendeu a transportar seus desejos, sonhos, ideias, e até mesmo suas ordens. É a partir deste ponto que se divide a linguagem audiovisual; enquanto a linguagem verbal é inseparável do gesto, o tambor cria uma linguagem auditiva que pode atravessar o espaço, os sinais de fumaça criam uma linguagem visual que permite a comunicação a distância, mas estas duas linguagens somente são válidas em tempo real, e o homem recorre, então, aos muros das cavernas para transmitir as mensagens visuais. Contudo, a verdadeira revolução, tão importante como aquela da roda, é a chegada da escritura, sobretudo a escritura fonética, que recorre a um suporte visual. Refere-se totalmente à palavra, que é uma linguagem áudio. A linguagem escrita é, portanto, quem permite o desenvolvimento dos grandes impérios e das religiões universais. Através da escrita, podemos nos comunicar a distância no tempo e no espaço. Por ela, uma minoria ganha poder. Foi assim como nasceu a comunicação de elites que proporciona ao emissor uma posição privilegiada em relação ao receptor.

A comunicação de massas é o fruto dos *mass-media* que utilizam diversas linguagens: áudio, visual, escrita, audiovisual e escrito-visual

Depois da exteriorização e da transposição, o ser humano decidiu amplificar suas mensagens, multiplicando-as e difundindo-as para um maior número possível de receptores. A imprensa constituiu a primeira amplificação tecnológica, na medida em que permitiu a difusão do livro (meio de comunicação escrito) e o evento da imprensa escrita (meio escrito-visual). A escrita foi, portanto, a primeira linguagem passível de conservação (transportar no tempo) e amplificação (difundir-se no espaço). A imagem, linguagem visual, também pôde ser amplificada com prontidão graças às gravuras, mas foi com a chegada da fotografia que pôde ser realmente "captada" tecnologicamente. Não muito tempo depois, o som – aquele da palavra e da música – encontrou finalmente um meio de gravação e a seguir de difusão: o rádio (meio áudio), que permitiu a difusão a distância. Durante esse tempo, passava-se da fotografia (a imagem fixa) ao cinema mudo (a imagem em movimento). Foi somente depois, com o encontro dessas duas tecnologias (áudio e visual), que nasceu o primeiro meio audiovisual de massas: o cinema falado. E a televisão é a culminância das tecnologias de massas; ela constitui – de alguma maneira – a apoteose, porque a partir dela as tecnologias de informação e de comunicação (as chamadas TICs) se especializam.

No momento de utilização dos meios de uso individual, tem-se acesso a cada uma das linguagens específicas

A comunicação de massas parecia pretender reduzir o ser humano a um simples papel de receptor, tributário da mídia que pertencia ao Estado ou às grandes empresas, e que era animada por comunicadores profissionais. Contudo, a tecnologia não tinha pronunciado a última palavra. A proliferação e fabricação de equipamentos, cada vez menores e de baixo custo, transformou as instituições, os pequenos grupos e também os indivíduos em emissores. Batizei estas tecnologias de *self-media* (meios de comunicação de uso próprio). Elas permitiram um novo tipo de comunicação que denominei "comunicação individual". No começo foram as tecnologias analógicas, e cada uma delas assumia uma linguagem muito precisa: a fotografia (visual); a reprografia (escrita e escrito-visual) e a audiografia (áudio), que chega a fazer uso frequente do gravador cassete. Há também a videografia (do magnetoscópio até a câmera de vídeo), que é completamente audiovisual. Por causa das tecnologias, o homem volta a ser *emerec* em sua comunicação tecnológica, assim como o é em sua comunicação interpessoal. Pode livrar-se dos horários e dos conteúdos impostos pelos meios de comunicação. Pode escolher seus momentos de recepção e exercer um controle sobre ela. O que antes era possível com o livro, também é com o disco e o vídeo. Pode também enviar mensagens para longe, no espaço e no tempo, não só por escrito, como antes, mas também em áudio e audiovisual.

A comunicação universal é uma nova forma de comunicação criada pelos *net media*

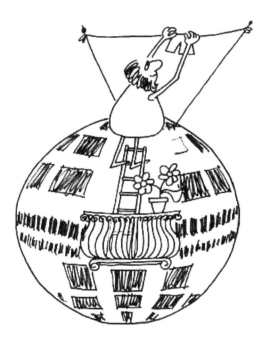

A combinação das telecomunicações, dos meios de comunicação e da informática, que chamo de "telemediática", criou um novo tipo de meios de comunicação que poderiam ser denominados de *net media* (*media* de rede). Depois dos meios de comunicação de massas baseados na difusão, dos meios de comunicação individual baseados nos meios individuais próprios, chegou a era dos *net media* baseados na interconexão, entre os quais se destaca a internet, a rede das redes, que constitui um meio de comunicação privilegiado. Atualmente, chegou a hora da comunicação universal, que é – ao mesmo tempo – a causa e o efeito da globalização de mercados. É um novo tipo de comunicação que cria espaços virtuais e que permite, em certa medida, a interatividade. São noções relativamente novas que devemos analisar.

Capítulo 4
Formação dos comunicadores na era digital[1]

Pedro Soler Rojas*
Manuel Aguilar Gutiérrez**

Introdução

Há dez anos vem acontecendo uma rápida transformação do setor dos meios de comunicação que está provocando uma autêntica convulsão no panorama audiovisual. Os fatores catalisadores desta mudança podem ser identificados, em boa medida, com avanços vertiginosos no campo tecnológico e – de modo especial – com a popularização e o auge da internet.

Sites da web quase estáticos, associados ao que normalmente chamam de web 1.0, em que os meios simplesmente "penduravam" seus conteúdos, deram lugar ao desenvolvimento de novos suportes com maior capacidade e velocidade de transmissão, além da consolidação de novos meios de comunicação caracterizados pela multimídia, interatividade e atualização constante de conteúdos, que são servidos aos usuários praticamente em tempo real.

No âmbito audiovisual, a evolução de sistemas de edição não linear transformou, por sua vez, todo o sistema de trabalho da redação tradicional em televisão e rádio, e provocou o desaparecimento

---

[1] Agradecemos à *Fundación Alternativas* a autorização para reproduzir este artigo.

* Pedro Soler Rojas, jornalista da *Radiotelevisión Española*. Fundador de Aideka. Atualmente está trabalhando no programa *Informe Semanal*.

** Manuel Aguilar Gutiérrez trabalha na TVE desde 1990, é professor do Mestrado de Documentação Audiovisual, do IRTVE em colaboração com a Universidade Carlos III.

ou a reconversão de múltiplas categorias profissionais que lutam por conviver com novos perfis muito mais familiarizados com as novas tecnologias. Essa rápida transformação tem profundas repercussões no trabalho, na capacitação e na formação profissional dos comunicadores audiovisuais, um elemento jornalístico demasiado amplo e difícil de ser encaixado nos parâmetros do jornalismo convencional.

Num panorama tão disperso e cheio de incertezas, muitos empresários aproveitaram a oportunidade para fazer contratações de baixo nível, sem exigências de diploma ou com salários baixos, dada a abundância de oferta de jornalistas "pau para toda obra".

A aceleração na implantação da tecnologia digital permitiu, além do mais, a criação de um perfil profissional mais polivalente ou "policompetente", de modo que o trabalho que antes era feito por três pessoas agora é realizado por somente uma, com um sacrifício substancial no nível de qualidade do produto final.

A formação interna nas empresas está atenuando – com maior ou menor sorte – as carências dos novos graduados, de modo especial no âmbito das novas tecnologias. A falta de adaptação à nova mídia e aos novos públicos está provocando, no último ano (particularmente na imprensa tradicional em papel), um aumento de jornalistas desempregados ou com emprego precário, um claro sinal da pouca preparação diante do novo ambiente digital desses profissionais, em muitos casos formados há pouco tempo.

O jornalista audiovisual diante do desafio digital

Para poder aproximar-se do perfil da profissão de produtor audiovisual na era digital e analisar alguns valores indispensáveis, como seu grau de formação e de qualificação, é imprescindível contemplar a configuração do sistema educativo e também a de um

Formação dos comunicadores na era digital

panorama audiovisual condicionado pela estrutura da mídia e por suas tendências no contexto de uma política empresarial cada vez mais interessada em avanços tecnológicos que lhes permitam, antes de tudo, reduzir suas despesas. E isso num momento de alta comercialização dos conteúdos, que nem sempre resulta numa melhora de qualidade, nem em maior pluralismo ou diversidade para os cidadãos.

O diagnóstico da profissão exige que, antes de avançar em nossas análises e propostas, cheguemos a um acordo sobre uma definição, pelo menos convencional, para a figura do comunicador audiovisual. A terminologia atual da profissão jornalística é tão ampla que a utilização dos diferentes conceitos – redator, jornalista, comunicador – continua gerando um debate entre aqueles que, de um modo ou de outro, exercem a profissão de informar através da mídia. Essa dispersão, pensamos, não é mais que o reflexo da identidade um tanto perdida do jornalista atual, transformado em muitas ocasiões num mero executor de processos técnicos.

Portanto, qual a diferença entre comunicador e jornalista? Esta pergunta nos conduziria a um debate dialético interessante, mas pouco prático, para avançar no terreno das propostas. Por isso, do ponto de vista de uma vertente puramente teórica, entenderemos como comunicadores aqueles profissionais que exercem, através de qualquer suporte de comunicação audiovisual, um trabalho informativo remunerado. Em outro âmbito da comunicação social mais amplo, estaria o que se costuma chamar de "jornalismo cidadão", um fenômeno que cresce de modo exponencial e que desenvolve sua atividade fundamentalmente através da internet, mas que não costuma ter uma remuneração econômica direta.[2]

Não obstante, para delimitar a análise e as propostas em matéria de formação, focaremos a figura do jornalista audiovisual, um

---

[2]   A crise que o jornalista enfrenta foi bem estudada em GARCÍA MANDA-RIAGA, J. M. *El periodismo del siglo XXI: una profesión en crisis ante la digitalización.* Madrid, Dykinson, 2008.

conceito que se aplica indistintamente às figuras de redator ou produtor e que nos permitirá refletir sobre outros perfis profissionais relacionados, direta ou indiretamente, com o processo de elaboração e emissão da notícia.

Esse aspecto – a identidade do jornalista atual e suas carências formativas – foi um dos principais motivos de debate, quando submetido à discussão nas mesas-redondas que contribuíram para a elaboração deste documento.

Entre os profissionais e professores universitários que foram consultados, é unânime a opinião de que os novos graduados em jornalismo e comunicação audiovisual – incluindo os que já tiveram acesso ao mercado de trabalho – são, em geral, um reflexo fiel do déficit de formação que rodeia o ambiente multimídia. A própria formação empresarial, e até mesmo os cursos geridos pelos sindicatos, caracteriza-se – ao menos neste âmbito – por uma abordagem puramente instrumental que deixa de lado outros aspectos essenciais relacionados com a responsabilidade social que diz respeito ao mundo da comunicação e ao jornalismo e seus ineludíveis critérios de serviço público.

Documentação, checagem e gestão de informação

Se existe uma primeira regra de ouro na profissão jornalística, é sem dúvida a obrigação de documentar-se como passo prévio no processo de elaboração da notícia. Infelizmente, essa regra "sagrada" está deixando de ser habitual nas redações dos serviços informativos, submetidas à pressão do tempo, ao acúmulo de trabalho, às limitações de pessoal e à nova mentalidade de "chegar em primeiro lugar", que invade a profissão jornalística.

Notícias e reportagens de rádio e televisão se retroalimentam entre si, num emaranhado permanente de informações que, com

Formação dos comunicadores na era digital

demasiada frequência, não passaram pelo filtro da documentação e da checagem. Basta que um jornalista lance uma informação através de um meio relativamente conhecido, ou inclusive através de um blog de notícias na internet, para que imediatamente outros meios a repitam, sem a preocupação de irem às fontes. Um fenômeno que evidencia de novo as carências formativas de uma adequada gestão da informação, com consequências muito preocupantes do ponto de vista social: o risco de fomentar uma cultura da comunicação baseada nos princípios de imediatismo e quantidade – deixando num plano secundário a qualidade e o rigor – que tem como resultado a superficialidade no tratamento das informações, a simplificação da mensagem e a percepção de que "vale-tudo" para manter a pontualidade ou preencher o tempo.

Essas carências de conhecimentos, que poderiam ser mais humanísticos, resultam do tratamento superficial dos conteúdos – o que se conhece como um "trivialização" da informação – e da perda de conteúdo ético, quando não da incapacidade do jornalista de compreender, analisar ou interpretar o que está acontecendo com garantias mínimas de objetividade, sem a necessidade de se curvar à corrente geral da mídia ou de aprofundar desnecessariamente uma determinada linha política ou editorial, algumas vezes por identificação ideológica, outras por um interesse em ficar bem diante dos superiores, na maioria das vezes por simples inércia ou comodidade.

Trata-se de um fenômeno em que não cabe alegar censura, pelo menos de ordem política, e que se acentua num contexto cada vez mais comercial das empresas de comunicação que aproveitam a renovação tecnológica para alcançar seus objetivos econômicos.[3]

---

[3] As distintas implicações deste fenômeno têm sido estudadas por diversos autores, a partir de distintas perspectivas. Ver: FUNDACIÓN TELEFÓNICA. *Periodismo en la era de Internet*. Barcelona, Planeta, 2008.

A este fenômeno, que tem profundas influências na formação acadêmica dos futuros jornalistas e na precariedade do trabalho,[4] soma-se a necessidade de adquirir outros conhecimentos indispensáveis para aproveitar adequadamente as novidades que incorporam as modernas aplicações informáticas e os novos sistemas de acesso e manipulação dos conteúdos audiovisuais.

Entretanto, embora sejamos entusiastas com as possibilidades proporcionadas pela digitalização, devemos alertar sobre quanto pode resultar estéril uma formação exclusivamente técnica ou instrumental que não leve em conta os valores inerentes à profissão jornalística. Temos como referência a necessidade de uma capacitação que permita abrir horizontes, aproveitar o talento e explorar novas possibilidades de comunicação. Estamos falando de um novo conceito de jornalista, que alguns profissionais preferem chamar de "policompetente" e não de "polivalente", figura – esta última – que demandaria a formação necessária para ocupar-se das novas competências que o contexto digital exige.[5]

---

[4] Na opinião de Antonio Peiró, representante do Sindicato Profissional de Jornalistas, "os agentes sociais têm um elevado nível de compromisso com os trabalhadores do jornalismo e com o conjunto da sociedade, posto que a precariedade do trabalho repercute diretamente na qualidade profissional e nos direitos cidadãos. Segundo este jornalista, os conteúdos informativos estão caindo na vulgaridade mais absoluta, entre outros motivos, porque a mídia se encontra, em muitos casos, nas mãos de gestores que não provêm do mundo da comunicação".

[5] O jornalista Juan Cuesta Rico afirma, a respeito, que "o profissional polivalente vale para tudo, mas não é um profissional policompetente, porque ninguém se ocupou de dar-lhe uma formação básica para assumir as competências exigidas pelo contexto digital. Essa formação deve sair das instituições públicas e especialmente da Universidade, já que a empresa tem uma visão muito diferente e só é capaz de absorver toda a capacidade democratizadora das novas tecnologias se estas últimas reduzirem custos".

A convergência digital e o processo de adaptação tecnológica

Os meios públicos e privados estão imersos num inevitável processo de modernização tecnológica que está transformando as rotinas de trabalho, os sistemas de gravação, arquivamento e produção dos conteúdos, o ambiente de relações trabalhistas e o próprio conceito do profissional da informação. Nesse contexto, a televisão e o formato multimídia ocupam um lugar preferente e estratégico, posto que são os princípios protagonistas de uma convergência digital ainda em processo de realização, mas que arrastará consigo uma segunda revolução da profissão jornalística tal como hoje a conhecemos.

A digitalização das redações é um fenômeno relativamente recente que implica consequências sociotrabalhistas ainda não contempladas nos acordos coletivos das respectivas empresas.[6] Os sindicatos, geradores corresponsáveis dos processos formativos nas empresas, enfrentam um desafio difícil de enfocar e de abordar. Num modelo mutável de sociedade, as relações trabalhistas estão expostas a conviver com os novos processos produtivos que colocam o fator humano muito próximo de uma transformação comparável à que supôs – em seu tempo – a Revolução Industrial. As novas tecnologias propiciam as polivalências e a diversificação de tarefas e colocam o produtor audiovisual no centro de um turbilhão de possibilidades que exigem novas destrezas, capacidade de assimilação e o grau de maturidade e qualificação necessários para evitar que ele se transforme em um mero manipulador de ferramentas avançadas em detrimento da qualidade de um produto tão sensível como a informação veraz e checada.

---

[6] Um exemplo disso pode ser visto em ORRANTIA, Andoni. *La convergencia de redacciones en un grupo de comunicación multimedia ante informaciones económicas.* ‹www.unav.es/fcom/cicom/2007/docscicom/3-ORRANTIA_HERRAN.pdf›. 2003.

Pedro Soler Rojas / Manuel Aguilar Gutiérrez

O papel das empresas

No mundo atual que rodeia o rádio e a televisão, temos passado por muitos avanços tecnológicos em pouquíssimo tempo. A aceleração da mudança é de tal magnitude, que antes de poder adaptar-nos a uma nova tecnologia, surge outra ainda mais nova que torna a anterior obsoleta.

A autoedição e a montagem

A irrupção de novas aplicações informáticas nos sistemas de edição não linear (principalmente a Media Composer da AVID e a Final Cut da Apple) deu a largada para um novo conceito de realização dos conteúdos na mídia. Um salto qualitativo para a profissão que anunciava a mudança de funções e perfis que está se produzindo na atualidade.

Do esquema convencional, em que o repórter e seu ajudante realizavam a gravação, o editor controlava – durante a rodagem ou depois dela – a seleção de imagens para dar estrutura à narração, o montador editava e o redator selecionava, produzia e elaborava a notícia ou a reportagem, passamos a um esquema radicalmente distinto e simplificado. Nos informativos não diários ou até mesmo em programas elaborados adquire cada vez mais peso a figura da dupla redator-repórter gráfico para a captação da informação em todas as suas vertentes. Nessa fase da cadeia, tanto o técnico de som como o editor e o montador (como tal ou como ajudante) parecem categorias condenadas ao desaparecimento ou reconversão, já que no caso dos informativos diários é o redator que posteriormente se encarrega por completo da montagem e da realização, através dos sistemas atuais de autoedição.[7]

---

[7] Este fenômeno já foi analisado em PÉREZ DE SILVA, J. *La televisión ha muerto: la nueva producción audiovisual en la era de Internet*. Barcelona, Gedisa, 2000.

Essa forma de trabalho tem sido implementada fundamental-mente nas redações de informativos diários e é habitual nas redações digitalizadas, tanto de rádio como de televisão: telejornais, boletins de informações curtas e canais de notícias ininterruptas baseiam suas transmissões nessa nova figura multifuncional de um produtor que, sentado diante de seu computador e com um sistema básico de autoedição, redige, acrescenta uma locução através de uns fones integrados com microfone e insere as imagens previamente armazenadas ou *ingeridas*, seja num servidor independente, seja em outro centralizado.

Multitarefa diante da especialização

Para os diferentes grupos profissionais que conviveram até há pouco tempo atrás nas áreas de informativos ou que ainda trabalham nas áreas de programas não diários, a especialização é uma qualidade que oferece melhores resultados e melhora substancial-mente a qualidade do produto. Os conhecimentos trazidos por montadores e editores são o resultado de fundamentos teóricos e práticos adquiridos durante anos de estudo e aprendizado. Nada equiparável a um rápido cursinho de reciclagem, concebido para que o redator – que não teve essa formação específica – aprenda quase da noite para o dia umas regras básicas de construção da notícia, narração com imagens e ritmo das sequências. Isto é, o nível mais avançado da nova linguagem audiovisual que menciona-mos anteriormente.

Se nos detivermos em aspectos puramente técnicos, como a locução da notícia, um bem importante para o produtor que usa sua voz, mas importante também para o destinatário da mensagem, observaremos como o nível de qualidade oferecido pelas cabines de áudio e pelo técnico de som não pode ser equiparável de modo algum a uma gravação realizada pelo próprio jornalista em meio à redação e através de um microfone incorporado aos fones. Embora alguns meios, como é o caso da RTVE (Rádio e Televisão

Espanhola), tenham optado por manter algumas cabines de áudio para a montagem de conteúdos mais elaborados, a autogravação do áudio é o método de trabalho que acabará se impondo completamente a curto prazo.

Por outro lado, o fato de os redatores terem que assumir mais tarefas implica, nestes momentos, complicações não só para eles mesmos, como também para outros grupos profissionais. Complicações derivadas, por exemplo, das atuais limitações de capacidade dos servidores digitais. O fluxo de trabalho da redação digital obriga a um trepidante ritmo de armazenagem ou ingestão de conteúdos, o que exige aos documentalistas e a outros grupos profissionais reconvertidos (gestão de conteúdos, especialmente) um incessante trabalho que envolveria mais pessoas, o que seria uma contradição diante da premissa empresarial que procura, com essas novas dinâmicas, uma economia de postos de trabalho.

Entre os redatores ou informantes que abordam essa multitarefa, as opiniões estão divididas. Para uma boa parte deles a especialização de funções provoca mais inconvenientes que vantagens. A possibilidade de controlar o produto nas diferentes fases da cadeia permite, segundo muitos, um grau de autonomia e de autossuficiência que elimina algumas das barreiras inerentes ao trabalho de equipe e agiliza o processo de acabamento da notícia. Até mesmo as agremiações mais antigas têm estas opiniões, embora estejam muito pouco familiarizadas com a tecnologia e nada propensas à experimentação. Elas superaram uma aparente resistência à mudança e descobriram com agrado que também são capazes de manejar um simples programa de edição, sem depender mais da opinião mais ou menos qualificada de montadores ou editores.

Entre os grupos mais jovens, que entraram na profissão sem terem a oportunidade de comparar "o antes e o depois", a autoedição e os novos métodos de trabalho não são fenômenos questionáveis. Em geral, estes novos profissionais chegam às redações muito mais familiarizados com os ambientes digitais e com uma predisposição

Formação dos comunicadores na era digital

– quando não formação – para assumir o trabalho multitarefa como um fato indissociável da profissão. Embora revelem inquietações ou tentem aprofundar os valores da profissão, cedo descobrem que, no contexto empresarial, a disponibilidade, a rapidez e o domínio das ferramentas são valores altamente considerados para sua carreira, mesmo que isso ocorra em detrimento de um conhecimento mais profundo de seu trabalho, isto é, da capacidade de entender, analisar e interpretar a realidade dentro de um contexto, de contrastar a informação e ser capazes de apresentá-la de uma maneira compreensível e atraente.[8]

Todavia, esse pensamento que poderíamos considerar como propenso e certamente pragmático com relação à tecnologia e às consequências laborais da multifunção muda – como logo veremos – quando esses mesmos profissionais teorizam sobre a formação recebida e as exigências e responsabilidades sociais que a mídia e seus profissionais deveriam preservar.

Os novos perfis e a figura do profissional polivalente

Uma das principais consequências da digitalização é, precisamente, a modificação dos perfis profissionais e a inter-relação e convergência de diferentes especializações e funções, todas elas orientadas a uma mesma finalidade: a fabricação e emissão de conteúdos através de plataformas multiformato. Por isso, embora o objetivo deste trabalho esteja centralizado na formação do jornalista audiovisual, tentaremos contextualizar essa tarefa com uma visão mais ampla da cadeia de produção que intervém na

---

[8] Um dos principais pioneiros que teorizaram sobre os efeitos e mudanças que estavam sendo produzidos nas redações da mídia foi John Pavlik. Existe uma boa tradução em espanhol com suas reflexões em: PAVLIK, John. *El periodismo e los nuevos medios de comunicación*. Barcelona, Paidós, 2005.

elaboração dos conteúdos e, de forma particular, nas redações de serviços informativos.

Não é possível abordar a formação do jornalista audiovisual na era digital sem levar em conta, ao menos colateralmente, as peculiaridades daquelas outras categorias profissionais cujas tarefas estão sendo assumidas pelos produtores, pelo menos em algum dos aspectos tradicionais. Nessa cadeia de elaboração da notícia, aparecem diretamente relacionados os grêmios de montadores, editores, documentalistas, ambientadores musicais e repórteres gráficos. Essas categorias, em alguns casos, estão em pleno processo de reconversão e, em outros, de redefinição de suas funções.

De uma forma ou de outra, a revolução digital nas redações da mídia informativa exige uma nova proposta integral para a formação no âmbito comunicativo.

A partir do plano trabalhista, é um fato inquestionável que determinados perfis desaparecerão ou acabarão mudando e que, em função disso, virá uma transformação das atuais relações de trabalho, seja na recomposição dos próprios quadros de funcionários, seja na organização e qualificação do trabalho.

Se, como base, partimos da proposta e desenvolvimento de um tipo de formação adequada à função que desempenham os profissionais neste campo, é preciso limitar de antemão a esfera de trabalho na qual se moverão estes trabalhadores num futuro imediato. Um cenário que rompe os esquemas tradicionais das redações e a separação entre o técnico e o jornalista que havia imperado até agora.

Antes de tudo, convém fazer a seguinte pergunta: é recomendável, ou pelos menos admissível, que um jornalista grave imagem e som com uma câmera semiprofissional de formato mini DV ou cartão digital, e seja ele mesmo quem edite o conteúdo para sua emissão?

Essa questão gera imediatamente um debate entre dois setores bem diferenciados da profissão. Aqueles que, com maior ou menor intensidade, encontraram-se imersos num processo de transição tecnológica e aqueles jornalistas que, por dizê-lo de alguma maneira, chegaram ao posto de trabalho assumindo esse esquema de funcionamento e sem capacidade de propor outras opções.

Poderíamos debater se o perfil profissional ao qual o futuro imediato parece conduzir – esse que alguns denominaram como profissional polivalente ou profissional "orquestra" – é ou não realista ou adequado; podemos tentar delimitar suas responsabilidades e funções; propor políticas empresariais que melhorem sua qualificação e discutir um ambiente de relações trabalhistas que garanta os aspectos formativos, mas o que seria ingênuo é esconder a cabeça, ou olhar para outro lado, diante de uma realidade que – queira ou não – está sendo implementada praticamente na totalidade da mídia, com consequências desiguais sobre os profissionais da informação.[9]

Entre os defensores do profissional polivalente – mas não policompetente – se inclui também uma escassa minoria de profissionais vanguardistas e autodidatas que costumam antecipar-se às tendência da mídia, talvez convencidos antes de muitos outros de que a tecnologia condicionaria o trabalho informativo, obrigando que as empresas aderissem à digitalização das redações.

De uma perspectiva laboral e sindical, essas pessoas que lançam mão da autoformação para aventurarem-se no mundo digital normalmente são vistas como intrusas por outras categorias profissionais, já que sentem nessa modalidade de trabalho uma ameaça à subsistência de sua profissão específica.

---

[9] A mudança de perfil exigida ao profissional que trabalha em televisão foi estudada, detalhadamente, por: GARCÍA AVILÉS, J. A. *El periodismo audiovisual ante la convergencia digital*. Eleche, Universidad Miguel Hernández, 2006.

Diante do frescor inerente desse tipo de formatos, seus detratores reprovam a qualidade do produto final, que em muitas ocasiões obriga até mesmo a legendar o áudio para que seja compreensível. O fato de que estes produtos sejam realizados e emitidos pelos meios públicos gera um debate extra sobre os níveis de qualidade e a missão que esta mídia de titularidade pública deve preservar. Esses formatos foram logo imitados por outros canais de televisão privados – embora simulando às vezes o toque não profissional – em muitos casos com maior sucesso de audiência.

Por outro lado, experiências desse tipo levam a refletir sobre as vantagens de alguns ensaios vanguardistas que se situam na dianteira das mudanças tecnológicas e exploram os limites dos planos formativos que seriam necessários no futuro imediato.

Embora a figura do profissional polivalente seja mais ou menos discutível e sua função pareça reservada atualmente a formatos específicos, o certo é que este perfil está proliferando na mídia, sobretudo em notícias geradas por agências e emissoras locais. Um fenômeno questionável que alimenta o debate profissional e sindical sobre uma característica muito mais extensa que a do chamado profissional orquestra; nós nos referimos aos diferentes graus de polivalência e à reconversão de categorias que estão associadas aos novos métodos de trabalho.[10]

Se, tradicionalmente, a captação audiovisual de uma determinada notícia requeria um esforço notável de produção e o trabalho de pelo menos três pessoas – redator, repórter gráfico e técnico de som –, a tendência atual, em muitos países, entre eles o nosso, passa por simplificar esse processo e reduzir os recursos humanos a uma ou no máximo duas pessoas (produtor e repórter gráfico), sendo a tarefa específica do primeiro a redação e elaboração do conteúdo, sua posterior autoedição, locução e rotulação e – em muitos casos

---

[10] Um notável estudo sobre as transformações que foram feitas no jornalismo tradicional e as características do "novo jornalismo" pode ser encontrado em: GARCÍA JIMÉNEZ, A. *Aproximaciones al periodismo digital*. Madrid, Dykinson, 2007.

– a reedição para outros suportes de emissão, sejam eles canais ou emissões filiais ou o website da mesma empresa. O repórter gráfico está encarregado da gravação e, em alguns casos, de sua posterior introdução no sistema.

Quando se escuta a opinião dos profissionais da comunicação que estão envolvidos nestes processos de adaptação, surge uma reflexão bastante generalizada: as novas ferramentas tornam mais versátil e ágil o processo de elaboração da notícia, mas não se pode afirmar que, nessa fase corrida de transição, as novas tecnologias facilitem um bom trabalho jornalístico, nem muito menos que contribuam para dignificar uma profissão cada vez mais questionada em aspectos deontológicos.

Esse paradoxo – rapidez diante da dificuldade/complexidade – tem a ver com numerosas disfunções produzidas na cadeia de produção, edição, montagem e emissão. Disfunções que, em geral, têm a ver com uma filosofia equivocada no que se refere ao que deveria representar a tecnologia a serviço da informação e não ao contrário, e também com uma estreita visão da gestão da formação contínua, seu planejamento e integração nas diversas áreas estratégicas da empresa, além de sua coordenação com a formação regrada oferecida pelas universidades, empresas e centros privados.

Em apenas cinco anos, as cadeias de televisão, mídia informativa local e nacional, emissoras de rádio e agências de notícias entraram numa corrida desenfreada por ocupar posições no novo contexto digital e estar preparadas para satisfazer uma demanda multiformato. A capacidade de gravar e emitir em tempo real e com um número muito reduzido de recursos tem convulsionado os esquemas convencionais de acesso à informação e reorientado a política empresarial dos meios de comunicação públicos e privados. A rapidez exigida do jornalista e a escassez de tempo para checar as informações repercutem de maneira direta nos valores de uma profissão que está se tornando cada vez mais rotineira e menos reflexiva. A redação em que um profissional monta uma notícia após outra começa a lembrar, perigosamente, a fábrica do filme *Tempos modernos*, na qual Charles Chaplin apertava parafusos numa infernal cadeia de produção.[11]

Parece compreensível que, num terreno de concorrência descontrolada para impactar e atrair a audiência, a profissão jornalística tenha perdido cotas de credibilidade ou ao menos de imagem diante da opinião pública. No entanto, é mais complexo determinar em que medida essa deterioração está relacionada com as condições que impõem a implantação e o desenvolvimento de novas tecnologias e, paralelamente, com as carências formativas de um novo jornalismo que, na opinião de muitos especialistas, parece ter iniciado uma mudança que ainda não se sabe bem aonde levará. Um fenômeno que Ben Bradlee resumiu em poucas palavras, quando falava de um jornalismo de querosene: "O produtor joga líquido inflamável no primeiro lugar em que vê fumaça, antes até de determinar o que está acontecendo e por quê".[12]

A falta de tempo é um dos maiores obstáculos e, às vezes, também uma boa desculpa apresentada tanto pelos profissionais, como pelos chefes para não elaborar um bom plano que inclua o acesso a uma formação regrada e contínua. Contudo, a este quadro se somam os problemas de adaptação para o aprendizado das novas aplicações e ferramentas. Na falta de um autêntico planejamento, os profissionais da informação recebem uma formação *prêt à porter* nas empresas, e aprendem a pulso e de maneira quase autodidata umas noções básicas para levar para frente o trabalho, tudo isso sem poder considerar outros aspectos básicos da informação, que podem afetar a qualidade e a própria estrutura narrativa. Na prática, a totalidade dos planos de formação contínua começa a casa

---

[11] A cena pode ser vista em: http://www.youtube.com/watch?v=-YO86Bepf5Y.

[12] Foi o lendário diretor do *Washington Post*, Ben Bradlee, que publicou o escândalo do Watergate (1971), o jornalista que utilizou pela primeira vez o conceito de "jornalismo de querosene". BRADLEE, Ben. La vida de un periodista. Memorias del director de The Washington Post. Ediciones El País-Aguilar, Madrid, 2000.

pelo telhado, dando a seus redatores ou jornalistas cursos de aprendizado de uma determinada ferramenta de autoedição, sem fornecer sequer umas noções fundamentais de montagem ou narração audiovisual e muito menos de questões deontológicas.

Nas redações, o aprendizado de habilidades para utilizar as novas tecnologias provoca um intercâmbio de conhecimentos tão espontâneo quanto necessário. Os problemas informáticos se solucionam por instinto e à medida que vão surgindo, seja mediante o sistema de tentativa e erro, seja com a ajuda de outros companheiros que foram cobaias antes.

A servidão informática dos conteúdos: o talento do sistema

Muitos profissionais acham que a digitalização da mídia caiu na armadilha das empresas que administram as aplicações informáticas, hipotecando seu processo produtivo e as dinâmicas de trabalho à aparente economia de custos que a utilização dessas novas ferramentas propicia. Após essa filosofia economicista, surge um fenômeno relacionado que se impõe no dia a dia das redações e no trabalho cotidiano dos jornalistas: um tipo de rivalidade entre o mundo da tecnologia (engenheiros de telecomunicações e informáticos) e os responsáveis por elaborar os conteúdos, frequentemente criticados por certa lerdeza e por uma inadequada utilização dos recursos tecnológicos quando o processo produtivo é prejudicado, em muitas ocasiões por problemas derivados de uma falha na concepção do sistema.

Muitas vezes, aqueles que têm sob sua responsabilidade a gestão dos sistemas e recursos informáticos apoiam-se na premissa de que as novas tecnologias são as principais ferramentas do processo produtivo. Algo que alguns editores de televisão costumam denominar "o talento do sistema", um conceito baseado na ideia de que o suporte informático nunca erra e que, por sua natureza inversa, condiciona o trabalho dos profissionais, assim como a forma e o grau de utilização de aplicações e ferramentas que não foram suficientemente testadas, seja por estarem em fase de desenvolvimento, seja por limitações em suas funcionalidades, seja por ter um suporte instável ou pouco adaptado às necessidades reais. Isso faz com que o trabalho seja mais lento ou que se repitam frequentemente as mesmas falhas no sistema, o que torna o trabalho dos produtores, e dos outros profissionais que complementam sua tarefa, mais complexo.

No meio de tudo isso, está um conceito às vezes muito equivocado dos planos formativos que, como explicamos antes, são contemplados pelas empresas como um mero trânsito para a obtenção de uma maior produtividade e rentabilidade.

A internet e o jornalista multimídia

Com a implantação e desenvolvimento da internet, a diferença entre a mídia impressa, sonora e audiovisual fica mais tênue e, num website de um meio de comunicação ou de um grupo multimídia, encontramos textos, vídeos e sons indistintamente. Esse fenômeno deve ter, obviamente, consequências para a estrutura empresarial da mídia, para a organização dos recursos e, finalmente, para a organização das redações e para os perfis profissionais. Já nada será como antes e é inútil aferrar-se a estruturas, modos e maneiras do passado.

Ao compasso do desenvolvimento da internet e da ampliação da banda larga, praticamente a totalidade da mídia tem constituído sociedades multimídia mais ou menos dimensionadas que se nutrem fundamentalmente dos conteúdos emitidos por suas sociedades filiais de rádio e televisão.

A peculiaridade desse suporte torna tolerável a captação de informação sem padrões de qualidade equiparáveis às plataformas convencionais, e cada vez são mais numerosas as mídias que entregam, a seus redatores, celulares com câmera digital de alta resolução para publicarem na web a foto ou um pequeno vídeo que dê cobertura a uma determinada notícia.

Um caso paradigmático é o da emblemática agência de notícias Reuters, aparentemente decidida a transformar cada um de seus colaboradores em videojornalistas. Segundo a britânica Press Gazette, a agência está dotando suas delegações com uma "maleta-estúdio", composta por uma câmera de videoconferência em HD, lâmpadas, tripé e microfone. Um equipamento supostamente apto para a transmissão de atos informativos. E, para a reportagem, está utilizando câmeras diretamente conectáveis à rede (*flip camera*). Trata-se, segundo seu *Global editor of multimedia*, Cris Cramer, de explorar as possibilidades de conexão quase ubíqua à banda larga e de dotar todos os repórteres de capacidade de trabalho multimídia.

Como no caso de algumas agências de notícias digitalizadas, as sociedades multimídia estão se tornando a ponta de lança do jornalismo digital. A emissão, através de dispositivos móveis – ainda em fase de desenvolvimento –, obrigará a um novo conceito da informação muito mais breve, quase em forma de manchetes, acompanhadas de uma narração em imagens reduzida à mínima expressão.

A atividade dos profissionais que trabalham nestas novas sociedades é muito distinta e, segundo a nossa opinião, exige uma formação diferenciada mas não excludente com relação à que recebem os trabalhadores das plataformas convencionais. Além disso, dever-se-ia levar em conta a complementaridade dos distintos meios do mesmo grupo, tomando em consideração as peculiaridades tecnológicas de cada um e o seu público-alvo.

Atendendo a critérios empresariais (leia-se menor custo), vai evoluindo a figura do jornalista multimídia, ou seja, aquele profissional capaz de cobrir um mesmo evento para distintas plataformas, adotando sua linguagem e recursos utilizados a cada plataforma: rádio, televisão, web etc. Isto é, maior flexibilidade e maior capacidade expressiva.[13] Emerge, assim, o conceito daquele que é unicamente jornalista ou produtor diante do jornalista de rádio ou televisão, embora esta transformação suscite ainda muitas dúvidas sobre a capacidade do novo profissional para trabalhar desta maneira.

John Pavlik[14] resume em quatro pontos as consequências que as mudanças tecnológicas tiveram para os meios de comunicação:
- a forma em que os redatores desempenham seu trabalho,
- a natureza dos conteúdos que são oferecidos,
- a estrutura e organização das redações,
- o relacionamento entre os jornalistas dos distintos meios de comunicação de um mesmo grupo.

Com relação à implementação de uma redação única nas áreas dos serviços informativos, o famoso Poynter Institute (http://www.poynter.org) recomenda, para este propósito, proceder com uma política de transparência ao explicar as mudanças e os benefícios que vêm de uma redação integrada e para isso é preciso educar e informar a todas as áreas implicadas, estabelecer os objetivos de ação, proporcionar a cada funcionário uma descrição clara de suas funções e criar autênticas equipes de trabalho.

Nos estudos pioneiros que foram feitos ao serem implementadas as primeiras redações multimídia nos Estados Unidos, os gestores das novas mídias estabeleciam que precisavam mais pessoal que soubesse redigir e adaptar um texto para o meio interativo, procurar recursos externos na rede para vinculá-los a suas informações e ter critério para contrastar e avaliar conteúdos.

O assunto da convergência de redações nos grupos multimídia continua sendo controvertido e aqui somente relataremos duas

---

[13] CEBRIÁN HERREROS, Mariano. *La radio en la convergencia multimedia*. Madrid, Gedisa, 2001.
[14] PAVLIK, John. *The impact of technology on Journalism*. 2000.

Formação dos comunicadores na era digital

questões para não nos estendermos num ponto interessante, mas que não é o objetivo central do estudo:

- Existe uma tendência a confundir a interação e a colaboração dos meios pertencentes à mesma empresa com a polivalência de seus profissionais. No presente, as coberturas conjuntas são excepcionais e talvez só se avançará neste sentido por causa das restrições orçamentárias. É preciso repensar processos e organizações, além de estabelecer estruturas mais horizontais.

- O desenvolvimento tecnológico torna possível a existência de um novo tipo de profissional, mas se esse processo não for acompanhado por mudanças na organização do trabalho, só se perceberá que é preciso trabalhar mais e ter maiores conhecimentos, porém cobrando a mesma quantidade. Ademais, é importante pensar bem na incidência na qualidade do produto final se a sobrecarga de trabalho implica a impossibilidade de atender os processos de formação e estar a par dos acontecimentos, aspectos muito importantes que sempre devem ser considerados quando falamos de jornalistas.

Algumas conclusões e propostas

Para além de como aceitemos o fenômeno das novas tecnologias, de suas consequências sobre o mundo da comunicação e da capacidade para desenvolver e gerir planos formativos que suavizem o impacto profissional e sociotrabalhista, existem dois fatos que parecem irrefutáveis. Por um lado, o avanço irreprimível da tecnologia que, em questão de poucos anos, simplificará até limites inimagináveis o processo de captação, elaboração e emissão da informação; por outro, a tendência da mídia e das empresas do setor para tirar a máxima rentabilidade econômica da utilização de novas ferramentas e aplicações informáticas, mesmo que isso provoque um detrimento da especialização profissional ou dos padrões de qualidade que permitem um tratamento mais elaborado dos conteúdos.

Com um caráter geral, parece-nos conveniente sublinhar algumas recomendações:

- Em nossa opinião, deve-se fomentar a utilização das ferramentas digitais e multimídia de modo organizado, incrementando o conhecimento do *software* e do *hardware* que sejam de uso habitual na área de trabalho.
- É vital promover o conhecimento e realizar uma avaliação crítica do potencial das diversas plataformas tecnológicas, de modo especial da internet, submetendo a qualidade e relevância da documentação obtida a uma permanente atualização.
- Julgamos indispensável uma formação complementar para o conhecimento fluente de pelo menos uma língua estrangeira de amplo uso.
- Sublinhamos nossa preocupação pelo correto uso da linguagem e sensibilidade para expressar e difundir os temas mais delicados, de acordo com algumas orientações deontológicas.
- Consideramos que os profissionais da informação devem ter capacidade de adaptação às novas ferramentas próprias do mundo digital; para isso devem contar previamente com os meios necessários e uma formação suficiente.

Âmbito acadêmico

Ao abordar o âmbito acadêmico, não podemos esquecer que as instituições educativas em geral e a universidade, em particular, não são alheias à corrente de polivalência que impregna o mercado de trabalho no mundo da comunicação. As novas carreiras em Ciências da Informação, Comunicação Audiovisual, ou qualquer

Formação dos comunicadores na era digital

uma das especializações relacionadas com a imprensa escrita, rádio e televisão não orientam seu futuro profissional em função de um único meio ou suporte de emissão, e sim em função das vicissitudes que lhes demandam um diversificado âmbito de trabalho em que cada vez mais adquire peso maior o chamado jornalismo digital, uma especialização profissional que não deriva de planos de estudo adequados à realidade social, mas sim da própria aceleração da mudança que a sociedade tem experimentado com o desenvolvimento da internet e do ambiente multimídia.

A partir dessa colocação, o catedrático de comunicação audiovisual Enrique Bustamante opina que é preciso reformular os conteúdos acadêmicos para estabelecer uma base fundamental que permita formar jornalistas críticos, com um critério claro de sua função social e com novas capacidades de expressão audiovisual nas distintas linguagens que a era digital está desenvolvendo.

Resta um desafio maior, na opinião de Bustamante: a pós-graduação, uma pedra angular na última fase da formação, que deveria adquirir toda a sua dimensão para oferecer uma autêntica especialização profissional nos distintos suportes e formatos. Esse desafio só poderá ser abordado, com verdadeiras garantias, em colaboração com sindicatos, fundações e entidades não lucrativas e mediante uma estreita coordenação destes organismos com a universidade pública, responsável por adequar seus currículos a perfis profissionais concretos.

Neste momento, existe tamanha necessidade de especialização, que está sendo gerado um mercado paralelo de escolas profissionais que prometem o ensino de novas tecnologias de comunicação em apenas quatro meses. Diante da escassez de formação profissional, estas ofertas são muito bem recebidas pelos novos graduados, porque para eles é a única oportunidade de se aproximar às novas tecnologias e tocar fisicamente nos aparelhos. Na prática, este tipo de ofertas não resolve e até mesmo piora – em nossa opinião – o problema de uma especialização dispersa e altamente custosa que tem proliferado também em muitas universidades privadas diante do déficit e da falta de planejamento dos organismos públicos.

Do âmbito acadêmico, é imprescindível, por isso, uma série de iniciativas concretas que impulsionem o conhecimento no campo das novas tecnologias e que poderíamos resumir nas seguintes recomendações ou propostas:

- Um maior investimento por parte das administrações públicas para recursos materiais e professores qualificados.
- Uma política pública para coordenar atividades práticas que, impulsionada a partir da universidade, estabeleça pontes de colaboração com os agentes sociais, os centros de ensino, as empresas do setor e a própria indústria.
- O fornecimento dos conhecimentos indispensáveis, nos cursos do ensino médio, para compreender a linguagem audiovisual e fomentar a formação de usuários críticos, seletivos e ativos em seu relacionamento com a mídia e com os sistemas de comunicação.

Âmbito empresarial e profissional

A incursão, praticamente autodidata que alguns profissionais fazem no campo das novas tecnologias, com o risco de serem tachados de intrusos por outros grupos profissionais (ver o item anterior "O profissional polivalente"), não é somente audaz como também se revelou pioneira e, em alguns casos, bem-sucedida do ponto de vista das audiências. No entanto, este tipo de formatos que proporcionam um notável corte de recursos materiais e humanos, com visível repercussão na qualidade plástica do produto final (qualidade de imagem e som) deveria ser considerado não tanto um modelo a seguir mas mais o resultado de um planejamento formativo que tivesse a pesquisa e o desenvolvimento de programas e formatos experimentais como um de seus eixos.

No momento, experiências deste tipo são apoiadas eventualmente, com uma mentalidade economicista por parte das cadeias e de seus diretores, que veem nestes formatos o estilo tipo "minha câmera e eu" uma aposta que talvez possa funcionar, mas sobretudo uma oportunidade de economizar, porque, se não se conseguir a audiência prevista, também não existe um risco desproporcional para a cadeia.

Nem a mídia pública nem a privada viram nesses formatos a possibilidade de instaurar um procedimento diferente em seus esquemas formativos, isto é, a implementação de áreas de formação e a institucionalização de equipes dedicadas ao desenvolvimento e à pesquisa de conteúdos que sejam capazes de explorar toda a potencialidade das novas tecnologias da comunicação e da informação.

No dia a dia, a digitalização das redações está originando na prática um tipo de exclusão digital no seio das próprias empresas, entre aqueles profissionais mais bem adaptados à mudança e os que têm sérios obstáculos para adequar seus conhecimentos consolidados durante muitos anos às novas exigências e aos desafios colocados pela era digital. A esta realidade, soma-se uma corrente muito preocupante no plano sociotrabalhista, que começa a impregnar o tecido empresarial: o fenômeno da polivalência e da multitarefa dos profissionais que, num contexto de crise econômica, parece justificar mais que nunca a utilização indiscriminada das novas tecnologias como solução para todos os males que o mundo da comunicação está sofrendo.

Essa colocação puramente economicista está levando a uma assimilação desordenada de mais e mais funções e carga de trabalho, sobretudo pelos produtores e gestores de conteúdos digitais que são ultrapassados pela velocidade que as novas ferramentas, servidores e aplicações informáticas imprimem.

No caso dos jornalistas, o sistema de autoedição e montagem da informação – por ora unicamente instrumental – carece da necessária aquisição de conhecimentos essenciais que possam suprir, mesmo se numa mínima parte, umas regras básicas de construção da notícia, narração em imagens e ritmo das sequências. Uma informação audiovisual se sustenta na adequada harmonia entre imagem e palavra. Ambos os elementos se complementam; mas, mal utilizados, podem provocar um efeito de distorção, algumas vezes incompreensível ou confuso para o espectador. O cuidado com a imagem e o som, e a formação em aspectos básicos de narração audiovisual são, neste momento, vitais para evitar o risco em que poderiam incorrer, e de fato já estão incorrendo, muitas das informações que são emitidas por diferentes meios de comunicação.

A seguir, sintetizamos algumas das iniciativas que, na nossa opinião, seriam recomendáveis para planejar e melhorar a aplicação dos currículos nos seios das empresas, fundamentalmente nos aspectos que estão mais diretamente relacionados com os profissionais da informação:

- A formação dos jornalistas para a utilização das novas ferramentas de edição não linear não deveria ser concebida como um cursinho rápido de treinamento nas funcionalidades mais imediatas de realização e montagem, e sim como a última fase de um plano formativo integral que incluísse cursos regulamentados de narração audiovisual e regras básicas de montagem. Esses cursos não podem ser improvisados, nem podem pretender acumular em seus conteúdos toda a bagagem de umas especializações (editor e montador) que supõem – ainda hoje – anos de estudo e experiência. Estamos falando de uma formação de nível básico, estruturada num prazo médio, com a finalidade de poder abordar informações curtas que não exigem uma elaboração especial e sim de umas regras básicas que garantam os parâmetros de qualidade que qualquer mídia deve ter.

- Esta recomendação deve estar delimitada à área de informativos diários e ao que poderíamos considerar como

Formação dos comunicadores na era digital

informações curtas. Sem negar que qualquer jornalista audiovisual deva ter acesso a este grau de conhecimentos essenciais, que ampliariam sua visão do potencial tecnológico para melhorar um produto, não nos parece admissível que conteúdos ou programas mais elaborados, que se destacam por sua qualidade estética, façam uso indiscriminado desta formação básica para eliminar categorias imprescindíveis para o processo de digitação, realização e acabamento do produto, como são o ajudante de câmera, o editor e o montador, assim como a figura do técnico de som, que garante a qualidade da locução.

- O aprendizado e a tutoria devem ser contínuas. Mencionamos aqui a figura que, chamem como quiserem (a emissora espanhola TV3 a chama de "anjo da guarda"), deve caracterizar-se por estar sempre pronta, nas redações, para resolver qualquer incidente informático e, sobretudo, por uma qualificação específica para detectar erros, corrigir maus hábitos e aumentar o aproveitamento do sistema pelos trabalhadores.

- A formação no interior das empresas deveria contemplar uma especificidade para seus organismos dirigentes e áreas de gestão, que são – ou deveriam ser – os primeiros interessados em explorar as possibilidades e limitações colocadas pelo contexto digital e os que, paradoxalmente, estão em geral menos preparados neste campo. Dificilmente se pode gerir uma transformação tão profunda como a provocada pela era digital sem que o corpo dirigente e os comandos intermediários tenham experimentado, ao menos num plano formativo, o potencial e também os obstáculos e as exigências trazidos pelo processo de digitalização para o conjunto da empresa e como o clima de trabalho pode ser afetado por este processo. Tudo isso sem esquecer que é o fator humano que, definitivamente, tornará mais ou menos viável esse inevitável processo de transformação.

- Ao longo deste trabalho, foram ressaltados os aspectos éticos e deontológicos que permeiam a profissão do jornalista e que, na opinião de diversos especialistas, se encontram em fase de retrocesso com a expansão das novas tecnologias. Um fenômeno que evidenciaria as carências formativas de uma adequada gestão da informação, com consequências muito preocupantes do ponto de vista social: o risco de fomentar uma cultura da comunicação baseada no princípio da quantidade antes que da qualidade e que tem como resultado a superficialidade no tratamento das informações, a simplificação da mensagem e a percepção de que tudo vale, desde que chegue na hora da emissão. Estas carências só poderão ser cobertas se este âmbito formativo tiver a importância que merece. Cadeias como a BBC proporcionam a seus produtores cursos regulares de ética e deontologia profissional, além de terem elevado seus manuais de estilo e estatutos de informação a regras de cumprimento obrigatório pelo conjunto de seus funcionários. Na Espanha, nem sequer a Radiotelevisão Pública integrou ainda esta política tão ligada à responsabilidade social e ao serviço público entre seus profissionais da informação.[15]

Síntese de propostas

Em síntese, recolhemos as seguintes recomendações capazes de impulsionar políticas públicas adaptadas à nova realidade social do jornalismo audiovisual e a seu contexto formativo:

---

[15] Estes conceitos podem ser aprofundados em: MORAGAS, M. de e PRADO, E. *La televisión pública a l'era digital.* Barcelona, Proa, 2000.

- Remodelação dos currículos nas faculdades de Jornalismo ou de Comunicação Audiovisual, com a finalidade de adaptá-los às novas realidades do jornalismo digital, de modo especial aos aspectos tecnológicos.

- Fomento, em todos os percursos educativos superiores e na formação interna das empresas, de um espírito crítico harmonizado com a função social que o trabalho jornalístico deve observar, especialmente na mídia pública.

- Especialização em diferentes suportes e formatos, a partir de uma sólida base comum, com a colaboração de sindicatos e empresários, que evite a proliferação descontrolada de pós-graduações.

- O ensino planejado das chaves da linguagem audiovisual e a formação de usuários críticos deve começar no ensino médio, visando a que cheguem à universidade estudantes formados nos rudimentos básicos do novo mundo comunicacional em que vão se desenvolver. Mas também para que os cidadãos aprendam a ler, interpretar e utilizar os meios audiovisuais, eletrônicos e digitais.[16]

- As empresas devem transformar-se em organizações aprendizes e divulgar, entre seus funcionários, que a formação não é uma espécie de castigo ou sobrecarga, e sim uma necessidade básica e permanente, que deve acompanhá-los ao longo de sua vida profissional. O estímulo para a aquisição de conhecimentos e sua aplicação prática imediata deve ser prioritário para a empresa, sem esquecer sua correspondente recompensa que se concretiza numa carreira profissional de objetivos claros, transparentes e garantidos.

---

[16] Ver, a respeito, as interessantes reflexões desenvolvidas em: TORRENTE PÉREZ, M. S. *La formación pedagógica del profesor de educación secundaria y ciclos formativos en la especialidad de periodismo y comunicación audiovisual*. Granada, Impredisur, 2008.

- As empresas públicas de comunicação têm uma responsabilidade especial na hora de formar especialistas na elaboração de mensagens e produtos audiovisuais. As novas tecnologias não podem ser uma desculpa para o descuido dos conteúdos e da forma daquilo que for emitido. O cuidado com as tarefas de formação e com a seleção de temas e formas deve ser extremo na radiodifusão pública, sem que isso signifique que sejam abandonados os formatos experimentais.
- A ética e a deontologia profissional não são obsoletas nos novos tempos, mas são mais importantes do que nunca: simplesmente precisam de uma atualização de acordo com as novidades tecnológicas e com as novas demandas sociais.

Capítulo 5
Conectivismo: uma teoria da aprendizagem para a era digital[1]

*George Siemens**

Introdução

O behaviorismo, o cognitivismo e o construtivismo são as três grandes teorias da aprendizagem utilizadas mais vezes na criação de ambientes instrucionais. Estas teorias, no entanto, foram desenvolvidas numa época em que a aprendizagem não havia sido impactada pela tecnologia. Nos últimos vinte anos, a tecnologia reorganizou a forma em que vivemos, nos comunicamos e aprendemos. As necessidades de aprendizagem e as teorias que descrevem seus princípios e processos devem refletir os ambientes sociais subjacentes. Vaill enfatiza que "a aprendizagem deve constituir uma forma de ser – um conjunto permanente de atitudes e ações que os indivíduos e grupos utilizam para tratar de se manter a par de eventos surpreendentes, inovadores, caóticos, inevitáveis, recorrentes" (1996: 42).

Há tão somente quarenta anos, os estudantes, após completarem a educação formal exigida, ingressavam em uma carreira que normalmente duraria por toda a vida. O desenvolvimento da informação era lento, e a vida do conhecimento era medida em décadas. Hoje, estes princípios fundamentais foram alterados, e o conhecimento cresce exponencialmente. Em muitos campos, a vida

---

[1] Este trabalho está publicado sob uma Licença Creative Commons 2.5. Agradecemos a George Siemens a reprodução de seu artigo.

* George Siemens é docente e pesquisador da Universidade de Athabasca, Canadá.

do conhecimento agora se mede em meses e anos. González (2004) descreve os desafios que este fenômeno gera:

> Um dos fatores mais persuasivos é a redução da vida média do conhecimento. A "vida média do conhecimento" é o lapso de tempo que transcorre entre o momento em que o conhecimento é adquirido e o momento em que se torna obsoleto. A metade do que se conhece hoje não era conhecida há 10 anos. A quantidade de conhecimento no mundo dobrou nos últimos 10 anos e se duplica a cada 18 meses, de acordo com a Sociedade Americana de Entretenimento e Documentação (ASTD, na sigla em inglês). Para combater a redução da vida média do conhecimento, as organizações foram obrigadas a desenvolver novos métodos para levar a cabo a capacitação.

Algumas tendências significativas na aprendizagem:

- Muitos estudantes atuarão numa variedade de áreas diferentes e, possivelmente, sem relação entre si, ao longo de sua vida.
- A aprendizagem informal é um aspecto significativo de nossa experiência neste setor. A educação formal já não constitui a maior parte da aprendizagem, que ocorre agora numa variedade de formas – através de comunidades de prática –, redes pessoais e através da realização de tarefas profissionais.
- A aprendizagem é um processo contínuo, que dura toda a vida. A aprendizagem e as atividades profissionais já não estão separadas. Em muitos casos coincidem.
- A tecnologia está alterando (recabeando)[2] nossos cérebros. As ferramentas que utilizamos definem e moldam nosso pensamento.

---

[2] A expressão "cabeamento" provém de áreas técnicas (particularmente da computação), em que os cabos e as conexões possibilitam a operação de um artefato ou equipamento. Assim, ao falar do "cabeamento" do cérebro, faz-se referência às conexões existentes no interior do mesmo, que variam de uma pessoa a outra ("É a maneira como estou cabeado" é uma expressão que se usa para justificar uma ou outra forma de reagir ou opinar diante de uma situação particular).

- A organização e o indivíduo são organismos que aprendem. O aumento do interesse pela gestão do conhecimento mostra a necessidade de uma teoria que trate de explicar o vínculo entre a aprendizagem individual e organizacional.
- Muitos dos processos utilizados previamente pelas teorias da aprendizagem (especialmente os que se referem ao processamento cognitivo da informação) podem ser agora realizados, ou apoiados, pela tecnologia.
- *Saber como* e *saber o quê* estão sendo complementados com *saber onde* (a compreensão de onde encontrar o conhecimento necessário).

Antecedentes

Driscoll (2000) define a aprendizagem como "uma mudança persistente no desempenho humano ou no desempenho potencial [..., que] deve ser produzido como resultado da experiência do estudante e de sua interação com o mundo" (p. 11). Esta definição abrange muitos dos atributos associados normalmente ao behaviorismo, ao cognitivismo e ao construtivismo – a saber, a aprendizagem como um estado de mudança duradouro (emocional, mental, fisiológico [por exemplo, habilidades]) – obtidos como resultado das experiências e interações com conteúdos e com outras pessoas.

Driscoll (2000: 14-17) explora algumas das complexidades para definir aprendizagem. Seu debate se concentra em:
- Fontes válidas de conhecimento. Adquirimos conhecimento através de experiências? É inato (presente no nascimento)? Adquirimos conhecimento através do pensamento e do raciocínio?
- Conteúdo do conhecimento. O conhecimento é realmente cognoscível? Pode ser cognoscível através da experiência humana?

- A consideração final está focada em três tradições episte-mológicas em relação à aprendizagem: objetivismo, prag-matismo e interpretativismo:
  — O objetivismo (semelhante ao behaviorismo) estabe-lece que a realidade é externa e objetiva, sendo que o conhecimento é adquirido através de experiências.
  — O pragmatismo (semelhante ao cognitivismo) estabe-lece que a realidade é interpretada e o conhecimento é negociado através da experiência e do pensamento.
  — O interpretativismo (semelhante ao construtivismo) estabelece que a realidade é interna e o conhecimento é construído.

Todas estas teorias da aprendizagem mantêm a noção de que o conhecimento é um objetivo (ou um estado) que é alcançável (se não for inato) através do raciocínio ou da experiência. O behaviorismo, o cognitivismo e o construtivismo (construídos sobre as tradições epistemológicas) tentam evidenciar como uma pessoa aprende.

O *behaviorismo* estabelece que a aprendizagem é, em geral, incognoscível, isto é, que não podemos entender o que acontece dentro de uma pessoa (a teoria da "caixa-preta"). Gredler (2001) expressa o behaviorismo como um conjunto de várias teorias que fazem três suposições sobre a aprendizagem:

- O comportamento observável é mais importante que a compreensão das atividades internas.
- O comportamento deveria estar focado em elementos simples: estímulos específicos e respostas.
- A aprendizagem tem a ver com a mudança no comportamento.

O *cognitivismo* frequentemente toma um modelo computacio-nal de processamento da informação. A aprendizagem é vista como um processo de entradas administradas na memória de curto prazo e codificadas para sua recuperação a longo prazo. Cindy Buell detalha este processo: "Nas teorias cognitivas, o conhecimento é visto como construções mentais simbólicas na mente do estudante, enquanto o processo de aprendizagem é o meio pelo qual estas representações simbólicas são registradas na memória".

O *construtivismo* sugere que os estudantes criam conhecimento enquanto compreendem suas experiências (Driscoll, 2000: 376). O behaviorismo e o cognitivismo veem o conhecimento como externo ao estudante e o processo de aprendizagem como o ato de aprender o conhecimento. O construtivismo assume que os estudantes não são simples recipientes vazios a serem preenchidos com conhecimento. Ao contrário, os estudantes estão tentando criar significado ativamente. Os estudantes frequentemente selecionam e procuram sua própria aprendizagem. Os princípios construtivistas reconhecem que a aprendizagem na vida real é caótica e complexa. As salas de aula que recriam a complexidade e o caos dessa aprendizagem serão mais efetivas ao prepararem os estudantes para a aprendizagem ao logo da vida.

Limitações do behaviorismo, do cognitivismo e do construtivismo

Um princípio central da maioria das teorias da aprendizagem é que esta acontece dentro de uma pessoa. Até mesmo as abordagens do construtivismo social, que afirmam que a aprendizagem é um processo social, promovem o protagonismo do indivíduo (e sua presença física, ou seja, baseado no cérebro) na aprendizagem. Estas teorias não fazem referência à aprendizagem que acontece fora das pessoas (por exemplo, a que é armazenada e manipulada pela tecnologia). Também falham ao descreverem como a aprendizagem ocorre no interior das organizações.

As teorias da aprendizagem se ocupam do processo de aprendizagem em si mesmo, não do valor do que está sendo aprendido. Num mundo interconectado, vale a pena explorar a mesma forma da informação que adquirimos. A necessidade de avaliar a pertinência de aprender algo é uma meta-habilidade que é aplicada antes que a própria aprendizagem comece. Quando o conhecimento é escasso, o processo de avaliar a pertinência é considerado intrínseco à aprendizagem. Quando o conhecimento é abundante, a avaliação rápida do conhecimento é importante. Preocupações adicionais surgem devido ao rápido incremento da quantidade de informação. No ambiente atual, muitas vezes se requer ação sem aprendizagem pessoal, isto é, precisamos agir a partir da obtenção de informação externa a nosso conhecimento primário. A capacidade de sintetizar e reconhecer conexões e padrões é uma habilidade valiosa.

Quando as teorias de aprendizagem existentes são vistas através da tecnologia, surgem muitas perguntas importantes. A tentativa natural dos teóricos é continuar revisando e desenvolvendo as teorias conforme as condições mudam. No entanto, em algum ponto, as condições subjacentes foram alteradas de maneira tão significativa que uma modificação adicional não é viável. É preciso uma aproximação completamente nova.

Eis alguns questionamentos sobre às teorias da aprendizagem e o impacto da tecnologia e das novas ciências (caos e redes) na aprendizagem:

- O que acontece com as teorias da aprendizagem quando o conhecimento deixa de ser adquirido de uma forma linear?
- Quais são os ajustes necessários nas teorias da aprendizagem quando, agora, a tecnologia realiza muitas das operações cognitivas que antes eram levadas a cabo pelos estudantes (armazenamento e recuperação da informação)?
- Como podemos permanecer atualizados numa ecologia informativa que evolui rapidamente?
- Como as teorias da aprendizagem explicam aqueles momentos em que se requer desempenho sem que haja uma compreensão completa?

- Qual é o impacto na aprendizagem das redes e das teorias da complexidade?
- Qual é o impacto do caos como um processo de reconhecimento de padrões complexos na aprendizagem?
- Com o incremento no reconhecimento de interconexões entre distintas áreas do conhecimento, como são percebidos os sistemas e as teorias ecológicas à luz das tarefas de aprendizagem?

Uma teoria alternativa

A inclusão da tecnologia e a identificação de conexões como atividades de aprendizagem começam a levar as teorias deste setor para a era digital. Já não é possível experimentar e adquirir pessoalmente a aprendizagem que necessitamos para agir. Agora mudamos nossa competência da formação de conexões. Karen Stephenson indica:

> A experiência tem sido considerada a melhor mestra do conhecimento. Dado que não podemos experimentar tudo, as experiências de outras pessoas – e, consequentemente, as outras pessoas – tornam-se substitutas do conhecimento. "Eu armazeno meu conhecimento em meus amigos" é um axioma para coletar conhecimento através da coleta de pessoas (sem data).

O caos é uma nova realidade para os trabalhadores do conhecimento. A ScienceWeek (2004) cita a definição de Nigel Calder em que o caos é "uma forma críptica de ordem". O caos é a interrupção da possibilidade de predizer, evidenciada em configurações complexas que, inicialmente, desafiam a ordem. Ao contrário do construtivismo, ao estabelecer que os estudantes procuram desenvolver compreensão através de tarefas que geram significado, o caos indica que o significado existe, e que o desafio de quem aprende é reconhecer os padrões que parecem estar escondidos. A construção do significado e a formação de conexões entre comunidades especializadas são atividades importantes.

O caos, como ciência, reconhece a conexão de tudo com tudo. Gleick (1987) afirma: "No clima, por exemplo, isto se traduz no que é, meio brincando, conhecido como o Efeito Borboleta: a noção de que uma borboleta que bate suas asas hoje em Pequim pode causar ventanias no próximo mês em Nova York" (p. 8). Esta analogia evidencia um desafio real: "a dependência sensível das condições iniciais" impacta de maneira profunda o que aprendemos e a maneira como agimos, baseados em nossa aprendizagem. A tomada de decisão é um indicador disso. Se as condições subjacentes usadas para tomar decisões mudarem, a decisão em si mesma deixará de ser tão correta quanto havia sido no momento em que foi tomada. A habilidade de reconhecer e ajustar-se a mudanças nos padrões é uma atividade-chave de aprendizagem.

Luis Mateus Rocha (1998) define a auto-organização como a "formação espontânea de estruturas, padrões ou comportamentos bem organizados, a partir de condições iniciais aleatórias" (p. 3). A aprendizagem, como um processo de auto-organização, exige que o sistema (sistemas de aprendizagem pessoais ou organizacionais) "sejam informativamente abertos, isto é, para que sejam capazes de classificar sua própria interação com um ambiente, devem ser capazes de mudar sua estrutura" (p. 4). Wiley e Edwards reconhecem a importância da auto-organização como um processo de aprendizagem:

> Jacobs argumenta que as comunidades se auto-organizam de modo semelhante aos insetos sociais: em lugar de ter milhares de formigas cruzando os rastros de feromônios de cada uma e mudando seu comportamento de acordo com eles, milhares de humanos se cruzam entre si no corredor e mudam seu comportamento.

A auto-organização pessoal é um microprocesso das construções maiores de conhecimento auto-organizado que são criadas no interior dos ambientes institucionais ou corporativos. A capacidade de formar conexões entre fontes de informação, para criar assim padrões de informação úteis, é uma exigência para aprender em nossa economia do conhecimento.

Redes, mundos pequenos, laços fracos

Uma rede pode ser definida simplesmente como conexões entre entidades. As redes de computadores, as redes de energia elétrica e as redes sociais funcionam segundo o simples princípio de que as pessoas, grupos, sistemas, nós e entidades podem ser conectados para criar uma totalidade integrada. As alterações dentro da rede têm um efeito de onda no todo.

Albert-László Barabási indica que "os nós competem sempre por conexões porque as ligações representam a sobrevivência de um mundo interconectado" (2002: 106). Esta competição é bastante limitada dentro de uma rede de aprendizagem pessoal, mas o valor de certos nós em detrimento de outros é uma realidade. Os nós que adquirirem um maior perfil serão mais bem-sucedidos na tarefa de conseguir conexões adicionais. Em termos de aprendizagem, a probabilidade de que um conceito de aprendizagem esteja vinculado depende de quanto estiver bem conectado atualmente. Os nós (sejam eles áreas, ideias ou comunidades) que se especializam, e obtêm reconhecimento por sua especialização, têm maiores chances de êxito, resultando assim na polinização cruzada entre comunidades de aprendizagem.

Os laços fracos são links ou pontos que permitem conexões curtas entre a informação. As redes de nossos pequenos mundos estão povoadas, geralmente, por pessoas cujos interesses e conhecimentos são similares aos nossos. A busca por um novo trabalho, por exemplo, ocorre muitas vezes através de links fracos. Este princípio tem grande mérito na noção de coincidência, inovação e criatividade. As conexões entre ideias e campos diferentes podem criar inovações.

Conectivismo

O conectivismo é a integração de princípios explorados pelas teorias do caos, das redes, da complexidade e da auto-organização. A aprendizagem é um processo que ocorre dentro de ambientes difusos em que elementos centrais estão em mudança – que não estão totalmente sob o controle do indivíduo. A aprendizagem (definida como conhecimento aplicável) pode residir fora de nós (dentro de uma organização ou banco de dados) e está focada em conectar conjuntos de informação especializada. As conexões que nos permitem uma maior aprendizagem têm maior importância que nosso estado atual de conhecimento.

O conectivismo é orientado pela compreensão de que as decisões estão baseadas em princípios que mudam rapidamente. Continuamente, está-se adquirindo nova informação. A habilidade de distinguir entre informação importante e não importante torna-se vital. Também é fundamental a habilidade de reconhecer quando uma nova informação altera um ambiente, baseado nas decisões tomadas anteriormente.

Os princípios do conectivismo são:

- A aprendizagem e o conhecimento dependem da diversidade de opiniões.
- A aprendizagem é um processo de conectar nós ou fontes de informação especializadas.
- A aprendizagem pode residir em dispositivos não humanos.
- A capacidade de "saber mais" é ainda mais importante do que o que se sabe num dado momento.
- A alimentação e a manutenção das conexões são necessárias para facilitar a aprendizagem contínua.
- A habilidade de ver conexões entre áreas, ideias e conceitos é uma habilidade-chave.

Conectivismo: uma teoria da aprendizagem para a era digital

- A atualização (conhecimento preciso e atual) é a intenção de todas as atividades conectivistas de aprendizagem.
- A tomada de decisão é, em si, um processo de aprendizagem. O ato de escolher o que aprender e o significado da informação recebida é visto através da perspectiva de uma realidade em mudança. Uma decisão correta hoje pode estar errada amanhã, devido a alterações no ambiente informativo que afetam a decisão.

O conectivismo também contempla os desafios que muitas corporações enfrentam em atividades de gestão de conhecimento. O conhecimento que reside numa base de dados deve estar conectado com as pessoas precisas, no contexto adequado para que possa ser classificado como aprendizagem. O behaviorismo, o cognitivismo e o construtivismo não se referem aos desafios do conhecimento e à transferência organizacional.

O fluxo de informação dentro de uma organização é um elemento importante da efetividade organizacional. Em uma economia do conhecimento, o fluxo de informação é equivalente ao sistema de tubos de petróleo na sociedade industrial. Criar, preservar e utilizar o fluxo de informação deveria ser uma atividade organizacional básica. O fluxo de informação pode ser comparado a um rio que flui através da ecologia de uma organização. Em certas áreas, o rio fica estagnado e em outras diminui. A saúde da ecologia da aprendizagem de uma organização depende do cuidado efetivo do fluxo de informação.

A análise de redes sociais é um elemento adicional para compreender os modelos de aprendizagem da era digital. Art Kleiner (2002) explora a "teoria quântica da confiança", de Karen Stephenson, que "explica não somente como reconhecer a capacidade cognitiva coletiva de uma organização, mas também como cultivá-la e incrementá-la". No interior das redes sociais, os hubs (concentradores que redistribuem o tráfego da rede) são pessoas bem conectadas, capazes de promover e manter o fluxo de informação. Sua interdependência resulta num fluxo de informação efetivo, permitindo a compreensão pessoal do estado de atividades do ponto de vista organizacional.

O ponto de partida do conectivismo é o indivíduo. O conhecimento pessoal se compõe de uma rede que alimenta organizações e instituições, as quais, por sua vez, retroalimentam a rede, proporcionando nova aprendizagem para os indivíduos. Este ciclo de desenvolvimento do conhecimento (da pessoa à rede, da rede à instituição) permite aos alunos estarem atualizados em sua área, mediante as conexões que vão formando.

Landauer e Dumais (1997) exploram o fenômeno segundo o qual "as pessoas têm muito mais conhecimento do que o que parece estar presente na informação à qual estiveram expostas". Estes autores adotam uma abordagem conectivista ao indicar "a simples noção de que alguns domínios de conhecimento contêm grande quantidades de inter-relações fracas que, se exploradas corretamente, podem ampliar enormemente a aprendizagem por um processo de inferência". O valor do reconhecimento de padrões e de conectar nossos próprios "pequenos mundos do conhecimento" é aparente no impacto exponencial que nossa aprendizagem pessoal recebe.

John Seely Brown apresenta uma interessante noção, na qual a internet equilibra os pequenos esforços de muitos com os grandes esforços de poucos. A premissa central é de que as conexões criadas através de nós não usuais suportam e intensificam atividades existentes que exigem um grande esforço. Brown mostra o exemplo de um projeto do sistema da Universidade Comunitária do Condado de Maricopa, na qual reúne idosos e estudantes da escola fundamental em um programa de tutores. As crianças "escutam estes 'avós' mais do que escutam seus pais, a tutoria realmente ajuda os professores... os pequenos esforços de muitos – os idosos – complementam os grandes esforços de poucos, no caso, dos professores" (2002). Esta amplificação da aprendizagem, conhecimento e compreensão através da extensão de uma rede pessoal é a síntese do conectivismo.

Implicações

A noção de conectivismo tem implicações em todos os aspectos da vida. Este artigo foca principalmente a aprendizagem, mas os seguintes aspectos também são afetados:

- Administração e liderança. A gestão e organização de recursos para alcançar os resultados esperados é um desafio significativo. Compreender que o conhecimento completo não pode existir na mente de uma só pessoa requer uma aproximação diferente para criar uma visão geral da situação. Equipes diversas, com pontos de vistas discrepantes, são uma estrutura crítica para a exploração exaustiva das ideias. A inovação é outro desafio adicional. A maior parte das ideias revolucionárias atuais já foram antes elementos marginais. A habilidade de uma organização para fomentar, nutrir e sintetizar os impactos de visões diferentes sobre a informação é crucial para sobreviver numa economia do conhecimento. A rapidez "da ideia à implementação" também melhora em uma concepção sistêmica da aprendizagem.
- Mídia, notícias, informação. Esta tendência já está em desenvolvimento. As organizações das mídias estão sendo desafiadas pelo fluxo de informação aberto, em tempo real e nos que os blogs permitem.
- Administração do conhecimento pessoal em relação à administração do conhecimento organizacional.
- Planejamento de ambientes de aprendizagem.

Conclusão

A tubulação é mais importante do que o seu conteúdo. Nossa habilidade para aprender o que necessitaremos amanhã é mais importante do que nosso conhecimento atual. Um verdadeiro desafio para qualquer teoria de aprendizagem é ativar o conhecimento adquirido no lugar de aplicação. No entanto, quando o conhecimento é necessário, mas não é conhecido, a habilidade de conectar-se com fontes que correspondem ao que é exigido é uma habilidade vital. À medida que o conhecimento cresce e evolui, o acesso ao que é necessário é mais importante que o que o aluno possui atualmente.

O conectivismo apresenta um modelo de aprendizagem que reconhece os movimentos tectônicos em uma sociedade em que a aprendizagem tem deixado de ser uma atividade interna e individual. A forma segundo a qual trabalham e agem as pessoas se altera quando são usadas novas ferramentas. A área da educação tem sido lenta em reconhecer o impacto de novas ferramentas de aprendizagem e as mudanças ambientais na própria concepção do que significa aprender. O conectivismo proporciona uma visão das competências de aprendizagem e das tarefas necessárias para que os alunos floresçam numa era digital.

Bibliografia

BARABÁSI, A. L. (2002). *Linked: The New Science of Networks*. Cambridge, MA, Perseus Publishing.

BUELL, C. *Cognitivism*. Acessado em 10/12/2004 de http://web.cocc. edu/cbuell/theories/cognitivism.htm. S. data.

BROWN, J. S., (2002). *Growing Up Digital: How the Web Changes Work, Education, and the Ways People Learn*. United States Distance Learning Association. Acesso em 10/12/ 2004, de http://www. usdla.org/html/journal/FEB02_Issue/article01.html.

DRISCOLL, M. (2000). *Psychology of Learning for Instruction*. Needham Heights, MA, Allyn & Bacon.

GLEICK, J. (1987). *Chaos: The Making of a New Science*. New York, NY, Penguin Books.

GONZALEZ, C. (2004). *The Role of Blended Learning in the World of Technology*. Acesso em 10/12/2004, de http://www.unt.edu/ benchmarks/archives/2004/september04/eis.htm.

GREDLER, M. E. (2005). *Learning and Instruction: Theory into Practice.* 5. ed. Upper Saddle River, NJ, Pearson Education.

KLEINER, A. (2002). *Karen Stephenson's Quantum Theory of Trust.* Acesso em 10/12/2004, de http://www.netform.com/html/s+b%20article.pdf.

LANDAUER, T. K. & DUMAIS, S. T. (1997). *A Solution to Plato's Problem: The Latent Semantic Analysis Theory of Acquisition, Induction and Representation of Knowledge.* Acessado em 10/12/2004 de http://lsa.colorado.edu/papers/plato/plato.annote.html.

ROCHA, L. M. (1998). *Selected Self-Organization and the Semiotics of Evolutionary Systems.* Acessado em 10/12/2004 de http://informatics.indiana.edu/rocha/ises.html.

SCIENCEWEEK (2004). *Mathematics: Catastrophe Theory, Strange Attractors, Chaos.* Acessado em 10/12/2004 de http://scienceweek.com/2003/sc031226-2.htm.

STEPHENSON, K. (Comunicação interna, n. 36). *What Knowledge Tears Apart, Networks Make Whole.* Acesso em 10/12/2004, de http://www.netform.com/html/icf.pdf.

VAILL, P. B. (1996). *Learning as a Way of Being.* San Francisco, CA, Jossey-Blass Inc.

WILEY, D. A. & EDWARDS, E. K. (2002). *Online self-organizing social systems: The decentralized future of online learning.* Acessado em 10/12/2004 de http://wiley.ed.usu.edu/docs/ososs.pdf.

SEGUNDA PARTE

GERAÇÕES
DE MEIOS DIGITAIS

Capítulo 6
Homo sapiens digital: dos imigrantes e nativos digitais à sabedoria digital[1]

*Marc Prensky**

Os problemas que existem no mundo de hoje não podem ser solucionados somente no plano do pensamento em que foram criados.
(Albert Einstein)

Em 2001, publiquei "Nativos e Imigrantes Digitais", um artigo que explicou estes termos como maneira de entender as diferenças profundas entre as pessoas jovens e os numerosos adultos (Prensky 2001a, 2001b). Embora muitos tenham considerado úteis estes termos, hoje, em pleno século XXI, em que todos cresceram na era da tecnologia digital, a distinção entre nativos e imigrantes digitais tornar-se-á cada vez menos relevante.

Obviamente, como trabalhamos para criar e melhorar o futuro, precisamos imaginar um novo sistema de distinções. Sugiro que pensemos em termos de "Sabedoria Digital".

A tecnologia digital pode nos fazer cada vez mais sábios. A sabedoria digital é um conceito duplo, referindo-se primeiro à sabedoria que se apresenta no uso da tecnologia, em que nossa capacidade cognitiva vai além de nossa capacidade natural, e, em segundo lugar, à sabedoria no uso prudente da tecnologia para realçar nossas capacidades. Graças à tecnologia, contaremos

---

[1] Este artigo foi originalmente publicado em *Innovate* 5 (3). Agradecemos a Marc Prensky a autorização para sua reprodução.

* Marc Prensky é conferencista, escritor, consultor e projetista de jogos destinados à educação e à aprendizagem. É autor de *Digital Game Based Learning* (McGraw-Hill, 2001), fundador e diretor da Games2train.

com acesso imediato a toda a história registrada, a bibliotecas, a todos os estudos de casos e a todos os dados de qualquer índole e, sobretudo, a simulações altamente realistas que facilitarão nosso trabalho.

A forma em que utilizemos estes recursos, a maneira em que os filtremos para encontrar o que precisamos, depende de nós, que devemos estar conscientes de que a tecnologia é e será um meio de ajuda muito importante para a formação de nossa sabedoria, e assim poder tomar decisões e avaliações mais acertadas. A tecnologia, por si mesma, não substituirá a intuição, o bom senso, a moral e a capacidade para resolver problemas. No entanto, num futuro inimaginavelmente complexo, a pessoa intensificará suas capacidades graças à tecnologia digital, incrementando assim sua sabedoria.

Por outro lado, hoje já falamos da maleabilidade cerebral, de um cérebro em contínua adaptação, de modo que é possível que os cérebros dos que interagem com tecnologia se reestruturem com frequência por essa interação. Consequentemente, é viável que, no futuro, a forma, a organização e a estrutura com a qual construímos e armazenamos nossa sabedoria sejam distintas das de hoje, atingindo metas antes impensadas. Cada um na sua própria velocidade, mas com uma ajuda digital. Em grande medida, já estamos ali; o realce (*enhancement*, que também pode ser traduzido como intensificação) digital está, ou logo estará, disponível para tudo o que fazemos. As ferramentas digitais hoje ampliam e realçam nossas capacidades cognoscitivas, de forma muito variada. A tecnologia digital realça a memória, por exemplo as ferramentas de entrada e saída de dados ou o armazenamento eletrônico, permitindo que recopilemos mais dados do que poderíamos reunir sem contar com estas ferramentas, ajudando deste modo na realização de análises mais complexas de situações ou problemas, além de aumentar nossa capacidade de execução.

O realce cognoscitivo digital, os computadores portáteis, as bases de dados on-line, as simulações virtuais tridimensionais, as ferramentas de colaboração on-line, os assistentes pessoais digitais (PDA, na sigla em inglês, ou seja, as agendas eletrônicas e palms) e uma gama de outras ferramentas específicas em cada contexto são uma realidade em cada profissão, até mesmo em campos não técnicos tais como o direito e as ciências humanas. Hoje já dependemos destes realces.

Como dizem os filósofos Andrés Clark e David Chalmers (1998), "a cognição estendida é um processo cognoscitivo de base e não um suplemento adicional"; "o cérebro se dinamiza de uma maneira que se complementa com estruturas externas e aprende a desempenhar seu papel dentro de um sistema unificado [...] 'externo e ativo'".

Recentemente, escutei um adolescente dizer: "Se eu perder o meu celular, perderei a metade do meu cérebro". Muitos expressariam o mesmo sentimento em relação a um palm ou um laptop. Estamos aderindo a um nível básico de realce digital e aceitaremos realces cada vez mais sofisticados à medida que a tecnologia continuar se desenvolvendo. Essas tecnologias, que são aperfeiçoadas por nós e para nós, estão atualmente aqui e estarão em nosso futuro.

Dois dispositivos recentemente lançados permitem que os jogadores controlem a ação nos videojogos usando suas mentes; a NeuroSky está trabalhando em outra versão da tecnologia. A força aérea dos EUA está experimentando a utilização de tecnologia similar com os pilotos de voo (jornal *Satnews*, 2008). Outras ferramentas digitais emergentes prometem facilitar a comunicação e realçar a compreensão – por exemplo, "voz e sua tensão", uma ferramenta de análise que permitirá que os usuários percebam o engano –, e as utilidades de tradução automática ajudarão a criar traduções livremente. Assim, o realce digital se torna cada vez mais necessário.

Sabedoria digital

Como devemos chamar esta pessoa emergente, melhorada digitalmente? *Homo sapiens digital*? Ou, talvez, *humanos digitais*? A chave para compreender este desenvolvimento é reconhecer que ele inclui tanto o digital como o sujeito; é desenvolver o equipamento digital que complementará a prática da sabedoria de cada pessoa.

Existe uma grande quantidade de definições de sabedoria. O *Oxford English Dictionary* sugere que a sabedoria é o principal componente do juízo, "a capacidade de julgar com acerto nos assuntos que se referem à vida e à conduta, e a solidez de critério na escolha dos meios e dos fins" (OED 1989). O filósofo Robert Nozick (1990) sugere que a sabedoria consiste em saber o que é mais importante. Outros a veem como a capacidade de resolver problemas – o que Aristóteles chamou de "sabedoria prática" (Wikipédia, 2009). Algumas definições a dotam de um componente moral e localizam a sabedoria na capacidade de discernir o que é "direito" ou o que é "são": o que deve ser feito. Isso, certamente, é problemático, uma vez que a sabedoria tem que levar em consideração o contexto.

Uma definição interessante da sabedoria, particularmente útil para este debate, provém de Howard Gardner (2000), que sugere que a sabedoria é juízo são, baseado em conhecimento e entendimento; a aptidão para valer-se com êxito do conhecimento e o entendimento para resolver problemas, a amplitude das considerações que uma pessoa utiliza para chegar a uma sentença ou decisão.

Combinando estas fontes, podemos definir a sabedoria como a capacidade para encontrar soluções práticas, criativas e de conteúdo apropriado, e a satisfação emocional que implica dar soluções aos problemas humanos, como no caso bíblico de Salomão ao decidir sobre o bebê reclamado por duas mães. Muitos a veem como a forma complexa de resolver problemas.

À medida que a tecnologia se torna mais sofisticada, o que chamamos "a sabedoria humana" chegará a níveis mais altos. As ferramentas dependerão da sabedoria que se procura desenvolver. Em muitos casos, o desenvolvimento surgirá de um acesso mais amplo à experiência baseada nas horas de exposição a simulações realistas, por exemplo, aquelas com que são treinados os pilotos aéreos e os astronautas. Também é possível que reflitam as capacidades de ser melhorado: já estamos vendo alguns indícios desta possibilidade na rapidez com que os jogadores de videojogos (*video game*) procuram formas de melhorar, antes de começar o próximo jogo.

As ferramentas tecnológicas futuras permitirão àqueles que trabalham na Justiça avaliar suas decisões mais rapidamente à luz da experiência do passado coletivo, como atualmente podem ser as estratégias financeiras *backtested* no mercado histórico. E, graças ao desenvolvimento da comunicação tecnológica digital, a sabedoria certamente tende a desenvolver-se com uma participação muito maior, no intercâmbio e na experimentação de ideias.

O *Homo sapiens digital*, então, tende a dois aspectos-chave: o homem e a mulher que aceitam o aperfeiçoamento digital como parte integrante da existência humana são digitalmente sábios, tanto na forma em que têm acesso e melhoram as ferramentas tecnológicas, a fim de complementar suas capacidades inatas, quanto na forma em que utilizam estas ferramentas para melhorar a tomada de decisões.

Vemos, então, que a sabedoria digital transcende o lapso geracional definido pela oposição imigrante/nativo. Muitos imigrantes digitais apresentam, hoje em dia, esta sabedoria digital. Barack Obama, que cresceu na época pré-digital, mostrou sua sabedoria ao usar o poder da internet para melhorar tanto sua capacidade de arrecadação de fundos, quanto sua relação com o povo americano. Rupert Murdoch, um confesso imigrante digital (Murdoch, 2005), também demonstrou sabedoria digital ao usar ferramentas de difusão e recopilação de dados para sua causa.

A questão é que, embora a necessidade de sermos sábios para discutir, definir, comparar e avaliar as perspectivas não muda, os meios através dos quais chegamos a essa sabedoria e a qualidade dos esforços necessários para isso são cada vez mais complexos, graças à tecnologia digital. Como resultado, o uso exclusivo do cérebro, do pensamento, da gnose, está em caminho de se tornar insuficiente para a tomada de decisões verdadeiramente sábias. A pergunta é e será: quem será considerado sábio? Quase com toda a segurança, a resposta será "os que inteligentemente combinam o inato com as ferramentas digitais que estão a seu alcance".

Melhorar a sabedoria

Como pode a tecnologia digital melhorar nossas mentes e nos levar a uma maior sabedoria? Uma forma de responder a esta pergunta é explorar como a tecnologia pode melhorar nossas capacidades nestes âmbitos.

Melhorar como seres humanos, já que estamos limitados em nossas percepções, e melhorar pela potência de processamento e funcionamento do cérebro humano.

Nosso pensamento costuma ir por mau caminho, tomando formas que limitam nossa sabedoria; por exemplo, tomamos decisões baseados em somente uma parte dos dados disponíveis. Fazemos suposições, muitas vezes inexatas, sobre os pensamentos ou as intenções das outras pessoas. Dependemos de hipóteses e de sua verificação (o método científico tradicional) para encontrar novas respostas. Estamos limitados em nossa capacidade de predizer o futuro e reconstruir situações. Não podemos lidar com a complexidade além de certo ponto. Não podemos ver, ouvir, tocar, sentir, cheirar além do alcance de nossos sentidos. Para nós, é difícil comparar simultaneamente múltiplas perspectivas. Temos dificuldades para separar as respostas emocionais das conclusões racionais. Muitas vezes esquecemos de muitos dados.

Alguns destes erros surgem porque não temos acesso a todos os dados necessários, enquanto outros derivam de nossa incapacidade para realizar análises complexas, ou da incompreensão de um grande volume de dados disponível. Resulta-nos difícil entender totalmente os demais, ou ter acesso a perspectivas alternativas. Todos estes fatores reduzem nossa capacidade para julgar situações, avaliar resultados e tomar decisões com sabedoria. Felizmente, a disposição e as novas ferramentas digitais nos permitem superar estas deficiências e alcançar a verdadeira sabedoria digital.

Melhorar nosso acesso aos dados

A mente humana não pode recordar tudo. Os dados detalhados são muitos e perdem-se rapidamente. De certo modo, isto é bom, na medida em que nos obriga a sermos seletivos, mas também limita nossa capacidade analítica. A tecnologia digital pode ajudar a proporcionar bases de dados e algoritmos para reunir e processar grandes quantidades de dados, de forma muito mais eficiente e exaustiva do que se esse processo fosse feito pelo cérebro humano sozinho.

Os sistemas especializados são um exemplo de ferramentas digitais sofisticadas que podem ajudar as pessoas a acessar uma gama mais ampla de dados. Estes sistemas reúnem a experiência de centenas de especialistas em um programa, com a finalidade de proporcionar uma avaliação mais completa de uma situação determinada. Um exemplo deste sistema é o Acute Physiology and Chronic Health Evaluation (APACHE), que ajuda os médicos a designar os escassos recursos de cuidados intensivos aos pacientes que mais precisarem.

Ninguém considera conveniente utilizar um sistema especializado, como o APACHE, como o único meio para tomar decisões;

a tecnologia de sistema especializado é imperfeita e ainda está em desenvolvimento. Contudo, seria sensato não o consultar como ferramenta? As decisões sábias, muitas vezes, incluem não somente considerações éticas, como também intercâmbios, no contexto de uma complexa e delicada decisão, como a avaliação de um paciente em terapia intensiva. Sistemas especializados e outros sofisticados instrumentos de análise permitem uma melhor compreensão dos riscos e benefícios inerentes a uma decisão, além de melhorar nossa capacidade de realizar uma análise mais profunda.

Num artigo intitulado, provocadoramente, "O fim da teoria", o escritor Chris Anderson (2008) descreve como a enorme quantidade de dados, que estão recolhidos e armazenados no Google e em outros, permitem um novo tipo de análise científica. Em muitos casos, os cientistas já não têm de fazer conjecturas; em vez disso, podem confiar na análise de um conjunto de dados armazenados digitalmente. De maneira semelhante, as ferramentas publicitárias do Google extraem conclusões válidas e úteis sobre o que funciona na publicidade, sem nada saber sobre o que está bem em publicidade, ou sobre as projeções dos consumidores da publicidade. O software extrai conclusões baseadas exclusivamente em sofisticadas análises dos dados disponíveis; a capacidade de analisar dados aumenta enormemente, e melhoram também as ferramentas de análise. Este é o mesmo princípio, de acordo com Anderson, que permite ao Google "traduzir idiomas sem 'saber' (dada a igualdade de corpus de dados, o Google pode traduzir para o farsi klingon tão facilmente quanto pode traduzir do francês ao alemão)" (2008, 5). Aqui também as ferramentas melhoram o nosso agir. Imaginem o que acontecerá quando o universo inteiro estiver disponível por escrito para sua análise.

Esta abordagem, geralmente aceita, tende à simbiose entre o ser humano-máquina e seu complemento. Trata-se de utilizar estas relações para chegar a uma meta, que sempre está mais além. A

Homo sapiens digital: dos imigrantes e nativos digitais à sabedoria digital

sabedoria, num futuro digital, estará na habilidade tanto para obter as relações como para imaginá-las.

Por outro lado, existem âmbitos em que a capacidade de imaginar relações será fundamental para alcançar a sabedoria digital. Da guerra à arquitetura, à política, perguntar-nos "E se...?" sempre foi fundamental para compreender os sistemas complexos. Embora a simulação – praticada durante milhares de anos na caixa de areia, por mecânicos em suas experiências e pelo pensamento – seja uma sofisticada forma de explorar as possíveis interpretações dos dados, o ser humano por si mesmo tem um número de opções limitado. O vínculo entre a inteligência humana e a simulação digital permite que a mente avence e alcance progressos sempre mais rapidamente. A capacidade de criar, interpretar e avaliar os modelos em que a simulação se baseia desempenha um papel importante na capacidade para utilizá-los sabiamente.

No futuro, algoritmos mais sofisticados de simulação permitirão que os seres humanos exerçam uma imaginação cada vez mais complexa, o que permitirá a exploração mais exaustiva de possibilidades e, ao mesmo tempo, decisões mais sábias. Com a introdução de modernos jogos de simulação como Sim City, Roller Coaster Tycoon e Espora, este tipo de melhoria digital da sabedoria começa numa idade precoce e melhora nossa habilidade para planejar e priorizar.

À medida que o mundo se tornar mais complexo, o planejamento e a priorização das habilidades humanas, com o apoio das ferramentas digitais, serão cada vez mais necessários. As implicações dos grandes empreendimentos humanos, como as viagens espaciais, a construção de cidades artificiais no mar Arábico, a construção de grandes máquinas como o Large Hadrons Collider (Grande Colisor de Hádrons), as situações financeiras complexas – como as que recentemente causaram estragos na economia mundial – não podem ser percebidas ou avaliadas por nenhum sábio solitário. Alan Greenspan, por exemplo, é considerado como um dos gurus financeiros mais sábios e, no entanto, sua avaliação dos trabalhos fundamentais de nossa economia foi errônea: "O senhor sabe – admitiu numa audiência do Congresso, em outubro de 2008 – que fui surpreendido [pela crise econômica]" (Leonhardt, 2008).

Os seres humanos precisam da ajuda digital para conseguir uma plena compreensão dessas questões cada vez mais complexas, e para ter consciência – isto é, sabedoria prática – da obrigação de utilizá-las.

Atualmente não se têm, em muitas áreas, nem as bases de dados dos sucessos e dos fracassos, nem as ferramentas para analisá--los, que dariam a base para melhorar nossa sabedoria e a memória coletiva. Todavia, vamos continuar avançando.

Percepção da melhoria em outros

Um dos maiores obstáculos para o entendimento humano e a comunicação é que não podemos ver dentro da mente de outra pessoa. Esta limitação não desejada dá lugar a mal-entendidos e permite às pessoas utilizarem todo tipo de estratégias de engano, tanto consciente como inconscientemente.

Algumas das formas da tecnologia digital nos estão ajudando a superar esta barreira, ao incluir diversos meios de detecção da verdade ou da mentira, a comunicação multimodal e a leitura digital das ondas cerebrais próprias e alheias. Os pesquisadores da Carnegie-Mellon University (CMU), utilizando um equipamento digital de análise de padrões cerebrais captados por imagens de ressonância magnética funcional, são capazes de dizer o que uma pessoa está pensando (Mitchell et al., 2008). Segundo estes pesquisadores, é provável que nossos filhos ainda venham a ser capazes de ler os pensamentos das pessoas e, até mesmo, tenham acesso direto ao cérebro do outro. Embora estes acontecimentos envolvam claramente problemas éticos, como o da intimidade (questões que terão de ser abordadas), a sabedoria aumentará.

Melhorar nosso acesso a outras perspectivas

O mundo está cheio de coisas que não podemos perceber com nossos sentidos, coisas que são demasiado pequenas, demasiado grandes, demasiado rápidas, abstratas demais, perigosas demais ou distantes demais. Explorar estas coisas através de ferramentas digitais ajudará, com certeza, a ampliar nossa compreensão e nosso conhecimento sobre a possibilidade ou não de que nos ajudem. Também ampliará nossa capacidade de assumir múltiplas perspectivas, para ver as coisas com base em mais de um ponto de vista. A percepção das coisas, fora de nossa gama sensorial normal, pode melhorar de muitas maneiras, desde simulações tridimensionais manipuláveis, digitalmente controladas, a *biorretroalimentação*, até a melhora dos controles dos estados mentais e sensoriais, a memória e o controle emocional. O acesso a perspectivas alternativas também pode ser alcançado através do jogo, utilizando simulações em que as pessoas podem experimentar situações difíceis e críticas a partir de diferentes pontos de vista.

Objeções à melhoria digital

Nem todo o mundo aceita o poder da melhoria digital para tornar-nos mais inteligentes e sábios. Lembram-se da frase: "O Google nos emburrece?". Se o Google servir como um substituto da mente, a preocupação do autor é que a internet fará com que nossa mente seja vaga e menos capaz (Carr, 2008a).

Com certeza, isso é algo que deve ser evitado, embora temos de nos lembrar que as novas tecnologias sempre colocaram objeções similares, como se vê no *Fedro* (de Platão), em que Sócrates se opõe à escrita, sobre a base de que prejudica a memória, afirma Carr.

De fato, o que está acontecendo agora é o contrário: a tecnologia digital nos faz mais inteligentes. Steven Johnson documentou este fenômeno em *Todo o mal é bom para você* (2005), em que afirma que as novas tecnologias associadas à cultura popular contemporânea, desde os videojogos, passando pela televisão e o cinema, até a internet, nos fazem pensar e aumentam nossas capacidades numa ampla variedade de tarefas cognitivas. Como diz Johnson, "a cultura popular de hoje pode mostrar-nos um caminho. Porém, é o que nos torna seres mais inteligentes". Sócrates tinha razão quando temia que a escrita reduzisse nossa memória. Embora possamos recordar menos do que os contemporâneos de Sócrates, o complemento da escritura nos tornou muito mais prudentes, pela ampliação de nossa memória coletiva e o aumento da capacidade de compartilhar informação através do tempo e da distância.

Preocupações onipresentes

Sistemas GPS podem diminuir nossa capacidade de leitura de mapas, ou corretores ortográficos e calculadoras arruínam nossa mente. Cada melhora vem com um compromisso: passamos a gerar grandes bancos de memória quando começamos a escrever as coisas, tivemos a capacidade de saber a hora com os relógios de bolso. No entanto, adquirimos uma série de memórias culturais e uma noção mais precisa do tempo, que alimentaram a Revolução Industrial. A sabedoria digital surge da combinação da mente com as ferramentas digitais, fazendo a mente crescer. A sabedoria, aquela prática em particular, deve ser entendida à luz das melhorias digitais que a tornam mais forte.

Ser sábio digitalmente

Então, em que constitui a sabedoria digital? Que hábitos devemos ter para promover o uso racional de nossas capacidades em simbiose com as ferramentas digitais? A sabedoria digital pode ser ensinada?

Os exemplos estão ao nosso redor. Os líderes são digitalmente sábios quando utilizam técnicas disponíveis para conectarem-se com seus eleitores e solicitar contribuições, alentando a participação, como o fez Barack Obama na campanha presidencial de 2008. Os jornalistas são digitalmente sábios quando aproveitam as tecnologias participativas, tais como blogs e wikis, para ampliar suas perspectivas e as de seu público. Nicholas Carr, por exemplo, expôs suas notas e as fontes, em seu blog, como resposta a solicitações de leitores para obterem mais informações (Carr, 2008b).

A sabedoria digital pode e deve ser aprendida e ensinada. À medida que nos oferecem mais cursos de alfabetização digital, também devemos oferecê-los aos estudantes. As mães, os pais e os educadores são digitalmente sábios quando reconhecem este imperativo e preparam as crianças para seu futuro; os educadores, ao deixarem que os estudantes aprendam mediante o uso de novas tecnologias, assumem o papel de guias, provedores de contexto e controladores da qualidade, assim como as mães e pais, reconhecendo o quanto o futuro será mediado pela tecnologia, incentivam seus filhos a utilizar a tecnologia digital com prudência.

É preciso erradicar a estupidez digital quando aparece. É preciso saber utilizar como complemento a tecnologia, não para manipular e sim para utilizá-la criativamente. Isso significa uma ajuda para tomar uma sábia decisão que será reforçada pela tecnologia. Portanto, o sábio digital procura os casos em que a tecnologia melhora seu pensamento e sua compreensão. Incentivo, ao mesmo tempo, a refletir sobre os cuidados e usos apropriados da tecnologia digital.

Sermos sábios digitais implica não só melhorarmos nossas capacidades naturais com as tecnologias existentes, como também identificarmos continuamente áreas novas. Pesquisar e avaliar tanto os aspectos positivos quanto os negativos das novas ferramentas, e a forma de conseguir o equilíbrio que as transforma em ferramentas que potenciam a sabedoria. O sábio digital também deve perceber que a capacidade de controlar a tecnologia digital para suas necessidades é uma habilidade-chave na era digital. Como resultado disso, estão interessados na programação, no sentido mais amplo da palavra, isto é, em máquinas de fazer o que as pessoas querem que façam.

Conclusão

Na vida de nossas crianças, as ajudas digitais mais potentes, com os microcircuitos integrados e a imaginação do que hoje é ciência ficção, se transformarão em realidade, assim como a manipulação genética foi imaginada muito tempo atrás e atualmente é um fato. Assim como começamos a enfrentar os problemas éticos, morais, científicos e os desafios que a medicina genética apresenta, teremos que enfrentar a questão da sabedoria digital antes ou depois, e será melhor fazê-lo antes.

Muitas destas melhorias vão trazer dilemas éticos, mas o sábio digital deve distinguir entre as questões éticas (É uma melhoria? Está disponível igualmente a todos?) e as meras preferências e preconceitos.

Ninguém sugere que as pessoas devam deixar de utilizar as tecnologias para melhorar suas mentes, mas me oponho àqueles que negam uma mente sem ajuda. Isto seria negar todo progresso humano, desde o advento da escrita até a imprensa escrita e a internet. Pensamento e sabedoria se tornaram, em nossa época, uma simbiose do cérebro humano e de acessórios digitais.

Não acho que a tecnologia seja prudente em si mesma (embora algum dia possa chegar a sê-lo), ou que o pensamento humano já não seja necessário ou importante. É através da interação da mente humana e da tecnologia digital que o ser humano se converte em sábio. Considero que chegou a hora de os novos sábios digitais que estão entre nós, jovens ou adultos, adotem a melhoria digital e animem outros a fazê-lo. Com os olhos bem abertos à melhoria de todo o seu potencial, tantos os benefícios quanto os perigos. Mas, com seus benefícios, vamos atrair nossos colegas, estudantes, professores, pais e amigos à sabedoria digital no século XXI.

Bibliografia

ANDERSON, C. 2008. The end of theory: The data deluge makes the scientific method obsolete. WiredMagazine 16 (7). http://www.wired.com/science/discoveries/magazine/1607/pb_theory (accessed January 28, 2009). Archived at http://www.webcitation.org/5eBIPrc60.

CARR, N. 2008a. Is Google making us stupid? What the internet is doing to our brains. The Atlantic 301 (6): 56-63. http://www.theatlantic.com/doc/200807/google (accessed January 28, 2009). Archived at http://www.webcitation.org/5eBJxMMM3.

_____. 2008b. "Is Google making us stupid?": Sources and notes. [Weblog entry, August7.] RoughType.http://www.roughtype.com/archives/2008/08/is_google_makin.php (accessed January 29, 2009). Archived at http://www.webcitation.org/5eFmKmnMx.

CLARK, A., and D. J. CHALMERS. 1998. The extended mind. Analysis 58: 7-19. http://consc.net/papers/extended.htmlhttp://www.webcitation.org/5eBEF2Ncm.

GARDNER, H. 2000. Intelligence reframed: Multiple intelligences for the 21st century. New York: Basic Books.

JOHNSON, S. B. 2005. Everything bad is good for you. New York: Riverhead Books.

LEONHARDT, D. 2008. Greenspan's mea culpa. [Weblog entry, October 23.] Economix. http://economix.blogs.nytimes.com/2008/10/23/greenspans-meaculpa/ (accessed January 28, 2009). Archived at http://www.webcitation.org/5eBJTVMJi.

MITCHELL, T. S.; V. SHINKAREVA, A. CARLSON, K. CHANG, V. L. MALAVE, R. A. MASON, and M. A. JUST. 2008. Predicting human brain activity associated with the meanings of nouns. Science 320 (May): 1191-1195.

MURDOCH, R. 2005. Speech to the American Society of Newspaper Editors, April 13. http://www.newscorp.com/news/news_247.html (accessed January 26, 2009). Archived at http://www.webcitation.org/5e6jPyqgB.

NOZICK, R. 1990. The examined life: Philosophical meditations. New York: Simon & Schuster Touchstone.

OED. 1989. Wisdom, definition 1a. Oxford English Dictionary, 2nd. ed. Oxford: Oxford University Press.

PRENSKY, M. 2001a. Digital natives, digital immigrants. On the Horizon 9 (5): 1-6. http://www.scribd.com/doc/9799/Prensky--Digital-Natives-Digital-ImmigrantsPart1(accessed January 28, 2009). Archived at http://www.webcitation.org/5eBDYI5Uw.

_____. 2001b. Digital natives, digital immigrants, part 2: Do they really think differently? On the Horizon 9 (6): 1-6. http://www.twitchspeed.com/site/Prensky%20-%20Digital%20Natives,%20Digital%20Immigrants%20-%20Part2.htm (accessed January 28, 2009). Archived at http://www.webcitation.org/5eBDhJB2N.

SATNEWS DAILY. 2008. Hands off F-16 lands using Lockheed Martin computer control technology. SatnewsDaily, December11. http://www.satnews.com/cgibin/story.cgi?number=1057554591 (accessed January 28, 2009). Archived at http://www.webcitation.org/5eBFSBrSt.

WIKIPÉDIA. 2009. Wisdom. http://en.wikipedia.org/wiki/Wisdom (accessed January 26, 2009). Archived at http://www.webcitation.org/5e6jXGyZN.

Capítulo 7
Uma geração de usuários da mídia digital

*César Bernal Bravo**
*Ángel Barbas Coslado***

Introdução

A juventude tem sido caracterizada a partir de acontecimentos demográficos e históricos. Destacam-se quatro gerações principais na segunda metade do século XX e princípios do XXI: os *baby boomers*, a *Geração X*, a *Geração Y* e a *Geração Z*. Embora esta última também tenha sido identificada como *Geração Net* (Tapscott, 1998 e 2009), *MilGen* (Bahr & Pendergast, 2007) e outras muitas denominações que resgatam e destacam uma característica de cada uma delas: *a geração silenciosa (G. Z), a geração Google ou da internet ou i-geração (G. Y), a geração da apatia ou geração perdida (G. X).*

Qual é o sentido da definição e caracterização de cada uma destas coortes demográficas para a compreensão e interpretação dos adolescentes e jovens adultos como usuários de meios digitais?

Esta questão nos leva a colocar o termo geração para além de uma mera revisão do acontecer histórico, sobretudo se considerarmos, por exemplo, as distintas sociedades ocidentais que tiveram acesso aos desenvolvimentos da internet com décadas de diferença, ou as consequências derivadas de aspectos como a territorialidade,

---

* César Bernal Bravo é professor da Universidade de Almeria.

** Ángel Barbas Coslado é colaborador docente no mestrado "Comunicação e Educação na Rede", da UNED (Universidade Nacional Espanhola de Educação a Distância).

a classe social, a experiência intergeracional, as origens, estilos de vida etc. Também nos obriga a analisar as interações e relações entre os membros destas gerações nos espaços de socialização e diante dos diferentes fatos e acontecimentos que vão sucedendo ou que são provocados por eles mesmos.

Valorizamos a análise geracional como método histórico (Marías, 1967), mas, se aprofundarmos o seu estudo, observaremos que filósofos como Peterson (1946) e Ortega (1970) já discutiram estas questões em outros termos;[1] por exemplo, a confusão que emana de organizar as gerações anteriores por serem coetâneas ou contemporâneas, a vinculação a fatos concretos das crises históricas que caracterizem essa geração diante de como são analisadas as diferentes formas de viver esses fatos concretos ou a associação de uma geração a uma faixa etária determinada.

A sequência de gerações tipificadas por letras do alfabeto, por estereótipos ou pelos últimos dispositivos de cada momento, não são suficientes para aprofundar o reconhecimento dos processos socioculturais de uma comunidade e, muito menos, para estabelecer marcos para a narrativa de uma possível história da sociedade atual. Contudo, temos de reconhecer que está sendo útil para ao menos três coisas: os processos sociais de pertença, a criação de perfis de consumidor e os processos globais de homogeneização, todos eles aspectos associados ao mercantilismo mundial.

Enfrentar as considerações anteriores com base no interesse daqueles que tentam entender as práticas sociais dos sujeitos em seus contextos cotidianos, de modo particular os jovens usuários da internet, poderia nos levar a descartá-las. Mas não é possível, se considerarmos, seguindo o raciocínio dos estudos ciberculturais

---

[1] *Escenarios, tecnologías digitales y juventud en Andalucía.* "Incentivos Proyectos de Excelencia". Conforme o artigo 16.2 da Ordem de 7 de março de 2007. Duração: 2008-2011. *Juventud e Internet: Escenarios socio-educativos y de ocio de la Sociedad de la Información.* I+D Proyectos de Investigación Científica y Desarrollo Tecnológico (2005-2008) Código de Referência: SEJ2005-02876/EDUC.

Uma geração de usuários da mídia digital

críticos (Silver, 2000: 24-25), as relações entre dimensões sociais, políticas, econômicas e culturais que se dão nos espaços da rede, assim como as interações entre os processos de planejamento dos produtos deste meio e os usuários e, por fim, as narrativas destes últimos sobre cada uma destas experiências.

Embora não vamos nos estender sobre a abordagem e o método de indagação, também não podemos optar por uma maneira qualquer de acessar este conhecimento e é importante reconhecer que, nas ciências sociais, nos movemos num paradigma interpretativo, próximo à etnografia na mídia (Jenkins, 2009). Trabalhos de pesquisas anteriores, que inspiraram este artigo, se concentraram em estudos de caso e entrevistas aprofundadas.

Aqui, tratamos de estabelecer as características mais significativas dos estudos realizados sobre a *Geração Net* no que se refere a suas formas de aprender e seus valores mais representativos, mostrando três casos desta geração, com dois propósitos principais: analisar como os adolescentes selecionados aprenderam a utilizar os meios digitais, especialmente os computadores e a internet, e observar os usos sociais que estes jovens fazem dos meios mencionados.

Do *baby boom* à geração net

O conceito "geração" tem sido utilizado como o conjunto de pessoas que, por terem nascido em datas próximas e recebido educação e influxos culturais e sociais semelhantes, se comportam de maneira afim ou comparável em alguns sentidos.[2] Com isso, consideramos o conceito "geração" em uma perspectiva sociocultural.

A partir dessa consideração, e seguindo Ferreiro (2006), poderíamos vincular também este conceito com algum acontecimento transcendente que provoca transformações notórias nos integrantes

---

[2] Consultar o trabalho de MARTÍNEZ DE CODES, Rosa María "Reflexiones en torno al criterio generacional como teoría analítica y método histórico". Em: *QUINTO CENTENARIO*, n. 3, 1982, p. 51-87.

dos grupos e dos grupos em sua totalidade: "Por exemplo, um acontecimento tão importante como a Segunda Guerra Mundial, concluída em 1945, provocou nos Estados Unidos uma explosão demográfica e mudanças econômicas, políticas e sociais que marcaram, por assim dizer, as crianças que nasceram no período do pós-guerra". Essa explosão demográfica ficou conhecida, a partir de então, como o fenômeno do *baby boom*, e as crianças nascidas nesse período foram chamadas de *baby boomers* ou simplesmente *boomers*.

Muitos autores vinculam também as mudanças geracionais com as revoluções tecnológicas e comunicativas, "quando os *baby boomers* eram adolescentes, foi a vez de a televisão consolidar-se como a tecnologia de informação mais poderosa da história" (Tapscott, 1998: 2). A geração nascida entre 1945 e 1964, isto é, os *baby boomers*, teriam a televisão como referente comunicativo fundamental e como tecnologia mais influente em seu processo de socialização e aprendizagem. Em palavras de Tapscott, "foi realmente o impacto de uma revolução nas comunicações – o surgimento da televisão – o que configurou esta geração e seu mundo, mais que qualquer outro fator individual" (ibid.: 15).

Segundo os demógrafos, nos dez anos posteriores ao fim do *baby boom* houve uma redução na quantidade de nascimentos, o que deu origem a outra geração com características diferentes da anterior. Em meados da década de 1960, começa-se a perceber uma mudança de comportamento entre os jovens de classe média da sociedade britânica; a rejeição à monarquia, à religião, a prática de relações sexuais antes do matrimônio ou o questionamento a todo tipo de autoridade são atitudes que nos levam a pensar que a mudança geracional que se aproximava estava mais relacionada com fatores de índole cultural que demográfica. Por outro lado, esta mudança geracional não descrevia o conjunto de todas as pessoas nem de todos os países, já que cada contexto social tinha uma realidade bem distinta, mas de alguma forma estes jovens, que começaram a romper com prescrições e costumes anteriores, se transformaram em precursores do que viria a ser denominada a Geração X.

Em 1991, o escritor canadense Douglas Coupland publicou um romance com o título *Geração X*. Este título se tornou pouco depois o nome utilizado para designar a geração nascida entre 1965 e 1980 aproximadamente, embora alguns não estejam de acordo neste aspecto: "A imprensa popular costuma referir-se erroneamente aos jovens deste período com a Geração X, pelo título de um romance do autor Douglas Coupland. No entanto, os personagens do livro de Coupland são, na verdade, uma subsérie do extremo final do *baby boom*" (Tapscott, 1998: 17). Também não há unanimidade nem com relação às datas, nem quanto à sua denominação, como no caso dos *baby boomers*. Para muitos autores, esta geração seria mais identificável com o nome de *baby bust*, precisamente pela redução da natalidade que aconteceu durante esses anos, e englobaria os nascidos entre 1965 e 1976. Não obstante, tratar-se-ia de uma geração com características de difícil definição, sendo este exatamente um dos fatores que, para autores como Bong Seo (2002) ou Ferreiro (2006), explicariam a denominação X pela qual se conhece esta geração.

Se os *baby boomers* são normalmente associados ao surgimento e uso maciço da televisão, a Geração X muitas vezes é vinculada à ruptura dos comportamentos estabelecidos pela geração precedente. Também não falta quem considere que a Geração X viveu de tudo: "Desde as TVs em branco e preto aos TFTs (*Thin-Film Transistors*) mais nítidos. Gente que jogou bola de gude, pulou corda, Pong, Atari e Playstation"[3] e, por isso, "seus hábitos com computadores e internet se parecem com os da Geração Net e constituem a experiência adulta mais próxima, a partir da qual podemos começar a

---

[3] Fonte: http://es.wikipedia.org/wiki/Generaci%C3%B3n_X.

predizer como a Geração Net dominará o universo digital" (Tapscott, 1998: 17).

Durante os últimos anos da década de 1980, e ao longo de toda a década de 1990, fomos testemunhas da progressiva e rápida introdução das Tecnologias de Informação e Comunicação (TICs) em todos os âmbitos da atividade humana. Como sabemos, as TICs provocaram mudanças drásticas em todos os níveis e "em unidades de tempo tão breves que muitos pensam que, mais que uma época de mudanças, começamos a viver uma mudança de época, uma nova época social" (Ferreiro, 2006: 72). Também elementos como a globalização econômica – que sem dúvida foi favorecida pelas TICs e, especialmente, pela interconexão de computadores em rede –, os movimentos migratórios ou a diversidade cultural geraram um contexto sociocultural e político muito diferente ao das gerações anteriores e, neste contexto, nasceu e cresceu a chamada Geração Net.

A Geração Net está constituída por aquelas pessoas nascidas entre as décadas de 1980 e 1990, que foram educadas com vários meios digitais. Para Tapscott (1998: 2), "uma vez mais uma revolução nas comunicações está configurando uma geração e seu mundo". Nesse sentido, o aparecimento desta nova geração coincidiu com a revolução digital que estamos testemunhando e, portanto, trata-se de uma geração que, acompanhando a integração das TICs e dentro da chamada era da informação (Castell, 2001), está transformando alguns aspectos de nossa sociedade (Tapscott, 1998: 19).

Geração net, usuários ativos

Uma das diferenças fundamentais entre as tecnologias analógicas e as digitais reside no grau de interatividade que permitem. Segundo Tapscott (1998: 2), "a mudança da tecnologia de transmissão à interatividade é o pilar fundamental da *Geração Net*".

Enquanto a televisão tem sido, tradicionalmente, um meio transmissivo e unidirecional que estabelecia um modelo de comunicação hierárquico "de um para muitos", sem possibilidades de interação, os meios digitais se caracterizam por serem bidirecionais e estabelecerem um modelo de comunicação horizontal e interativo.

As tecnologias não são neutras (Aparici, 2003), e todas elas implicam determinadas ideologias e valores implícitos. Os *baby boomers* perpetuaram a ideologia e os valores próprios da televisão, uma ideologia e uns valores que teriam na verticalidade e na organização hierárquica suas características mais distintivas, algo que seria radicalmente transformado com o surgimento dos meios digitais e de suas possibilidades de interação.

A interatividade tem na interconexão dos computadores em rede e na World Wide Web sua máxima expressão. As características próprias da *Geração Net* derivam precisamente das propriedades que diferenciam a internet de seus antecessores tecnológicos. Os novos meios, devido a sua natureza compartilhada, interativa e "de muitos para muitos", têm implícitos valores de caráter mais colaborador e democrático, sendo, por sua vez, estes valores que caracterizam esta nova geração. Como *usuários criadores de conteúdo* não somente são provedores e reeditores de informação, como também devem definir as relações e editar os canais de comunicação.

Portanto, os membros da *Geração Net* romperiam assim com os modelos e valores próprios da televisão e se caracterizariam também por seu grau de colaboração e por sua necessidade de controle sobre a máquina. A partir desta perspectiva, somos testemunhas de uma mudança essencial na consideração do receptor dentro do processo comunicativo: a televisão fomentaria a passividade nos receptores, enquanto com os meios digitais desapareceria a categoria "receptor" para transformar-se em "usuário". Isto é, os membros da *Geração Net* pedem algo mais que ser simples receptores de informação. Para eles, os meios devem fazer o que o usuário pedir que seja feito, permitindo também o diálogo com outras pessoas.

Junto com estes novos valores relacionados com a interação, com a necessidade de controle sobre a máquina e com a atitude colaborativa, aparece o conceito de "nativos digitais", que, sem ser muito feliz ao confundir uma competência instrumental com um processo de aculturação, está supondo uma metáfora com a qual muitos adultos e profissionais do ensino se identificaram, algo que traz implicações nos processos formativos permanentes dos professores, nos comportamentos e condutas das propostas políticas de integração de computadores nas salas de aula (Escola 2.0) e, portanto, na aprendizagem destas novas gerações. A expressão "nativos digitais" (*digital natives*) foi utilizada por Marc Prensky num ensaio intitulado "A morte do comando e do controle", em que os identificava com aquelas pessoas que cresceram com a rede e os distinguia dos "imigrantes digitais" (*digital immigrants*) (García et al., 2008), ou seja, aquelas pessoas que nasceram antes do surgimento dos meios digitais e tiveram, portanto, que adaptarem-se a eles (como os imigrantes que se adaptam a uma nova cultura).

Como podemos comprovar, não é fácil estabelecer uma clara diferença entre o conceito de *Geração Net* e o de *nativos digitais*, muito embora entendamos que a primeira faria referência a um conceito mais demográfico e os segundos corresponderiam exclusivamente ao fato de que foram educados e aprenderam através de um ambiente digital. Em todo caso, ambos os conceitos estão intimamente relacionados, e nos interessa especialmente saber quais são as consequências de ter crescido num ambiente digital ou, o que é a mesma coisa, ser um *nativo digital* que pertence à *Geração Net*.

Em muitas ocasiões escutamos essa típica pergunta: "O que está fazendo este menino tanto tempo na frente do computador?", referindo-se a um membro da *Geração Net* que está ligado à rede. Mas, se fosse diante da televisão, talvez a pergunta não fosse feita, ou talvez não haveria tanto mistério, porque já saberíamos o que estaria fazendo esse menino na frente da televisão: "Não estaria fazendo nada".

A esse respeito, a televisão roubou das crianças horas diárias de brincadeiras. Os meio digitais estão restaurando esse tempo precioso; os *boomers* foram vítimas de um meio – a televisão – que fomentava claramente a passividade; este meio lhes roubou suas horas de brincadeira dentro e fora do lar. O tempo que os membros da *Geração Net* passam conectados à rede

> não é um tempo passivo, mas ativo. É tempo de leitura. É tempo de pesquisa. É tempo dedicado ao desenvolvimento de habilidades e à solução de problemas. É tempo que se utiliza analisando, avaliando. É tempo para organizar os pensamentos. É tempo de escrita" (Tapscott, 1998: 7).

Os membros da *Geração Net* processam a informação e aprendem de uma maneira diferente. É importante ressaltar que a interatividade que as TICs proporcionam gera novos modelos comunicativos e que estes modelos, por sua vez, geram novos modelos educativos e de aprendizagem (Gutiérrez, 2003). Portanto, tratar-se-ia de um novo modelo de aprendizagem baseado no descobrimento e na participação, muito distante do clássico modelo transmissivo que considera os alunos como meros receptáculos vazios em que se despeja a informação ("educação bancária", em termos de Paulo Freire).

A partir da interatividade proporcionada pelos novos meios digitais, poderíamos falar de uma aprendizagem compartilhada e social, uma aprendizagem construída colaborativamente, que é muito mais significativa e motivadora para uma geração que cresceu na cultura da interatividade e não na cultura da transmissão. Daríamos resposta também às teorias educativas construtivistas que rejeitam a passividade dos alunos e postulam uma aprendizagem construída ativamente, fruto da pesquisa, da comunicação e do descobrimento.

No entanto, é preciso mencionar determinadas questões sobre as quais devemos refletir profundamente se quisermos que todos estes meios e estas potencialidades das novas gerações cheguem efetivamente a aprendizagens significativas. Para muitos autores, a superabundância de informação que recebemos – e que recebem – diariamente, através de uma multidão de canais disponíveis, pode ser também sinônimo de desinformação. Os meios digitais estão se tornando verdadeiros agentes educativos, com uma capacidade de penetração e influência muito importante, como menciona Aparici (2003: 413): "Pode acontecer que o excesso de informação deixe uma boa parte da população numa atitude passiva. Isto é, não saber o que fazer com toda ela, só consumi-la sem nenhum tipo de critério". E esta situação seria ainda mais grave, se é possível, no caso dos jovens, que estão construindo suas identidades e formando seu pensamento.

Apesar da capacidade demonstrada pelas novas gerações para fazer várias coisas ao mesmo tempo (García et al., 2008), também nasceu um grande debate que nos alerta para as consequências dessa situação. Estamos cada vez mais assistindo a uma mudança nas modalidades de leitura tradicional e de recepção de informação. Ou seja, a forma tradicional de leitura linear e sequencial está sendo transformada numa leitura horizontal, de olhadela e muito variada, algo que – segundo alguns autores, como Nicholas G. Carr (2008), acarreta um risco para as capacidades de concentração, reflexão e contemplação. Sendo assim, "estaríamos perdendo a capacidade para o pensamento profundo".

Sem entrar no debate que esta questão está gerando, acreditamos – não obstante – que o papel da educação é, neste contexto, fundamental. Os membros da *Geração Net* possuem valores e estilos de vida muito diferentes dos estilos dos *boomers*. Pensamos que alguns setores não valorizam as novas formas de aprender e os valores que esta nova geração está promovendo em todos os âmbitos da atividade humana. Por exemplo, a instituição educativa é, de alguma maneira, um *imigrante digital* que ainda não tem feito os esforços necessários para compreender a forma em que as novas gerações de estudantes aprendem.

Uma das conclusões mais importantes, e relacionada com nossos projetos de pesquisa, é a necessidade de ampliar o foco de análises para além da escola. Embora disponhamos de alguns trabalhos específicos como os que já foram citados de Livingstone & Bovill (1999), Holloway e Valentine (2003), conhecemos ainda muito pouco sobre como as novas gerações têm acesso às tecnologias e, especialmente, à internet, fora da escola. As pesquisas em educação têm permitido conhecer melhor os processos de ensino e aprendizagem, mas desconhecemos os estudantes. O modelo de estudante utilizado para planejar o ensino não tem, provavelmente, referentes baseados nos jovens e adolescentes socializados na sociedade digital ou na chamada *sociedade da informática*. Esses grupos são especialmente desconhecidos, como fica registrado nos trabalhos de Joinson (2003), Castells e Bofarull (2002), e Gansmo e Nordli (1999).

Os novos padrões e usos da tecnologia podem dar lugar a novas formas de aprendizagem baseadas na utilização das ferramentas digitais para a comunicação e a informação em projetos de colaboração para resolver problemas ou desenvolver atividades.

Esboço de pesquisa: casos de usuários da mídia

O esboço do projeto de pesquisa *Juventud e Internet: Escenarios socioeducativos y de ocio de la Sociedad de la Información* analisou os contextos extraescolares como contextos socioeducativos de uso do computador e da internet pelos adolescentes e jovens espanhóis. Este projeto continua as pesquisas de Livingstone (2001), Livingstone & Bovill (1999) e Furlong (1995), Furlong et al. (2000), Facer, Sutherland et al. (2001) e Holloway e Valentine (2003), sobre a família como contexto socioeducativo do uso da internet, mas ampliando-o, por sua vez, a outros contextos igualmente importantes e relacionados com este, como são as bibliotecas, as escolas e espaços de ócio como os cibercafés (Howard, 1998; Gauntlett, 2000; Harrison & Lewin, 2001; Hutcby & Moran-Ellis, 2001; Taylor & Hogenbrirk, 2001; Holloway & Valentine, 2003). Estes espaços são revistos, dando mais valor aos ambientes familiares e aos contextos em que estão implicados os dispositivos móveis (Haddon, 2005; Katz e Aakhus, 2002; Goggin, 2006; Aguado y Martínez, 2008).

Esta pesquisa tem a pretensão, em primeiro lugar, de conhecer as culturas próprias dos diferentes cenários sociais e educativos, e analisa o uso que se faz da internet, o papel que desempenha, as necessidades às quais responde, os problemas que suscita e as interações que propicia. Dessa maneira, descreve-se uma imagem comparativa do uso e do acesso aos computadores e à internet que os adolescentes e jovens fazem. Sem esquecer os trabalhos sobre as novas identidades (Turkle, 1984; 1998; Sofía, 1993) e a construção do "eu" em razão dos produtos da tecnologia mencionada (hardware e software), os não menos importantes sobre a denominada ciber-sociedade (Jones 1997; 1998), aos quais temos de acrescentar os novos modos de construção do conhecimento (Barrett, 1994), da transformação de sua aquisição e representação através de hipertextos (Landow, 1995; 1997) e, certamente, as análises sobre o impacto no setor produtivo.

Com todos eles, está sendo gerado um conhecimento que permitirá aos educadores e às famílias compreenderem os novos padrões de relação com a informação e socialização dos jovens, um saber aplicável ao ensino e à formação do professorado.

Em segundo lugar, é preciso reconhecer que as TICs oferecem novas formas de acesso e de trabalho com a informação de que, além de suporem um desafio, geram importantes mudanças em nossas sociedades em geral e em nós como indivíduos, em particular. A "invasão" progressiva destas tecnologias nas escolas, lares e outros espaços públicos e privados constitui para alguns pesquisadores uma autêntica, irrefreável e "cotidiana" revolução "tecnocultural" (Robins, 1995: 30). A repercussão das tecnologias da informação e da comunicação na vida dos cidadãos, segundo Kraut, Lundmark e Patterson (1998) poderia ser comparada com o impacto do telefone ou da televisão. Num estudo realizado por estes autores sobre os efeitos da internet na socialização, os resultados obtidos mostraram que um maior uso da internet está associado a uma diminuição da comunicação dos participantes com as famílias e à redução dos círculos de socialização face a face. Ao contrário, os trabalhos de Facer et al. (2000; 2001; 2003) e os recolhidos por Sefton-Green (1998) mostram não só a inclusão das tecnologias digitais nas inter--relações sociais familiares, como também seu valor cultural para as novas gerações.

Para muitos adultos, esta revolução ocorre no curso de suas vidas e a ela devem se adaptar. No entanto, para as crianças, os adolescentes e os jovens, a situação é, significativamente, diferente. Conforme têm indicado vários autores, as culturas infantis, adolescentes e juvenis tradicionais,[4] foram suplantadas por esta cultura "tecno-popular" (Green & Bigum, 1993; Sefton-Green, 1998), que passou a ser um ambiente natural e cotidiano nos países tecnologicamente avançados. Para os adultos, isso supõe mudanças conceituais, mudanças em padrões muito arraigados (Oilo, 1998; Terceiro, 1996; Aguado, 2004); mas, para os jovens não se trata de uma questão nova, as novas tecnologias representam elementos próprios de seu mundo.

Em terceiro lugar, a utilização das tecnologias digitais aparece claramente como uma atividade social. Como se manifesta nos trabalhos de Merchant (2001), Facer et al. (2003) e Holloway e Valentin (2003), entre outros, a utilização de tecnologias em geral, mas especificamente as móveis ou as mensagens instantâneas, supõe inovações dentro das novas redes de socialização virtual e reflete

---

[4] Embora a literatura seja bastante extensa, é interessante consultar os trabalhos de Willis (1990), Martín Criado (1998) e During (1993).

o começo de mudanças nos padrões comunicativos, na vanguarda dos quais é preciso situar os próprios jovens e adolescentes, que são aqueles que integram mais rapidamente em seus padrões o aproveitamento destes recursos.

Em último lugar, alguns estudos realizados nos indicam também que a socialização tecnológica é muito mais complexa do que se pensou a princípio (Furlong, 1995; Morley, 1992; Livingstone & Bovill, 1999; Sefton-Green, 1998; Holloway & Valentine, 2000; Angulo, 2004; 2009; Angulo & García, 2003: Facer, 2003). As tecnologias e, especialmente, a internet se introduzem e se incorporam a "mundos" existentes e socialmente construídos, transformando-os. A compreensão e a análise destas complexidades emergem à medida que nos orientamos aos usuários e aos cenários de uso, e não, como se tem feito até agora, exclusivamente à tecnologia empregada e suas possibilidades (Smith, 1997; Garton et al., 1997).

Atendendo à justificação sobre a necessidade de nosso estudo sobre os contextos sociais de interação com os computadores e a internet e os usos nesses contextos naturais e virtuais, enunciamos nossos propósitos para este documento nas seguintes questões:

- O uso da internet e dos equipamentos informáticos são atualmente necessários para as demandas escolares?
- Os estudantes sofrem uma dicotomia entre o que fazem dentro e fora da escola, incluindo o uso da internet?
- As práticas de uso nos contextos virtuais estão relacionadas?
- Como estas práticas se vinculam com os contextos naturais, incluindo a escola?

Contato e coleta de informação sobre os jovens usuários da mídia

Este trabalho de pesquisa utilizou metodologias qualitativas, sendo as entrevistas etnográficas semiestruturadas e a observação participante as principais técnicas para a coleta de informação,

Uma geração de usuários da mídia digital

embora o ambiente de atuação tenha sido modificado devido às exigências da própria pesquisa (Lincoln & Guba, 1985).

Os jovens que participaram da amostragem teórica e com quem trabalhamos no primeiro projeto estavam na faixa etária de 14 a 18 anos, possuíam uma alta experiência no uso dos meios digitais, integrando-os em seu tempo de ócio e em seus espaços naturais, além de serem usuários muito ativos, especialmente em contextos virtuais como redes sociais, jogos on-line etc.

O contato com estes estudantes ocorreu em lugares públicos – de perfil diferente.[5] Em várias ocasiões, os alunos nos apresentaram e facilitaram o contato com outros jovens considerados competentes. Nestes casos, foi solicitada a autorização dos pais para entrevistá-los.

Selecionamos três destes estudantes. A primeira é Alícia, estudante novata de Ciências Químicas, nascida em 1990, residente na periferia de uma grande cidade, de classe social média. Com ela, tivemos um primeiro encontro face a face em seu domicílio; o segundo foi realizado através do Messenger, já que não havia instalado o programa de telefonia IP Skype. Embora a princípio pensamos que esta situação poderia repercutir negativamente na informação obtida, o fato de utilizar o programa Messenger nos permitiu também comprovar a linguagem escrita que os adolescentes costumam utilizar com as TICs, aspecto que contribuiu com informação muito valiosa sobre como a *Geração Net* se comunica.

O segundo foi Miguel, estudante de ensino médio de escola pública, nascido em 1994, residente numa vila da periferia da cidade, de classe social média. A entrevista com Miguel, depois da autorização de sua mãe, foi realizada através de Skype, gravada e posteriormente transcrita. Esta ferramenta nos permitiu uma interação mais fluida com o entrevistado; seu valor está no fato de que a

---

[5] Lugares públicos, rurais e urbanos; lugares com uma ou mais de uma linha e que abarquem uma ou mais de uma etapa.

conversação poder ocorrer concomitante à navegação por pontos de atracação, e de que o entrevistado está num espaço natural – onde naturalmente se conecta ao computador – e virtual, pelos espaços e endereços que visita, cômodo e seguro para ele.

A terceira se chama Alessandra. Ela atualmente se prepara para o vestibular. Nascida em 1990, reside numa vila da periferia de sua cidade, é de classe social média. É usuária de redes sociais como o Tuenti ou o Facebook, motivo por que aproveitamos para usar esta última rede para a realização das entrevistas, pois não possuía acesso a Skype.

Para analisar o tipo de interações que nossos adolescentes realizam através das redes sociais, solicitamos a eles um convite para o Tuenti ou usamos nossas contas no Facebook ou outras redes sociais e, pedindo-lhes licença, visitamos seus perfis de conta, num primeiro momento só observando e depois participando com cada um destes informantes-chave.

Resultados

Aprendizagem e usos individuais da tecnologia

Os jovens e adolescentes são os grupos que, provavelmente, integraram maiores mudanças em seus modos de comunicação com a informação, rodeados de tecnologias e meios de comunicação (Holloway & Valentine, 2003; Turkle, 1998; Howard, 1998; Facer, 2003; Livingstone & Bovil, 1999; Livingstone 2001), que são absolutamente naturais para eles. Muitos autores são unânimes em ressaltar que a forma de aprender dos membros da *Geração Net* difere notavelmente da forma das gerações anteriores. Nesse sentido, é preciso recordar o que mencionou Tapscott (1998), quando dizia que passamos da passividade da televisão à interatividade dos meios digitais, com todas as implicações que isso tem na forma de aprender.

As crianças, que cresceram e aprenderam rodeadas pelas TICs e particularmente utilizando a internet aprendem de uma forma ativa e por descobrimento. Esse é o caso dos nossos três informantes-chave. Tanto Alícia, como Miguel e Alessandra sempre tiveram computador e internet. Para eles, não é nenhum mistério a utilização da máquina, já que sempre a tiveram em casa: "Tenho computador faz muitos anos, desde que me lembro" (Alícia); "Tenho computador desde sempre; eu não tenho muita certeza, mas não me lembro de não ter computador em casa" (Miguel); "Tenho computador faz muito tempo p q m pai às vezes precisava do computador para o trabalho" (Alessandra). A respeito da conexão à internet, o resultado é o mesmo, uma vez que os três adolescentes afirmam ter tido conexão desde sempre.

Evidentemente, essa situação de acesso à tecnologia tem importantes consequências para a aprendizagem do uso dos meios digitais. Embora os três informantes afirmem ter recebido aulas de informática no colégio ou instituto, também reconhecem que já sabiam utilizar os computadores e navegar pela internet, e que estas aulas não lhes serviram muito: "Na escola nos ensinaram coisas muito básicas, que eu já sabia. Agora tenho muitos conhecimentos que adquiri por minha conta" (Alícia); "Na escola só me ensinaram a usar três programas, e a minha mãe me ensinou como se usava; tudo [...] o que faço no colégio já sabia fazer antes" (Miguel); "Na escola aprendi algumas coisas, mas a maioria delas eu já sabia" (Alessandra).

São muito interessantes seus comentários sobre a maneira de aprender com o computador, e a visão que têm da forma como aprenderam a usar essas ferramentas. Alícia, por exemplo, nos diz: "Não sei explicar, aprendi usando", como se as instruções de uso já estivessem de alguma forma implícitas na própria máquina. Também Miguel afirma ter aprendido a usar videojogos sem a ajuda de ninguém: "Me disseram pra jogar porque valia a pena, e eu fui aprendendo como era". Contudo, por outro lado, ele mesmo reconhece não ter muita paciência quando tem de aprender a usar outro tipo de ferramentas ou programas para o computador: "Começo a pesquisar por minha conta, mas se em cinco ou dez minutos não entendi, chamo a minha mãe". Nesse sentido, Alessandra nos diz algo muito parecido quando afirma que "por isso normalmente pergunto ao meu tio, q sabe muito de computadores hahaha". Assim, ambos os jovens buscam um modo de suprir com um adulto, nestes exemplos, ou com o grupo de colegas, tanto na rede como em outros espaços naturais, o que precisam saber para poder resolver uma tarefa.

Estes comentários de Miguel e Alessandra nos fazem refletir sobre uma questão que, para muitos autores, é uma característica negativa desta nova geração: a necessidade de gratificação imediata. Um aspecto que, de alguma forma, parece estar relacionado com a perda das capacidades críticas e do pensamento profundo diante da superabundância de informação a que todos – não só os adolescentes – estamos expostos na sociedade atual.

Sem dúvida, a educação tem um papel fundamental nesse sentido, mas os três entrevistados coincidem em que em nenhum caso foram ensinados a navegar pela internet na escola: "Isso a professora deixou de lado porque pensou que todos já sabíamos navegar; quem me ensinou foi a minha mãe" (Miguel); "Aprendi sozinha" (Alícia); "Por isso, não me lembro, acho que não. E, se nos ensinavam, era somente o básico" (Alessandra).

São muito significativas as respostas de nossos informantes a perguntas relacionadas com os conhecimentos necessários para navegar: "Aprender a usar o navegador e um pouco mais" (Alícia). Comprovamos que neste comentário não existe uma conscientização em Alícia sobre a necessidade de ter capacidades críticas para a navegação na internet. Mas, no caso de Miguel e Alessandra, as respostas a esta pergunta são de outro caráter: "Ser intuitivo e saber que existem páginas melhores e páginas piores" (Miguel); "Porque talvez na escola ensinem como procurar informação confiável" (Alessandra). Nesse sentido, poderíamos dizer que tanto Miguel como Alessandra expressam a necessidade de ter uma série de conhecimentos diferentes dos meramente instrumentais, conhecimentos mais relacionados com a capacidade crítica no discernimento da informação. Isso é especialmente interessante, sabendo que na escola não lhes ensinam nenhuma estratégia nem conhecimentos sobre a navegação ou a procura de informação; embora reconheçam, por outro lado, que na biblioteca de seus bairros exista informação sobre as normas de um uso seguro da internet.

Em relação aos usos individuais, os três entrevistados coincidem em apontar usos acadêmicos e de lazer (ócio) principalmente. A internet é muito útil para eles no que se refere à procura da informação que precisam para seus estudos. Os três reconhecem que para eles é muito fácil procurar na rede e que quase sempre encontram o que procuram: "Procuro no Google e, a partir dele, vou navegando" (Alícia); "Depende do tipo de informação; se for alguma coisa que todo mundo sabe, ou muito famoso, eu encontro rápido. Se for uma tarefa mais específica, levo mais tempo, mas normalmente não tenho problema" (Miguel); "Sempre procuro na Wikipédia" (Alessandra).

Quando ao uso para distração, Miguel é fã dos videojogos, diferentemente de Alícia e Alessandra. No entanto, os três entrevistados coincidem no uso do YouTube para ver vídeos musicais e na utilização de programas P2P de intercâmbio de arquivos (como Ares ou Emule) para baixar músicas e filmes. É interessante ressaltar também que, para nossos adolescentes está quase defasado o uso de suportes "físicos" para escutar música ou ver filmes: "Vejo os filmes nas páginas da internet [...]. DVD, pouco [...]; faz anos que não compro um CD" (Alícia).

Por último, no que se refere ao uso individual da tecnologia e, especialmente, da internet, vale a pena mencionar o aspecto relativo da criação na rede. Dos três adolescentes entrevistados, só Alessandra se considera criadora de conteúdos na internet, utilizando para tal um blog em seu espaço do Tuenti: "Normalmente coloco algum vídeo de alguma canção, alguma coisinha de que gosto".

No entanto, tanto Miguel como Alícia valorizam positivamente as criações através dos meios digitais e dizem ter amigos que criam conteúdos na internet através de páginas pessoais.

Por outro lado, eles coincidem na utilização de redes sociais como Facebook ou Tuenti, aspecto que vamos expor a seguir.

Interação social e comunicação através do Tuenti

O mundo dos jovens, no qual existe uma grande presença de tecnologias digitais, permanece ainda pouco explorado. As novas formas de socialização, comunicação e trabalho ainda são desconhecidas, apesar de alguns importantes estudos sobre a tecnocultura digital, com os de Braum e Giroux (1989), Martínez (1994), Provenzo et al. (1998),[6] Lenhart (2001), Green e Bigum (1993), e os mais recentes de Steinberg e Kincheloe (2000), ERG (2000), Turow e Nil (2000), Livingstone e Bovil (1999) no Reino Unido, Estados Unidos, Canadá e Austrália.

Os adolescentes nos mostraram, sem dificuldade, seus espaços no Tuenti, algo que já diz muito de seus valores sociais e de suas atitudes participativas e abertas, ainda mais se neles fazem uma apresentação de si mesmos através dos perfis da conta.

Através de seus perfis, os jovens mostram quem são e expõem os interesses que os identificam. Isso é muito significativo para a criação e desenvolvimento de suas identidades individuais. Querem fazer parte do grupo, mas, ao mesmo tempo, serem diferentes e criarem uma personalidade própria.

Sua conta nesta rede social é um lugar de referência para eles. Em muitos momentos conversavam sobre o Tuenti, Messenger ou Facebook como ferramentas de uso cotidiano e essencial para seu dia a dia: "Entro na página da universidade, a do Tuenti, ou vejo vídeos no YouTube" (Alícia); "Jogar, baixar música e filmes,

---

[6] Ver o trabalho pioneiro de Provenzo sobre os videojogos, intitulado *Video Kids* (1991).

Uma geração de usuários da mídia digital

escrever ou procurar alguma coisa da escola, e o Tuenti e o Messenger" (Miguel); "Procurar informação de alguma coisa, para o MSN, para entrar no Tuenti ou no Facebook... e também para baixar música ou filme" (Alessandra).

Sobre os usos sociais dos meios digitais, Alícia, Miguel e Alessandra entram quase todos os dias e deixam alguma mensagem. Ou respondem a algum comentário, ou seguem uma corrente de mensagens sobre algum tema específico, ou então criam algum tema novo. Preferem comunicar-se com as pessoas que já conhecem em sua vida real, isto é, com seus amigos e amigas: "Não gosto dos chats porque tem muito depravado que se faz passar por outra coisa" (Alícia); "Não chamam muito minha atenção e desconfio, porque você nunca sabe o que vai encontrar" (Alessandra); "Salas de chat, não. Mas os comentários do Tuenti, às vezes, sim, quase como um chat" (Miguel). Embora também estejam abertos a novos relacionamentos; "talvez a amiga de outro amigo que tenho me mande um convite para que a aceite; tudo bem, talvez daí venha um novo relacionamento" (Miguel).

Para eles, o relacionamento através do Tuenti é um prolongamento daqueles com seus amigos e amigas da vida real. Assim revela Miguel, num comentário que pode surpreender pelo seu contraste com o estereótipo sobre essa geração: "O Tuenti é um complemento da realidade, para acabar conversações ou para começar novas, mas que vêm do que é a realidade". No caso de Alícia e Alessandra, embora não tenham feito referência explícita a esse aspecto, é algo muito evidente no tipo de interações que estabelecem nesse espaço.

Na verdade, os temas e as conversações que mantêm no Tuenti têm uma relação direta com suas vidas reais; são um prolongamento dessas vidas. As conversações costumam girar em torno das atividades que desenvolvem em seu dia a dia: passeios para relaxar, baladas ou temas específicos da escola ou da universidade, no caso de Alícia. Também utilizam o espaço para trocar canções ou vídeos:

"Fazemos comentários sobre as festas ou sobre a universidade, trocamos fotos ou vídeos, é isso" (Alícia); "Para estar em contato com meus amigos, subir fotos" (Alessandra); "Para ver fotos, as fotos que faço com meus amigos, para comentá-las, para falar com eles, mandamos mensagens privadas, para dizer que tem um show e que a gente se encontra para ir... não sei, são essas coisas" (Miguel).

Pudemos comprovar que procuram uma comunicação direta, sem esperas, instantânea, rápida, fluida e fácil. Também podemos perceber o uso habitual de sinais gráficos como "emoticons" para dar mais ênfase e calor à comunicação escrita ou, como seu próprio nome indica, para dar mais "emoção" à comunicação, com certeza trazendo muito frescor e expressividade.

O Tuenti é, de certo modo, um cenário que é transformado por seus próprios usuários e se transforma num espaço que permite aos adolescentes a criação de suas identidades e o desenvolvimento de sua personalidade através da comunicação. Para eles, a interação e a pertença ao grupo não é um complemento de suas vidas como indivíduos, e sim uma parte essencial da mesma. Constroem suas identidades pessoais com um fundamento muito importante na interação social e na participação grupal. Isso é algo que se pode comprovar não só seguindo sua comunicação escrita no Tuenti, como também através das fotos que penduram e através da generosidade que demonstram compartilhando todo tipo de arquivos (música, vídeos), informações (anotações, baladas, brincadeiras) ou conteúdos de interesse (fofocas, confidências).

Analisar o peso das ferramentas digitais para a *Geração Net* faz o mesmo sentido que pensar no valor do rádio para os jovens da década de 1950 na Espanha. Simplesmente fazem parte de si mesmos, dentro de seu cotidiano, sem que deem a maior importância. A diferença está em que não só forma um espaço de coincidência em gostos ou interesses, como foram antes os programas musicais ou as novelas de rádio. Também supõe um modo de situar-se na sociedade, de chegar à identidade desejada e reforçá-la ao torná-la pública, gerar uma nova medida do que significa a intimidade, a relação social, o compromisso com a vida e com os outros. A *Geração Net* marca novos modos de gerar o "mundo da vida", como diria Habermas (1987); nossa tarefa é entender esse mundo e aprender a valorizá-lo.

Bibliografia

AGUADO, J. M. & MARTÍNEZ, I. J. (2008) *Sociedad móvil. Tecnología, identidad y cultura.* Biblioteca Nueva, Madrid.

AGUADO, J. M. (2004) *E-comunicación: dimensiones sociales y profesionales de la comunicación en los nuevos entornos tecnológicos.* Comunicación Social, Sevilla.

ANGULO RASCO, J. F. (2004) Teenagers and Internet: some ideas about the outer space. Media Literacy, Digital Literacy, eLearning-European Comisión. Bruselas. Paper.

_____ (2009) Novos Espaços para a Alfabetização. In: PARASKEVA, J. M. & OLIVEIRA, L. R. (orgs.) *Currículo e Tecnologia Educativa.* Edições Pedagógicas, Lisboa-Portugal.

ANGULO RASCO, J. F. & GARCÍA CRUZ, E. (2003) Teenagers' use of the Internet: from home to cybercafé. ECER. Paper.

APARICI, R. (2003) *Comunicación educativa en la sociedad de la información.* UNED, Madrid.

BAHR, N. & PENDERGAST, D. (2007). *The Millennial Adolescent.* Canberra, Australian Council for Educational Research.

BARRETT, E. (1994) *Sociomedia. Multimedia, hypermedia, and the social construction of knowledge.* The MIT Press, Cambridge, Massachusetts.

BONG SEO, Y. (2002) Dos frutos de la era cibernética: la Generación Net y los Hackers. *Sincronía, revista de ciencias sociales y humanidades.* Universidad de Guadalajara, México.

BRAUN, C. & GIROUX, J. (1989) Arcade video games: proxemic, cognitive and content analyses. *Journal of Leisure Research*, 21 (2): 92-105.

CARR, Nicholas (2008) "Is Google making us stupid?" *The Atlantic*, july/ august.

CASTELL, M. (2001) *La Galaxia Internet. Reflexiones sobre Internet, empresa y sociedad*. Plaza & Janés, Barcelona.

CASTELLS CUIXART, P. & BOFARULL, I. (2002) *Enganchados a las pantallas: televisión, videojuegos, Internet y móviles*. Planeta, Barcelona.

DURING, S. (ed.) (1993) *The cultural studies reader*. Routledge, London.

ENVIRONICS RESEARCH GROUP (ERG) (2000) *Young Canadians in a Wired World. Parents and youth focus groups in Toronto and Montreal*. Toronto, Notario. CA.

FACER, K.; FURLONG, J.; FURLONG, R.; SUTHERLAND, R. (2003) *Screen Play. Children and Computing in the Home*. RoutledgeFalmer, London.

FACER, K.; FURLONG, J. et al. (2000) Children, Technology and Culture. Paper. Graduate School of Education, University of Bristol.

FACER, K.; FURLONG, J.; SUTHERLAND, R.; FURLONG, R. (2001) *Home is where the hardware is: young people, the domestic environment and "access" to new technologies*. Graduate School of Education, University of Bristol.

FACER, K.; SUTHERLAND, R.; FURLONG, R.; FURLONG J. (2001). What's the point of using computers? The development of young people's computer expertise in the home. *New Media and Society*, vol. 3.

FERREIRO, Ramón F. (2006) El reto de la educación del siglo XXI: la generación N. *Apertura*, noviembre, 72-85.

FURLONG, J. (2000) *Screen play: an exploratory study of children's techno popular culture. Full report of research activities and results*. Graduate School of Education, University of Bristol.

FURLONG, R. (1995) "There's no place like home". In: LISTER, M. (ed.) *The Photographic Image in Digital Culture*. Comedia, Routledge, London.

GANSMO, H. & NORDLI, H. (1999) Jóvenes y uso del PC e Internet. *Revista de estudios de juventud*, 46: 49-58.

GARCÍA, F.; PORTILLO, J.; ROMO, J.; BENITO, M. (2008) *Nativos digitales y modelos de aprendizaje*. Universidad del País Vasco / Euskal Herriko Unibertsitatea (UPV/EHU).

GARTON, L. et al. (1997) Studying Online social networks. *Journal of Computer mediated communication* 3 (1): (http://www.ascucs.org/jcmc/vol3/issue1/garton.html).

GOGGIN, G. (2006) *Cell phone culture: Mobile Technology in everyday life*. Routledge, New York.

GREEN, B. & BIGUM, C. (1993) Aliens in the classroom. *Australian Journal of Education*, vol. 37, n. 2: 119-141.

GUTIÉRREZ MARTÍN, Alfonso (2003) *Alfabetización digital*. Gedisa, Barcelona.

HABERMAS, Jürgen (1987) *Teoría de la acción comunicativa* [1981]. Taurus, Madrid.

HADDON, L. (2005) Research Questions for the evolving Communications landscape. In: LING, R & PEDERSON, P. (eds.) *Mobile Communications: Renegotiation of the Social Sphere*, Springer, London, 7-22.

HARASIM, L.; HILTZ, S. R.; TUROFF, M; TELES, L. (2000) *Redes de aprendizaje. Guía para la enseñanza y el aprendizaje en red*. Gedisa, Barcelona.

HARRISON, C. & LEWIN, C. (2001) The ImpaCT2 evaluation: attempting to evaluate the impact on school achievement of ICT in the schools, in the home, and in the community. Paper presented at CAL2001 conference, University of Warwick.

HOLLOWAY, S. L. & VALENTINE, G. (2003) *Cyberkids: children in the information age*. Routledge Falmer, London.

HOWARD, S. (ed.) (1998) *Wired-up. Young people and the electronic Media*.

HUTCHBY, I. & MORAN-ELLIS, J. (2001) *Children, Technology and Culture. The Impacts of Technologies in Children's everyday Lives*. RoutledgeFalmer, London.

JENKINS, H. (2009) *Fans, blogueros y videojuegos. La cultura de la colaboración*. Paidós, Barcelona.

JOINSON, A. N. (2003) *Understanding the psychology of Internet behavior: virtual worlds, real lives.* Palgrave Macmillan, New York.

JONES, St. G. (1997) *Virtual Culture: Identity and Communication in Cybersociety.* Sage Publications, London.

_____ (1998) *Cybersociety2.0. Revisiting Computer Mediated Communication and Community.* Sage Publications, London.

KANTZ, J. E. & AAKHUS, M. (2002) *Perpetual contact: Mobile communication, private talk, public performance.* Cambridge University Press, Cambridge.

KRAUT, R.; LUNDMARK, V.; PATTERSON, M. (1998) Internet Paradox. A Social Technology That Reduces Social Involvement and Psychological Well-Being? *American Psychologist*, vol. 53, 9: 1017-1031.

LANDOW, G. (1995) *Hipertexto. La convergencia de la teoría crítica contemporánea y la tecnología.* Paidós, Barcelona.

_____ (comp.) (1997) *Teoría del hipertexto.* Paidós, Barcelona.

LINCOLN, Y. & GUBA, E. (1985) *Naturalistic inquiry.* Sage, New York.

LIVINGSTONE, S. & BOVILL, M. (1999) *Young people and new media.* London School of Economics and Political Science, London.

LIVINGSTONE, S. (2001) Children on-line: emerging uses of internet at home. *Journal of the IBTE* 2 (1): 1-5.

MARÍAS, Julián (1967) El método histórico de las generaciones. *Rev. de Occidente*, p. 29-34, Madrid.

MARTÍN CRIADO, E. (1998) *Producir la juventud.* Istmo, Madrid.

MARTINEZ, M. (1994) Access to information technologies among school age children: implications for a democratic society. *Journal of the American Society for Information Science*, 45 (6): 395-400.

MERCHANT G. (2001) Teenagers in cyberspace: an investigation of language use and language change in internet chatrooms. *Journal of Research in Reading*, vol. 24, 3: 293-306.

MORLEY, D. (1992) *Television, audiences and Cultural Studies.* Routledge, London.

OILO, D. (1998) *De lo tradicional a lo virtual, las nuevas tecnologías de la información: debate temático. Agence francophone pour l'enseignement supérieur et la recherche.* UNESCO. Paris.

ORTEGA & GASSET, J. (1970) En torno a Galileo. *Rev. de Occidente,* 7, 37-38, Madrid.

PENDERGAST, D. (2009) Generational theory and home economics: Future proofing the profession. *Family and Consumer Sciences Research Journal,* vol. 37, Issue 4, June 504-522.

PETERSEN, Julius. (1946) Las generaciones literarias. In: *Filosofía de la ciencia literaria.* México.

PROVENZO, E. (1991) *Video Kids.* Harvard University Press, Cambridge, Mass.

PROVENZO, E. et al. (1998) *Computers, Curriculum, and Cultural Change.* Erlbaum, London.

ROBINS, K. (1995) Will image move us still? In: LISTER, M. (ed.) *The Photographic Image in Digital Culture.* Routledge, London.

SEFTON-GREEN, J. (1998) *Digital Diversions: Youth Culture in the Age of Multimedia.* UCL Press, London.

SILVER, D. (2000) Looking Backwards, Looking Forwards: Cyberculture Studies 1990-2000. In: GAUNTLETT, D. (2000) *Web. Studies: Rewiring media studies for the digital age.* Oxford University Press, pp. 19-30.

SMITH, Ch. (1997) Casting the net. Surveying an internet population. *Journal of Computer mediated communication* 3 (1) (http://www.ascucs.org/jcmc/vol3/issue1/smith.html).

SOFIA, Z. (1993) *Whose second self? Gender and (ir)rationality in computer culture.* Deakin University, Victoria.

STEINBERG, Sh. R. & KINCHELOE, J. L. (2000) *Cultura infantil y multinacionales.* Morata, Madrid.

TAPSCOTT, Don. (1998) *Creciendo en un entorno digital. La Generación Internet.* McGraw-Hill, Santafé de Bogotá-Colombia.

_____ (2009) *Grown up digital. How the Net Generation is changing your world.* McGrawHill, New York.

TAYLOR, H. & HOGENBIRK, P. (eds.) (2001) *Information and communication technologies in education. The School of the Future*. Kluwer Academic Publisher, Massachusetts-USA.

TERCEIRO, J. B. (1996) *Sociedad digital: del homo sapiens al homo digitalis*. Alianza, D. L. Madrid.

TURKLE, S. (1984) *The second self: Computers and the human spirit*. Simon & Schuster, New York.

_____ (1998) *La vida en la pantalla. La construcción de la identidad en la era de Internet*. Paidós, Barcelona.

TUROW, J. & NIL, L. (2000) *The Internet and the Family 2000: The View from Parents. The View from Kids. The Annenberg Public Policy Center*. The University of Pennsylvania, Philadelphia.

WANG, M.; POOLE, M.; HARRIS, B.; WANGEMANN, P. (2001) Promoting Online collaborative Learning Experiences for Teenagers. *Educational Media International*, vol. 38, 4: 203-215.

WILLIS, P. (1990) *Common Culture. Symbolic work at play in the everyday cultures of the young*. Open University Press, Milton Keynes-UK.

TERCEIRA PARTE

AS REDES SOCIAIS

Capítulo 8
Interatuantes e interatuados na web 2.0

*Sara Osuna Acedo**

A internet se tornou um meio virtual de comunicação no qual o tempo e o espaço se transformam e no qual aparece o que alguns autores, como Marc Augé (1992) ou Roberto Aparici (1996), denominam de o "não lugar". Para Silva, o desenvolvimento do ciberespaço "é uma revolução muito mais profunda do que a invenção da imprensa escrita ou a explosão da mídia, com seus instrumentos mecânicos-eletrônicos de produção e transmissão de mensagens. A nova ordem econômica, social e cultural globalizada não seria possível sem a revolução das tecnologias digitais com sua 'linguagem hipermídia'" (Silva, 2005: 26).

A arquitetura hipertextual da internet permite que os indivíduos façam associações não lineares, navegando pela informação de formas muito diferentes. Sua estrutura facilita a possibilidade de abrir espaços de participação cidadã. As características definidoras mais importantes da internet são: a não linearidade; o imediatismo do "aqui e agora"; a tendência à heterogeneidade, à fragmentação e à exaltação das diferenças; a conformação de uma estrutura social em redes e comunidades virtuais; a atomização da informação; e a possibilidade de interatividade.

O desenvolvimento das tecnologias digitais está provocando mudanças em todos os setores da sociedade, transformando as expectativas sobre como os indivíduos devem agir num mundo cada dia mais caracterizado pelas conexões e redes de comunicação. A

---

* Sara Osuna Acedo é professora da UNED (Universidade Nacional Espanhola de Educação a Distância) e coeditora do Programa Modular em Tecnologias Digitais e Sociedade do Conhecimento (www.uned.es/ntedu).

cidadania deve aprender a mover-se nessa arquitetura ou ambiente rico em informação, ser capaz de analisar e tomar decisões, e dominar novos âmbitos do conhecimento numa sociedade cada vez mais caracterizada por múltiplas telas onde convergem meios e linguagens, e onde convivem antigas e novas tecnologias.

Novas mídias digitais convivem com velhas mídias analógicas

Atualmente, convivemos com as novas e velhas mídias. A grande vantagem das primeiras é que simplificaram as formas de produção, reduziram seus custos e facilitaram a difusão e distribuição de mensagens por não exigirem conhecimentos informáticos para poder participar da rede. Para Rheingold, "o intercâmbio de conhecimentos não é novo [...]. No entanto, o intercâmbio de conhecimentos entre pessoas de seis continentes em tempo real não só representa uma novidade, como também transforma radicalmente o processo comunicativo" (Rheingold, 2004: 142).

Como ocorre sempre, o novo é o que impacta, enquanto o antigo fica obsoleto, mesmo quando continua sendo utilizado por muito mais pessoas que o mais novo. O que realmente está acontecendo é um fenômeno importante, que Cobo e Pardo (2007) citam como um *andaime conceitual*, consistente na construção coletiva do conhecimento que se conforma e estende na internet e que convive em paralelo com os fundamentos teóricos de especialistas, que só utilizam o ciberespaço para divulgar suas teorias.

Na nova mídia existem muitas aplicações que aproveitam a colaboração das pessoas para seu desenvolvimento. Graças aos hipervínculos que conformam a arquitetura da web, muitos sites da internet têm como conteúdo as participações dos indivíduos e vão vinculando os distintos conceitos tratados. Podemos citar vários exemplos a respeito. O *Yahoo* foi o primeiro site nascido de

Interatuantes e interatuados na web 2.0

um diretório de links que as pessoas iam vinculando até conformar um portal com o trabalho coletivo de todos seus usuários. O *Google* inovou seu sistema de busca para oferecer resultados mais ajustados às demandas dos indivíduos. Outros sites de compra eletrônica, como eBay, estão compostos somente pelos conteúdos de usuários que querem manter uma relação de compra e venda a partir de seu ambiente; com isso, adquiriu um grande auge apenas articulando um espaço de informação atraente e um nível de utilização muito alto. Contudo, o expoente máximo do que estamos falando e a Wikip*é*dia, que parte da ideia de conformar-se em torno dos conteúdos que os indivíduos introduzem e que podem ser modificados por eles mesmos e por qualquer outro usuário da web. O segredo e fundamento das novas mídias é que todos os sites nomeados funcionam à base de *tags* (etiquetas), que permitem associações múltiplas de navegação, tal como funciona o cérebro humano, e não como *tags* rígidas ou itinerários prefixados. O que fica evidente é que as webs mais utilizadas na internet não elaboram seus conteúdos, mas é a inteligência da cidadania que constrói o conhecimento que apresentam.

A característica fundamental da nova mídia facilitadora da cultura da participação é a interatividade, que é um dos elementos comunicativos por excelência do ciberespaço, junto com a interface e a navegação. Os indivíduos não se limitam à ação de teclar nos links e navegar pelos itinerários predeterminados pelos desenvolvedores da web. É importante não confundir este conceito. Como diz Casacuberta, a interatividade não é "digitar um endereço, colocar-se diante de uma web [...]. Uma vez ali, a pessoa clica em uma seção, começa a 'navegar', Eureka! Interatividade!" (Casacuberta, 2003: 45). Ou, como diz Manovich, "quando utilizamos o conceito de 'mídia interativa' exclusivamente no que se refere à mídia que se baseia no computador, corremos o perigo de interpretar a 'interação' de maneira literal, tornando-a equivalente à interação física que se dá entre um usuário e um objeto mediático (apertando um botão, escolhendo um link ou movimentando o corpo), à custa da interação psicológica. Todavia, os processos psicológicos de completar o que falta, de formulação de hipóteses, de memória e de identificação, que precisamos para compreender qualquer tipo de texto ou de imagem, são erroneamente identificados com uma estrutura de links interativos, de existência objetiva" (Manovich, 2005: 105). Ampliando o conceito, o grau de interatividade de um meio ou de um dispositivo de comunicação pode ser medido através de eixos muito diferentes, entre os quais se destacam:

- As possibilidades de apropriação e de personalização da mensagem recebida, qualquer que seja a natureza desta mensagem.
- A reciprocidade da comunicação (até de um dispositivo comunicacional "um-um" ou "todos-todos").
- A virtualidade, que ressalta aqui o cálculo da mensagem em tempo real, em função de um modelo e de dados de entrada.
- A implicação da imagem dos participantes das mensagens.
- A telepresença... (Lévy, 2007: 68).

As mídias sempre desempenharam um papel muito importante nos processos de construção cultural da sociedade. Nesse sentido, a diferença entre as antigas e as novas mídias é que estas últimas conferem um papel muito importante à cidadania

> como sujeito ativo na decodificação e interpretação das mensagens mediáticas, que são 'lidas' com base em padrões e competências culturais próprias. Os estudos culturais evidenciaram que não existe uma relação automatizada entre os efeitos previstos pelos autores das mídias (é a audiência antecipada) e os efeitos reais sobre o público, e sim que o público faz uma leitura e reinterpretação ativa dos produtos e mensagens culturais (a audiência ativa) (Área, 2005: 113).

Web 2.0, à procura de sua identidade

Em meados de 2004, começou-se a falar da web 2.0, a partir da *Web 2.0 Conference*, em San Francisco. O'Reilly Media, Inc. e MediaLive International se associaram para promover a conferência que tratou do tema da web como plataforma para a inovação. Sua finalidade era eminentemente empresarial. De fato, um dos artigos referenciais sobre a web 2.0 foi escrito por O'Reilly em setembro de 2005, *What is Web 2.0. Design Patterns and Business Models for the Next Generation of Software* [O que é a web 2.0. Padrões de design e modelos de negócios para a nova geração de software]. A seguir, generalizou-se o uso social da web 2.0 em âmbito não meramente empresarial. Para O'Reilly, os sete princípios construtivos das aplicações web 2.0 são:

- a web como plataforma;
- o aproveitamento da inteligência coletiva;
- a gestão da base de dados como competência básica;
- o fim do ciclo das atualizações de versões do software;
- os modelos de programação leve junto com a procura da simplicidade;
- o software não limitado a um só dispositivo;
- as experiências enriquecedoras dos usuários.[1]

Em geral, tem-se escrito muito sobre a web 2.0. Foram ressaltadas todas as suas benesses, espetaculosidades e possibilidades tecnológicas, mas têm sido poucas as vozes que realizaram um estudo crítico do ambiente digital que nos oferece o ciberespaço atualmente. Mencionamos autores como Carlos Alejandro Piscitelli (2005), Scolari et al. (2006) e Cristóbal Cobo e Hugo Pardo (2007), que analisaram não só os aspectos positivos, como também

---

[1] O'REILLY, Tim. *What is Web 2.0?. Design Patterns and Business Models for the Next Generation of Software. O'Reilly Network.* http: //www.oreillynet.com/ pub a oreilly tim news 2005 09 30 what-is-web-2.0. html.

os desafios não cumpridos e as desilusões de um espaço comunicativo que se encontra em via de desenvolvimento.

Na web 2.0, a informação flui em formato *post*, refletindo pensamentos efêmeros dirigidos a pessoas que não se detêm em concentrar sua atenção durante muito tempo. A grande realização do *YouTube* é a eclosão dos usuários como produtores de mensagens que participam e tornam visíveis seus próprios interesses. Outro exemplo encontramos nos videojogos em rede focados no usuário, com suas formas de relatos que escapam dos paradigmas convencionais. Diante de um videojogo, é preciso tomar decisões, é preciso organizar estratégias, desenvolver personagens e cenários e, tudo isso, através de um relato em que os indivíduos estão imersos e são os protagonistas virtuais que devem solucionar múltiplos conflitos. Por sua vez, estes indivíduos costumam formar comunidades na rede em torno de um videojogo, um personagem etc. As características da web 2.0 são o ponto-chave da cultura da participação.

A web 2.0 se apoia em conceitos enunciados por diferentes autores, que nos dão uma ideia do processo de coletivização e intercâmbio do novo contexto virtual:

- A inteligência coletiva (Pierre Lévy).
- As multidões inteligentes (Howard Rheingold) e a sabedoria das multidões (James Surowiecki).
- A intercriatividade (Tim Berners-Lee).
- A arquitetura da participação (Tim O'Reilly).

Pierre Lévy considera o ciberespaço como um "intelecto coletivo" em que a cidadania interage através da contribuição de seu conhecimento, suas conversações, sua capacidade de aprender e ensinar. Esta soma de inteligências compartilhadas cria uma espécie de cérebro comum. Por isso "a web do futuro expressará a inteligência coletiva de uma humanidade globalizada e interconectada através do ciberespaço" (Lévy, 2003). O trabalho colaborador, dentro do espaço virtual, é o que vai propiciar que os indivíduos

Interatuantes e interatuados na web 2.0

construam seu conhecimento: "No contexto virtual se enriquece esta ideia do diálogo e da cooperação, cujo resultado é um saber enriquecido pelas individualidades de cada participante" (Cobo & Pardo, 2007: 46).

Howard Rheingold propõe a expressão *multidões inteligentes* para definir a organização social das pessoas que participam do ciberespaço, onde, sem uma organização explícita, coexistem e atuam coletivamente. Sem uma organização formal, são realizados eventos digitais compartilhando a tecnologia, em que a inteligência coletiva da multidão digital emerge conformando redes sociais, comunidades virtuais etc. Por isso, é importante a criação de ferramentas tecnológicas que permitam uma construção colaborativa do conhecimento. O mais importante é que a interatividade dos indivíduos no espaço digital vai criar um saber coletivo sem que, em muitos casos, exista uma intencionalidade expressa de criar este saber coletivo. Para Rheingold,

> a internet é um exemplo de um bem público artificial com melhores resultados nos últimos tempos. Os microprocessadores e as redes de telecomunicações são só a parte física da fórmula que explica o sucesso da internet; em sua arquitetura básica se incluem também contratos sociais cooperativos. A internet não é só o resultado final, mas a infraestrutura que facilita novos modos de organizar a ação coletiva através das tecnologias da comunicação (Rheingold, 2004: 74).

Por isto, podemos afirmar que a web 2.0 tem dois elementos de igual importância: sua arquitetura tecnológica e sua arquitetura de participação na cidadania.

James Surowiecki também insiste na ideia de que a sabedoria coletiva supera, em repercussão, a dos especialistas. Para este autor, a formação dessa sabedoria coletiva requer necessariamente que confluam quatro condições:

1. Diversidade de opiniões entre os indivíduos que conformam o grupo.

2. Independência de critério.
3. Certo grau de descentralização que permita a existência de subgrupos dentro do coletivo.
4. Existência de algum mecanismo de inclusão dos juízos individuais numa decisão coletiva.

Tim Berners-Lee, fundador da Word Wide Web, fala de um conceito muito importante que se produz no ciberespaço, a *intercriatividade*. Com este termo se alude à capacidade dos indivíduos de expressar e criar suas ideias, conhecimentos etc., de uma forma original e inédita, através dos ambientes digitais e gerando conhecimento coletivo. Este autor afirma que a intercriatividade facilita os mecanismos para que os indivíduos interajam criando em comunidade. Outro autor que defende a criação coletiva é Casacuberta, quando afirma que "o centro da cultura está deixando de ser o autor, o artista, para passar a ser o espectador. As obras culturais da cultura digital já não são construídas de forma individual, solipsista, e sim de forma coletiva, organizada" (Casacuberta, 2003: 60).

Tim O'Reilly, por outro lado, enuncia sua teoria da "arquitetura de participação" na web atual. Os indivíduos incorporam conteúdos que, para este autor, são o verdadeiro valor do ciberespaço, de tal forma que, quanto mais participação virtual existir, mais valor adquirirá a rede de redes. Por exemplo, o valor da Wikipédia com relação ao resto das webs é o número de usuários que ela recebe diariamente. Isto é, a estrutura reticular da web atual se consolidará à medida que for utilizada por muitas pessoas; com isso, a arquitetura definida por este autor se constitui em torno de indivíduos e não das tecnologias que conformam o ciberespaço. Para O'Reilly (2005), uma das maiores qualidades da web 2.0 é, exatamente, a provisão de muitos instrumentos tecnológicos facilitadores da colaboração e relacionamentos sociais dos usuários da rede, eliminando as barreiras do espaço e do tempo analógicos. Esta nova arquitetura de participação promove uma nova gestão do conhecimento, mais democrática. O'Reilly defende também que a web 2.0 que está sendo criada não é uma mera tecnologia, mas uma atitude da cidadania diante de novos cenários digitais, com uma ética de colaboração implícita.

Na opinião de Rheingold, a web 2.0 que conhecemos está numa fase embrionária porque "ainda não estão plenamente formadas as metatecnologias que possibilitam as multidões inteligentes" (Rheingold, 2004: 240).

As ideias de O'Reilly (2005), Lévy (2004), Rheingold (2004) e Surowiecki (2004) sobre a web 2.0 e a evolução da internet a formas colaborativas de escritura é um dos fatores mais positivos da Sociedade do Conhecimento. No entanto, aqueles indivíduos que não têm uma formação adequada para seguir o ritmo de adaptação e aprendizagem ou que não têm acesso às tecnologias digitais da web 2.0 ficam fora desse espaço digital colaborador. Uma grande exclusão digital está sendo produzida. Ninguém duvida que as competências necessárias para viver na sociedade atual vão além de ler e escrever textos linguísticos. O analfabetismo digital é um dos fatores essenciais da exclusão social, segundo Silva (2005). Nesse sentido, é preciso delimitar o conceito de alfabetização digital. Na opinião de Buckingham,

> a maioria dos debates de alfabetização em relação à internet tendem a se concentrar fundamentalmente na informação. A preocupação-chave é localizar e usar informação e, em menor medida, avaliá-la e produzi-la [...]. Esta capacidade para obter acesso ou localizar informação é, com certeza, importante, mas as habilidades que as crianças necessitam em relação aos meios digitais vão muito além. Da mesma forma que com a letra impressa, também precisam estar em condições de avaliar e usar a informação de modo crítico, para que lhes seja possível transformá-la em conhecimento (Buckingham, 2008: 195).

Segundo Cobo e Pardo, a alfabetização digital

> não repercute numa maior igualdade social, nem numa distribuição mais justa dos lucros e dos bens, mas potencializa a desigualdade,

excluindo ainda mais os já excluídos da geração anterior. Em Digital Nation (2004), Wilhelm apresenta um panorama transparente sobre a alfabetização digital e suas regiões de exclusão nos EUA.[2] O autor propõe uma sociedade mais eficiente, mas inclusiva, já que o analfabetismo digital – como uma nova forma de discriminação – pode ser letal em grupos sociais já marginalizados a pertencer a um mercado analógico *off-line* menos competitivo. Nesse mercado, o baixo nível educativo repercute em incapacidade para procurar informação, escolhê-la, produzi-la ou interagir com todo tipo de interfaces digitais (Cobo & Pardo, 2007: 90).

Uma das grandes realizações da web 2.0 é a facilidade com que os indivíduos podem ter acesso a qualquer tipo de informação e intercambiá-la. Por outro lado, ela produz o fenômeno da desinformação por supersaturação informática, aspecto que se conforma como elemento fundamental de uma correta alfabetização digital.

A grande esperança de um ambiente democrático e participativo da web 2.0 é que as culturas locais possam reivindicar seu espaço e seu tempo num ambiente digital em que sempre foram barradas. Isso quase sempre fica na teoria, uma vez que as dificuldades tecnológicas e formativas das culturas minoritárias reduzem essas possibilidades comunicativas.

De públicos analógicos a interatuantes e interatuados digitais

Com os meios de comunicação analógicos, como a imprensa escrita, o rádio ou a televisão, a cidadania é uma audiência massificada que recebe a informação, enquanto, para a mídia digital,

---

[2] As desigualdades cidadãs que o fosso digital provoca não só se dão entre os países do Primeiro e do Terceiro Mundo, já que dentro de uma mesma nação nem todas as regiões têm iguais possibilidades de acesso às tecnologias digitais. Assim, Casacuberta afirma que o fosso digital "está muito presente na divisão clássica entre Norte e Sul, mas também podemos encontrá-la entre as cidades mais desenvolvidas do Primeiro Mundo, separando os pobres dos ricos, os idosos dos jovens e as mulheres dos homens" (Casacuberta, 2003: 33).

o conceito de "público" desaparece e emergem os indivíduos com uma implicação mais ativa diante da informação que recebem. Enquanto o público analógico é um grupo inespecífico de pessoas e o modelo comunicativo imperante é o "de um para muitos", os usuários digitais são indivíduos concretos que se relacionam com uma informação mais atomizada e específica. Nesses ambientes digitais, Castells (1998) classifica os indivíduos em "interatuantes" e "interatuados" para citar os diferentes papéis que as pessoas assumem na internet. Isto é, "aqueles capazes de selecionar seus circuitos de comunicação multidirecionais e aqueles que recebem um número limitado de opções pré-determinadas" (Castells, 1998: 404), respectivamente.

Outros autores têm definido as funções da cidadania nos cenários virtuais com nomenclaturas diferentes. Assim, Néstor García Canclini (2001) fala de "consumidores passivos" e "consumidores ativos". E Pisani e Piotet (2009) defendem o termo *webatores*, entendendo que são indivíduos com a capacidade de produzir, agir e modificar a web na qual intervêm. Afirmam que

> a web 1.0 foi utilizada como um suporte que permitia navegar de um documento a outro com uma fluidez impossível em outros meios de comunicação. Todavia, apenas tirávamos proveito da capacidade bidirecional da web: o fato de que pudéssemos lê-la e modificá-la ao mesmo tempo (o que os anglo-saxões chamam suas propriedades *read/write*), utilizá-la para consultar, mas também para publicar (Pisani & Piotet, 2009: 109).

Os cenários virtuais tornam possíveis novas relações sociais entre os indivíduos, criando uma cultura digital emergente. Como dizíamos no início do capítulo, no espaço digital as relações estão condicionadas pelos conceitos de lugar e de tempo, diferentes dos considerados nos ambientes analógicos, em que, além do mais, a cidadania tem a possibilidade de participar da conformação da cultura digital de sua época. E, como mencionávamos, também a participação implica necessariamente uma alfabetização digital que permita aos sujeitos responderem como pessoas críticas e responsáveis diante das exigências do ciberespaço. Isso significa responderem como participantes ativos nas redes de comunicação (interatuantes) ou como simples consumidores dos produtos que outros põem na internet (interatuados).

Cada meio analógico precisou de uma necessária adaptação de seu público, que se resolveu com a mera aproximação da audiência ao meio; isso aconteceu com toda mídia, exceto a imprensa escrita, que precisou também de um público alfabetizado linguisticamente. Esse é o caso também das novas mídias que exigem uma alfabetização digital, embora com uma exigência muito maior que no caso da imprensa escrita, pois os sujeitos devem estar implicados de forma ativa no próprio meio, conformar-se como intelecto coletivo junto aos demais indivíduos participantes e construir seu conhecimento colaborativamente, através de sua imersão no ambiente digital.

O verdadeiro desafio é adotar uma correta atitude interativa das pessoas nos cenários virtuais, com a finalidade de facilitar uma participação comprometida dos indivíduos, como agentes culturais ativos, na criação da cibercultura do século XXI. Dan Guillmor (2001) inventou o termo Jornalismo 3.0 para referir-se ao jornalismo cidadão em que os indivíduos adotam uma nova atitude participativa, através de seu envolvimento em blog, principalmente.[3] Para esse autor, o que realmente importa é que as pessoas se tornem atoras numa mídia pública, em que não só os comunicadores profissionais tenham o protagonismo. Qualquer pessoa pode emitir e receber informações a partir de qualquer lugar do planeta, pode formular perguntas e dar respostas que os meios tradicionais não possibilitam. Os indivíduos tomam a palavra no ambiente digital, transformando-o num espaço democrático e dialógico, em que a comunicação se apresenta mais como uma conversação do que como uma conferência. Enquanto nas mídias analógicas primeiro se filtra a informação e logo se publica, no jornalismo cidadão esta

---

[3] Nisto coincide com Piscitelli (2005), afirmando que os weblogs colocam a rede a serviço de todas as vozes.

ordem se inverte: primeiro se publica e logo se filtra a informação, ou seja, publica-se e, a seguir, dá-se relevância, corrige-se e dá-se protagonismo às informações que obtenham grande consenso etc.[4] Definitivamente, a censura é feita pela própria cidadania e não pelos responsáveis das grandes mídias.[5] É interessante que, neste processo de tomada da palavra pela cidadania, a mídia analógica tradicional exponha notícias relacionadas com o que o jornalismo cidadão publica na internet; coisa impensável há tão somente uma década. Podemos destacar o caso dos *war-bloggers*, quando se transformaram numa referência alternativa de informação na Guerra do Iraque ou na Segunda Guerra do Golfo (2003), já que as pessoas mais críticas a essa guerra seguiam os acontecimentos através de suas informações e não a partir da mídia tradicional.

Diante dessas novas perspectivas de participação oferecidas pela internet, Jakob Nielsen (2006) enunciou a "teoria do 90-9-1", segundo a qual 90% dos indivíduos participantes da web 2.0 são "abelhudos" ou simples espectadores, 9% contribuem com conteúdo em poucas ocasiões e somente 1% realiza a maior parte das contribuições de conteúdo. Essa regra contrasta notavelmente com o otimismo de Dan Guillmor e com a filosofia da web 2.0, como espaço orientado à interatividade entre as pessoas que trabalham em redes sociais e constroem em colaboração seu conhecimento em forma de um intelecto coletivo. Outros estudos mais otimistas sobre a participação desigual dos cidadãos na internet são os de Forrester.com (2008), mediante sua *escala sociotecnográfica*, cujos resultados estabelecem que, aproximadamente, 50% dos indivíduos têm uma participação ativa e a outra parte são meros observadores e receptores de informação. Nesse estudo, os sujeitos que navegam pela internet são catalogados como: *creators* 9% (criadores de conteúdos), *critics* 13% (participação com comentários), *collectors* 10% (são

---

[4] A informação com mais links e mais comentada, os hipervínculos mais visitados, as palavras-chave mais frequentes etc., são objeto de estudo diário e em tempo real.

[5] O jornalismo cidadão não fará desaparecer o jornalismo profissional, mas o fará reconsiderar muitas posturas autoritárias no processo comunicativo que leva a cabo.

assinantes de canais de informação on-line), *joiners* 13% (participam de redes sociais), *spectators* 22% (seguem algum blog), e *inactives* 33% (tão somente se limitam a observar).[6] Na escala sociotecnográfica de Forrester, as categorias se sobrepõem e a pertença a uma categoria não impede a pertença às demais. Assim, por exemplo, uma pessoa pode ser – ao mesmo tempo – *creator* em blogger e *inactive* no Facebook; enquanto, na regra do "90-9-1", cada categoria é excludente. Vale a pena ressaltar que o conceito de espectador na mídia digital e analógica difere notavelmente. Arlindo Machado, a partir dos estudos de Crary, indica a diferença entre um espectador cinematográfico, que sabe que não pode fazer nada para que a sequência exibida mude, e o espectador digital, que se encontra diante de um mundo "que se vê dinamicamente alterado por nossa participação. Um ambiente virtual pode ser explorado da forma como o interator quiser. Ele pode dirigir-se para a direita ou para a esquerda, avançar ou retroceder, ou então dar voltas em círculos. Se encontrar diante dele duas portas, pode decidir qual das duas abrirá primeiro, e até pode optar por não abrir nenhuma e voltar a algum lugar já conhecido" (Machado, 2009: 187).

Diante dos resultados obtidos nas pesquisas anteriores, cabe a reflexão de que estamos perante a web 2.0 como um meio com todas as possibilidades democráticas, mas deparamos com as limitações tecnológicas, educativas, econômicas, sociais etc., de acesso às tecnologias digitais sob um modelo comunicativo aberto e bidirecional. Na década de 1970, dois autores, Cloutier e Toffler, utilizaram os termos *emerec* e *prosumer*, respectivamente, o que deveria ser o novo posicionamento da cidadania nos meios digitais. Para Cloutier, os indivíduos devem comportar-se como *emissores e receptores* simultaneamente, no processo comunicativo com as tecnologias digitais (daí o termo *emerec*, do francês, *émetteur/receptor*, emissor/receptor). Com a mesma ideia, Toffler, em seu livro *A terceira onda*, defendia a posição de *produtor e consumidor* de conteúdos, ao mesmo tempo,

---

[6]   http://forrester.typepad.com/groundswell/2008/10/new-2008-social.html

na comunicação mediada pelas tecnologias. Os sujeitos não devem se limitar a ver, ver ou escutar o que há na internet, mas devem levar seus conteúdos para este cenário digital, além de ideias, produções multimídia etc. A web 2.0 não é um espaço "somente de leitura", mas de "leitura e escrita". Ressaltemos que, quando falamos de comunicação mediada pelas tecnologias, não estamos nos referindo à mera comunicação dos indivíduos com as máquinas, e sim à interação dos indivíduos com outros indivíduos que também utilizam as tecnologias para sua comunicação. A partir da web 2.0, a internet não é uma mera ferramenta tecnológica, mas uma multidão inteligente que se conecta através de sua arquitetura de participação.

Bibliografia

APARICI, Roberto (1996). *La Revolución de los Medios de Comunicación.* Madrid, Ediciones de la Torre.

APARICI, Roberto; GARCÍA MATILLA, Agustín; FERNÁNDEZ, Jenaro; OSUNA, Sara (2009). *La Imagen. Análisis y Representación de la Realidad.* Barcelona. Gedisa Editorial, S.A.

APARICI, Roberto & OSUNA, Sara (2010). Aprendizagem Colaborativa e Ensino Virtual: uma Experiência no dia a dia de uma universidade a distância. In: SILVA, Marco; PESCE, Lucila; ZUIN, Antônio (orgs.) (2010): Educação On-line. Rio de Janeiro, Wak Editora.

ÁREA, M. (2005). *La Educación en el Laberinto Tecnológico. De la Escritura a las Máquinas Digitales.* Barcelona, Octaedro S.L.

BERNERS-LEE, Tim (2008). *Tejiendo la Red. El inventor del World Wide Web nos descubre su origen.* Madrid: Siglo Veintiuno de España Editores.

BUCKINGHAN, D. (2008). *Más allá de la Tecnología. Aprendizaje Infantil en la Era de la Cibercultura.* Buenos Aires. Ediciones Manantial SRL.

CASACUBERTA, David (2003). *Creación Colectiva. En Internet el creador es el público.* Gedisa Editorial.

CASTELLS, M. (1998). *La era de la información: Economía, sociedad y cultura*. Vol.1 *La sociedad red*. Madrid, Alianza Editorial.

COBO ROMANÍ, Cristóbal & PARDO KUKLINSKI, Hugo (2007). *Planeta web 2.0. Inteligencia colectiva o medios fast food*. Grup de Recerca d'Interaccions Digitals, Universitat de Vic. Flacso México. Barcelona/México DF.

CORREA, Ramón Ignacio (2004). *Nuevas Tecnologías Aplicadas a la Educación y Medios Audiovisuales de Comunicación como Recursos Didácticos*. Huelva, Universidad de Huelva.

LÉVY, Pierre (2004). *Inteligencia Colectiva. Por una antropología del ciberespacio*. Washington, DC, Organización Panamericana de la Salud/Unidad de Promoción y Desarrollo de la Investigación y el Centro Latinoamericano y del Caribe de Información en Ciencias de la Salud.

LÉVY, Pierre (2007). *Cibercultura. La cultura de la sociedad digital*. Barcelona, Anthropos/Editorial del Hombre.

MACHADO, A. (2009). *El Sujeto en la Pantalla. La Aventura del Espectador, del Deseo a la Acción*. Barcelona, Gedisa Editorial, S.A.

MANOVICH, Lev (2005). *El Lenguaje de los Nuevos Medios de Comunicación*. Barcelona, Ediciones Paidós Ibérica S.A.

OSUNA ACEDO, Sara & BUSÓN BUESA, Carlos (2007). *Convergencia de Medios. La Integración Tecnológica en la Era Digital*. Barcelona, Icaria Editorial, S.A.

PISANI, F. & PIOTET, D. (2009). *La Alquimia de las Multitudes. Cómo la web está Cambiando el Mundo*. Barcelona, Paidós.

PISCITELLI, A. (2005). *Internet, la Imprenta del Siglo XXI*. Barcelona, Gedisa.

RHEINGOLD, Howard (2004). *Multitudes Inteligentes. La próxima revolución social Barcelona*. Gedisa Editorial.

SILVA, Marco (2005). *Educación Interactiva. Enseñanza y Aprendizaje Presencial y On-Line*. Barcelona. Gedisa Editorial.

SUROWIECKI, James (2004). *Cien Mejor que Uno: la Sabiduría de la Multitud o Por Qué la Mayoría es siempre más Inteligente que la Minoría*. Barcelona, Urano Tendencias.

Webgrafia

CABERO, J. (2006). Comunidades virtuales para el aprendizaje. Su utilización en la enseñanza. *EDUTEC, Revista Electrónica de Tecnología Educativa*, 20, http://edutec.rediris.es/Revelec2/revelec20/cabero20.htm

FORRESTER, (2009). New 2008 Social Technographies Data Reveals Rapid Growth in Adoption. http: //forrester.typepad.com/groundswell/2008/10/new-2008-social.html

NIELSEN, J. (2006). Participation inequality: Encouraging more users to contribute. http://www.useit.com/alertbox/participation_inequality.html

O'REILLY, Tim (2005). What Is Web 2.0? Design Patterns and Business Models for the Next Generation of Software. O'Reilly Network. http://www.oreillynet.com/pub/a/oreilly/tim/news/2005/09/30/what-is-web-20.html

PISCITELLI, Alejandro (2005). Tecnologías educativas. Una letanía sin ton ni son (127-133). In: LANGEBAEK, C. H. (ed.), *Revista de Estudios Sociales*, 22.http://res.uniandes.edu.co/pdf/data/rev22.pdf

RHEINGOLD, Howard (2001). Mobile communication, pervasive computing, wireless networks, collective action. In Smart Mobs. http://www.smartmobs.com/book/book_summ.html

_____ (2010). Videoblog. http://vlog.rheingold.com/

SAUTIEL, S. et al. Jóvenes y NTCI ¿Interactuantes o Interactuados? El Cyber: un Espacio Social a Explorar. www.perio.unlp.edu.ar/question/numeros_anteriores/numero_anterior13/nivel2/articulos/ensayos/sautelyotros_1_ensayos_13verano06.htm

SPIVACK, N. (2006). The Third-Generation Web is Coming. http://www.kurzweilai.net/meme/frame.html?main=/articles/art0689.html

Capítulo 9
A internet como expressão e extensão do espaço público[1]

*Raúl Trejo Delarbre**

Subindo poesia para a rede

Uma fantástica oportunidade
para a comunidade de poetas aficionados
subir poemas para a rede,
sentir que são celebridade.

Apenas pensa:
nossos pensamentos são lidos
por pessoas a quilômetros de distância,
as quais nunca veremos,
das quais nunca saberemos.

Velhos e experientes,
jovens e entusiasmados.
Gente de todo o mundo,
de muitos contextos, de vários aspectos,
compartilharão sua palavra.
Podemos ter retroalimentação imediata,
que não teríamos se estivéssemos sozinhos.

Quando escrevemos, não sabemos
como responder à pergunta:
"É um poema?", Sim ou não!

---

[1] Este artigo foi publicado pela primeira vez na revista *Matriz*, da Universidade de São Paulo. Agradecemos a Raúl Trejo a autorização para sua reprodução.

* Raúl Trejo Delarbre é pesquisador do Instituto de Investigaciones Sociales da UNAM, México.

Mas, quando os subimos, se são escolhidos,
com certeza muita gente capaz
irá lê-los e escolhê-los;
esse pensamento entusiasma o coração.

Não temos de escrever muitas vezes
para enviar esses poemas
às pessoas próximas e queridas
mas simplesmente dizer-lhes
que procurem na rede.

Podemos aprender a linguagem, o estilo,
o ritmo e os esquemas de ideias
de outros versos
para ativar nossos sentidos.

Uma fantástica oportunidade
para a comunidade de poetas aficionados
subir poemas para a rede,
sentir que são celebridade.

(Prasanthi Uppalapati)

A autora desses versos é Prasanthi Uppalapati, uma moça indiana que tinha 22 anos quando os divulgou em um *site* de poesia em março de 2002. Naquela época, era formada em Computação e, como passatempo, escrevia poemas em telegu (a língua de sua mãe, que é falada no sul da Índia), em híndi, que é o idioma nacional de seu país, e em inglês. "Meu propósito principal ao colocar meu trabalho aqui é formar um grupo e criar um sentido de *Vashudhaika Kutumbam* (família global)" dizia então (Author's Den, 2003).

Cinco anos depois, Prasanthi, que mora no distrito de Andhra Pradesh, na Índia, administrava uma lista de discussão *on-line* destinada a "promover o espírito de serviço dos cidadãos" ("To make a difference", 2008. O portal deste *site* confirma a globalização de preocupações e acessos que a rede torna possível quando, no seu começo, relata uma história que aconteceu com um amigo da jovem Prasanthi quando estava visitando uma praia mexicana).

O *site* onde Prasanthi colocou esse e vários outros poemas é visitado por milhares de leitores e autores, especialmente estadunidenses. São aficionados pela poesia, geralmente mais interessados na promoção que na perfeição que possam atingir seus textos. As contribuições que são encontradas ali abordam os temas mais variados. Em novembro de 2008, os poemas especificamente relacionados com a internet eram pelo menos 150.

A esta altura do desenvolvimento da rede, já não é surpreendente que uma jovem do sul da Índia divulgue seus versos por esse meio, nem que graças a esse mesmo recurso articule uma comunidade de muitas dezenas de pessoas, de diversos lugares do planeta, que compartilham com ela alguns interesses. Também não causa assombro o interesse de milhões de autores de todos os gêneros literários que encontraram na internet não só um espaço de publicação, como, além disso, de interação. É difícil saber até que ponto os critérios de qualidade literária foram modificados com a profusão de *sites* para a divulgação desses trabalhos. Mas, sem dúvida, a possibilidade de difundi-los e, somada a ela, de conversar a distância com pessoas com as quais, de outra maneira, muito provavelmente jamais teriam tido qualquer relacionamento, transformou os parâmetros espaciais, os horizontes pessoais, a concepção que têm de seu ambiente e do mundo, assim como a capacidade para socializar centenas de milhões de usuários da internet. Para muitos desses internautas, a rede é hoje parte de suas experiências cotidianas e nela dispõem de novas opções para estabelecer, expandir e/ou diversificar seus vínculos sociais.

A rede, amplo território de intercâmbio e socialização

Embora o acesso a ela seja limitado por exigências materiais e culturais evidentes (para navegar na rede é preciso dispor de computador, de conexão e de certo conhecimento técnico), pode-se considerar que a internet é uma coleção de espaços, por definição, *abertos* à averiguação e, em muitos casos, à participação de quem deles se aproxima. A contemplação dos conteúdos colocados ali por outros usuários continua sendo muito superior ao exercício de uma autêntica comunicação que, como afirmaram os fundadores do estudo desta disciplina, implicaria intercâmbio de mensagens de ida e de volta, de tal maneira que os receptores fossem também receptores de seus próprios conteúdos. Constatada essa insuficiência, hoje em dia é possível reconhecer pelo menos dois âmbitos na capacidade comunicacional e/ou informacional da internet. Por um lado, a rede está presente por si mesma na socialização de mensagens dos mais diversos assuntos: notícias e conhecimentos e, como todos sabemos, também futilidades e trivialidades. Por outro lado, a internet propaga e armazena os conteúdos divulgados por outros meios: a imprensa escrita e, cada vez mais, o rádio e a televisão utilizam a rede na busca de novos espaços para os materiais divulgados também de maneira convencional.

Regulada por leis do mercado, na internet têm mais peso os conteúdos e sites das corporações comunicacionais, ou das instituições com mais recursos para projetos e divulgação, do que os conteúdos disponibilizados por cidadãos sem respaldo corporativo ou institucional. Porém, é cada vez mais frequente ganharem destaque textos, argumentos, imagens ou cenas difundidas por pequenos grupos ou por indivíduos que, de outra maneira, permaneceriam isolados e, inclusive, em silêncio. Essa possibilidade ratifica a abertura da internet, à qual têm acesso para divulgar conteúdos não somente os especialistas com um conhecimento ou uma opinião específica, mas igualmente qualquer um dos usuários da rede.

Essa abertura da internet propiciou, e permitiu até agora, que se estenda uma espécie de *cidadania* do universo das redes. Além de inclusões nacionais, institucionais, ou até mesmo políticas ou gremiais, mas sem prescindir delas, os usuários da internet navegam, divagam, encontram e, à vezes, debatem, compartilham e socializam com tanta assiduidade e de maneira tão notória que as redes informáticas já são reconhecidas como parte do espaço público contemporâneo. Essa é a opinião de autores como os professores Jean Camp e Y. T. Chien, da Universidade de Harvard:

> O papel da internet como espaço público para cada cidadão (contra um espaço somente para profissionais, por exemplo) está sendo moldado por duas características aparentemente contraditórias: a internet é, ao mesmo tempo, onipresente e pessoal. O ciberespaço, diferentemente dos meios de caráter tradicional (radiodifusão, telefonias, indústria editorial, distribuição) e os tradicionais espaços públicos no mundo físico (o Centro de Boston, o Aeroporto Logan, a biblioteca metropolitana, a estação do trem etc.) permitem que a cidadania encontre novas formas para interagir econômica, política e socialmente (Camp e Chien: 2000).

Internet, espaço e esfera públicos no pensamento de Habermas

Sem ter alcançado a propagação que têm a televisão e o rádio entre as maiorias da nossa sociedade e possivelmente sem ter ainda a influência que a imprensa escrita mantém no intercâmbio e, ocasionalmente, na deliberação diante das elites, a internet pode ser reconhecida como meio de comunicação com características específicas.

Não há dúvida de que ela faz parte do espaço público. O que não está totalmente claro é até que ponto a rede das redes é integrante da *esfera pública*, de acordo com a conhecida distinção de Jürgen Habermas.

Ao trazer para a discussão o conceito de *espaço público virtual*, o antropólogo brasileiro Gustavo Lins Ribeiro recupera a seguinte reflexão do próprio Habermas:

> Em sociedades complexas, a esfera pública forma uma estrutura intermediária que faz a mediação entre o sistema político, de um lado, e os setores privados do mundo cotidiano e sistemas de ação especializados em termos de funções, de outro lado. Ela representa uma rede supercomplexa que se ramifica espacialmente em um sem-número de arenas internacionais, nacionais, regionais, comunais e subculturais, que se sobrepõem umas às outras; essa rede articula-se objetivamente de acordo com pontos de vista funcionais, temas, círculos políticos etc., assumindo a forma de esferas públicas mais ou menos especializadas, mas ainda acessíveis a um público de leigos (por exemplo, em esferas públicas literárias, eclesiásticas, artísticas, feministas ou, mesmo, esferas públicas "alternativas" da política de saúde, da ciência e de outras áreas); além disso, ela é diferenciada por níveis, de acordo com a densidade da comunicação, da complexidade organizacional e do alcance, formando três tipos de esferas públicas: esfera pública *episódica* (bares, cafés, encontros na rua), esfera pública de *presença organizada* (encontros de pais, público que frequenta o teatro, shows de rock, reuniões de partidos ou congressos de igrejas) e a esfera pública *abstrata*, produzida pelos meios (leitores, ouvintes e espectadores singulares e dispersos globalmente). Apesar dessas diferenciações, as esferas públicas parciais, construídas por meio da linguagem comum, são porosas, o que permite uma ligação entre elas (Habermas, 1997).

Não deixa de ser significativa a maneira como, nesse texto, Habermas enfrenta a definição de esfera pública, entendendo-a como mediadora entre a política e outros âmbitos e, por sua vez, empregando a comparação de uma rede para descrevê-la. Os incontáveis cenários e locais de encontro virtual além dos limites geográficos e políticos, a inter-relação de temas e enfoques, a convergência de opiniões especializadas, mesmo daqueles que não têm

A internet como expressão e extensão do espaço público

conhecimento de especialista, e inclusive a existência de espaços para debater, examinar assuntos específicos e saber das notícias, poderiam constituir uma resenha de algumas das funções e da própria organização da internet. Certamente, Habermas não pensava na rede das redes de informática quando, em meados da década passada, formulou essa explicação; mas ela cabe como se tivesse sido feita sob medida para a internet que temos agora.

Na leitura desse pensador alemão, é preciso fazer a distinção entre a *esfera pública* como o território de inter-relações de qualidade na qual se pode articular a deliberação capaz de criar opinião pública – ou seja, intercâmbio, discussão, argumentação – e o *espaço público* como um âmbito mais amplo e que não é necessariamente dominado pelo debate racional. Esta precisão, aplicada à internet, foi desenvolvida pela pesquisadora Zizi Papacharissi, da Universidade Temple, na Filadélfia:

> Deveria ficar claro que um novo espaço público não é sinônimo de uma nova esfera pública. Como espaço público, a internet proporciona outro foro para a reflexão política. Como esfera pública, a internet poderia facilitar a discussão que promova um intercâmbio democrático de ideias e opiniões. Um espaço virtual incrementa a discussão; uma esfera virtual incrementa a democracia (Papacharissi, 2002).

Podemos falar, assim, de um espaço público repleto de realidades cruas e que no mundo contemporâneo são fundamentalmente, embora não exclusivamente, ocupadas pelos meios de comunicação de massas. A televisão e o rádio, e em menor proporção a imprensa escrita, absorveram a atenção, a informação e o imaginário do público nas sociedades contemporâneas. Com frequência, diz-se, para sublinhar tanto a dependência com relação a esses meios como a natureza preponderante em seus conteúdos, que seus espectadores, mais do que cidadãos, são transformados em consumidores diante deles. A internet foi incorporada ao elenco midiático, mas com diferenças substanciais com relação àquelas vias de comunicação convencionais.

A relevância que a internet pode alcançar na solidificação de uma autêntica esfera pública fica clara ao lembrar o efeito civilizatório que o autor do conceito atribui a esse território de racionalidade e intercâmbio na construção da democracia. A saúde da esfera pública é definidora da estabilidade das sociedades e da solidez ou não de seus sistemas políticos. Diferentemente das sociedades antigas, reduzidas a pequenas comunidades ou onde somente uma parcela mínima dos cidadãos tinha oportunidade de opinar e influenciar nos assuntos públicos, hoje nossas sociedades de massa prescindem da existência de modos de representação, mas também de expressão, argumentação e divulgação que necessariamente incluem, de maneira preponderante, os meios de comunicação. Sem eles, as pessoas não tomam conhecimento dos assuntos públicos; isto é, não podem exercer uma autêntica cidadania. Porém, devido a eles, ao mesmo tempo, a cidadania contemporânea costuma ser limitada, porque os meios habitualmente são orientados por interesses tão parciais que, longe de constituírem territórios de socialização e deliberação, atuam como poderes antagônicos à democracia.

Daí alguns dos apontamentos que o próprio Habermas apresenta quando se refere às contradições entre uma esfera pública sólida e a situação contemporânea. Num discurso que fez em Tóquio, em 2004, o autor de *Teoria da ação comunicativa* explicava de que maneira criou esse conceito e alguns de seus alcances:

> Como consequência, minha atenção teórica foi focada na esfera pública política. No misterioso poder da intersubjetividade, sua habilidade para unir o díspar sem eliminar as diferenças entre um e outro, sempre estive interessado no fenômeno geral do *espaço público* que já surge com simples interações. As formas da integração social ficam explícitas nas estruturas dos espaços públicos. O tipo específico de integração em uma sociedade particular corresponde ao grau de sua complexidade? Ou os espaços públicos revelam os atributos patológicos, sejam eles da anomia ou da repressão? Nas sociedades

A internet como expressão e extensão do espaço público

modernas, um espaço social particular, denominado a esfera pública política de uma comunidade democrática, desempenha um papel especialmente importante na integração dos cidadãos. Para as sociedades complexas, pode ser habitual se manter coerentes apenas por meio da solidariedade cívica – a abstrata, legalmente mediada, forma de solidariedade entre os cidadãos. E entre os cidadãos que já não podem conhecer uns aos outros cara a cara, somente o processo da opinião pública e a formação do arbítrio pode funcionar para reproduzir uma frágil forma de identidade coletiva. Por esta razão, o estado crítico de uma democracia pode ser medido averiguando a vida de sua esfera pública política (Habermas, 2004).

Nesses breves esclarecimentos, Habermas não delimita apenas o alcance da esfera pública, mas também acrescenta o adjetivo *política* para sublinhar a natureza das preocupações que nela se desenvolvem. Além disso, oferece, indireta, mas claramente, uma ambiciosa definição sobre a democracia, que ele vê como a solução para a necessidade de representação formal de uma sociedade, porém, também, como regime político em que há informação e deliberação suficientes para que os cidadãos opinem e influenciem sobre os assuntos públicos. O âmbito da esfera pública permite, então, que a coesão de uma sociedade derive não apenas da solidariedade entre aqueles que se reconhecem como parte de uma comunidade, mas também da apropriação comum de informações, apreciações e valores que, em uma sociedade de massa, podem ser propagados somente pelos meios de comunicação.

A fortaleza ou não de uma sociedade dependerá, assim, da identidade coletiva que seus integrantes consigam articular. E ela deve passar pelos meios de comunicação. O problema, como bem sabemos, está na parcialidade com a qual os meios propagam a realidade e, especificamente, os temas públicos em relação aos quais têm inclinações, interesses e, certamente, avaliações fragmentárias. Dominados por afãs corporativos e/ou estatais, os meios de comunicação tradicionais costumam assimilar o espaço público, mas de maneira tão interessada que nem sempre contribuem para colocar em ação a zona da esfera pública. A internet reproduz em parte esses comportamentos, mas, além disso, matiza-os e talvez resista a eles.

Abertura e dispersão, paradoxos da rede

Os sites da internet que tratam de assuntos de interesse público são um recurso cada vez mais útil para fazer um diagnóstico da esfera pública. Entretanto, também, constituem um• segmento indissociável dela mesma. Além da proliferação de informações e da abertura de uma quantidade praticamente infinita de sites para discussão dos mais diversos temas, a internet pode ser reconhecida como zona privilegiada na demonstração e no reforço da esfera pública devido à sua arquitetura flexível e descentralizada.

Em contraste com os meios tradicionais que, na maioria de nossos países, estão submetidos a uma crescente concentração corporativa, a internet não tem um centro nem obedece a um só interesse mercantil, político nem ideológico. Diferentemente dos outros meios, que são definidos pela capacidade de que alguns dirijam mensagens a muitos, a rede pode ser interativa, embora esse seja um atributo que ainda não é intensamente utilizado. Enquanto a televisão, o rádio ou a imprensa são forçados a empregar linguagens audiovisuais, acústicas ou escritas que já conhecemos, a internet mostra uma notória versatilidade de formatos e recursos comunicacionais.

Ao mesmo tempo, a ausência de hierarquias chegou a ser traduzida na falta de mecanismos para autenticar, organizar e depurar com critérios de qualidade os crescentes e abundantes conteúdos que há na rede. Junto a suas capacidades democráticas, a internet está se transformando em um ativo receptáculo de conteúdos que podem atrapalhar não apenas as buscas, mas, com frequência, a aptidão de cotejo, seleção e discernimento do mais paciente e experiente navegante do ciberespaço. Mais informação não necessariamente

A internet como expressão e extensão do espaço público

conduz ao melhor entendimento e, menos ainda, a uma maior reflexão por parte dos cidadãos das redes, especialmente quando essa informação está contaminada por trivialidades e mentiras. Na contradição entre a abertura e a dispersão da rede, estão tanto as vantagens quanto os impedimentos da internet para fortalecer a esfera pública.

Se fosse necessário escolher entre as opções que com todas as suas contradições são oferecidas pela internet e as desvantagens que isso significa para a democracia e para a cidadania, seguramente não ficaríamos com a rede que temos agora. O reconhecimento de suas insuficiências e inclusive das perversões que ela pode significar para a democracia e para a cidadania é relevante tanto para entendê-la como para tentar propiciar por meio dela práticas de maior e melhor utilidade social. No entanto, contrastes como os antes apontados levaram o próprio Habermas a conferir uma significação peculiar à ideia de esfera pública a partir do desenvolvimento da rede.

Esse pensador alemão não costuma fazer referência ao desempenho específico dos meios de comunicação e, até onde sabemos, suas reflexões não foram parar de maneira explícita no exame da rede. Por isso, a alusão a esse assunto, realizada por Habermas durante um discurso em março de 2006, chamou a atenção:

> O uso da internet ampliou e fragmentou, ao mesmo tempo, os contextos da comunicação. Deve-se a isso o fato de que a internet possa ter um efeito subversivo na vida intelectual dentro de regimes autoritários. Mas, concomitantemente, a vinculação cada vez menos formal e a reticulação horizontal dos canais de comunicação enfraquecem as conquistas dos meios tradicionais. Isto enfoca a atenção de um público anônimo e disperso em assuntos e em informação específicos, permitindo que os cidadãos concentrem-se nos mesmos temas criticamente filtrados e nos fragmentos jornalísticos em qualquer momento. O preço que pagamos pelo crescimento do igualitarismo oferecido pela internet é o acesso descentralizado a histórias

não editadas. Neste meio, as contribuições dos intelectuais perdem sua capacidade para enfocar um discurso (Habermas, 2006).

Com tais advertências, esse fundamental pensador ressalta algumas das contradições que puderam ser reconhecidas na tensa complementaridade que existe entre a internet e os meios de comunicação convencionais. A dicotomia ampliação/fragmentação que a rede das redes exerce em relação ao consumo, e, inclusive, aos conteúdos de meios como a televisão e o rádio, é entendida no contexto de sua capacidade para ser um espaço de interações entre os usuários ou destinatários de tais mensagens. Essa "reticulação horizontal" que constitui a estrutura essencial da internet é apresentada por Habermas como antagônica em relação ao caráter fundamentalmente vertical – autoritário por definição, destacado em outras ocasiões – dos meios convencionais. Porém, no reconhecimento dessa característica, diferentemente de muitos autores que o ponderam como fonte de enriquecimento cultural, Habermas não chega a uma posição otimista. Ao contrário, ao lamentar a ausência de rigor com os conteúdos que circulam pela rede, identifica nela um preocupante motivo para o empobrecimento da qualidade do debate na esfera pública de nossos dias. Os intelectuais que lançam ideias na internet como se jogassem garrafas ao mar nem sempre encontram receptores e menos ainda interlocutores para essas contribuições. A flexibilidade e seu caráter aberto, que são, em muitos sentidos, alguns dos melhores atributos da internet, desse ponto de vista transformam-se em fatores de entorpecimento e empobrecimento da deliberação capaz de solidificar a esfera pública.

As prevenções que o filósofo alemão sugere nesse breve parágrafo devem ser levadas muito em conta, mas merecem algumas considerações. A abundância de conteúdos é, de fato, um risco de distorção e inclusive de dispersão no intercâmbio de conhecimentos e pontos de vista. Contudo, o problema fundamental não está nessa profusão de conteúdos que temos à disposição na internet, mas na nossa dificuldade para discernir quais contribuem, ou não, para a reflexão criativa dos assuntos públicos.

Condições e restrições que limitam a esfera pública

A exuberância de imagens, textos e sons de todo tipo é atordoante. O espaço público que a internet significa torna-se, dominado por tal excesso, em uma variedade de enorme mercado onde todos os comerciantes gritam e inclusive negociam com o possível comprador de acordo com seu interesse. O cibernauta, desse ponto de vista, não é considerado cidadão, mas simples consumidor. Porém, na rede há também espaços que induzem ao diálogo, promovem a interação e, inclusive, de maneira explícita, abordam, documentam e enriquecem a reflexão sobre temas da maior relevância para nossas sociedades. Ali há estrondoso espaço público, mas também, junto com ele, há lugar para um exercício interado e racional, que talvez seja capaz de articular a esfera pública.

A diferença em relação a outras formas da esfera pública está no já mencionado caráter aberto da internet. A rede tem capacidade para, precisamente, irradiar a discussão de assuntos públicos sem distinções de enfoques ideológicos, bandeiras políticas, fronteiras geográficas – uma vez resolvidas as limitações de conexão e alfabetização digital –, além de barreiras sociais e materiais. O debate, que nas áreas tradicionais da esfera pública fica restrito à imprensa escrita, ou a zonas do intercâmbio parlamentar ou acadêmico, pode ser acessível a todos os interessados. Além disso, essa organização reticular permite um exercício de comunicação horizontal, no qual as hierarquias nunca deixam de existir, mas são permeadas pela oportunidade que todos têm para opinar, refutar e oferecer novos elementos de discussão. Se a esfera pública é elemento indispensável para uma cabal democracia, a internet contribui para ela não apenas como espaço para a deliberação, mas também, além disso, com uma arquitetura que por si mesma – embora nem sempre seja utilizada com tal propósito – propicia o intercâmbio entre iguais.

Os espaços para que a rede cumpra com tais funções já estão aí ou podem ser criados sem dificuldades significativas. O problema reside em que, ao utilizar a internet, os cidadãos se reconheçam como tais ou, dito de outra forma, em que a aproveitem para compartilhar fatos, opiniões e ações comuns em assuntos relevantes para a vida pública. O professor chileno José Ignacio Porras considera, nesse sentido, que há uma relação de influência mútua entre a solidez de uma esfera pública capaz de propiciar usos racionais e politicamente frutíferos da rede e o desenvolvimento da própria internet como componente dessa esfera pública. A extensa citação que fazemos desse pesquisador justifica-se devido à precisão de sua análise:

> O último obstáculo que se interpõe ao pleno desenvolvimento do potencial da internet como ferramenta para a melhoria da democracia é, sem dúvida, o mais complexo e difícil de superar. Referimo-nos à pré-existência de um desenvolvimento maduro de uma esfera pública. Por tal desenvolvimento entende-se o espaço no qual os cidadãos debatem livremente os temas que afetam seu bem-estar comum, põem em questão a atuação das autoridades do governo e, como parte deste processo deliberativo recorrente, tomam forma os valores cívicos que guiam sua conduta. É possível distinguir algumas condições que diferenciariam o que podemos entender como um tipo ideal de esfera pública. A primeira destas condições seria a convicção entre os cidadãos de que existe uma relação direta entre sua participação na esfera pública e o desenvolvimento de seu bem-estar particular. Para isso, é preciso gerar entre os cidadãos uma expectativa racional de que por meio do exercício deliberativo poderão incidir nas decisões de seus governantes. Em segundo lugar, o desenvolvimento de uma esfera pública depende, também, de que exista entre todos os seus participantes um sentimento de pertencimento a uma comunidade. Tais sentimentos têm raízes nas experiências compartilhadas, passadas e presentes, pelas pessoas, de mútua necessidade e obrigação recíproca, que surgem no contexto

A internet como expressão e extensão do espaço público

de múltiplas atividades em comum e nas interações de caráter econômico, social, político e cultural. É este sentimento que dá disposição aos cidadãos para vincular seus interesses particulares ao bem público de sua comunidade. Por último, o desenvolvimento ideal de esfera pública requer a adoção, por parte dos cidadãos, de certas disposições que não se referem somente à aceitação formal e explícita das regras do jogo que estruturam o exercício deliberativo na esfera pública, mas do desenvolvimento de hábitos como a tolerância com os demais, a resistência ao abuso de poder ou a responsabilidade sobre as consequências de tomadas de decisão falíveis (Porras, 2005).

Não entramos nisso para discutir se a esfera pública pode ter distintas gradações, ou seja, se podemos falar de um estágio de imaturidade e, por outro, de momentos de maior responsabilidade e discernimento na discussão dos cidadãos, como sugere Porras. A outra opção seria que unicamente poderíamos falar dela em circunstâncias de pleno raciocínio na deliberação pública, o que, com toda a certeza, nos obrigaria a considerar que nas sociedades contemporâneas, tão suscetíveis como são ao ofuscamento, à gritaria e aos falatórios – e não nos referimos apenas ao grosso dos cidadãos, mas inclusive à classe política, aos operadores de mídia e aos intelectuais –, a esfera pública é um plano inexistente. Porras faz alusão a um "tipo ideal" de esfera pública que seria útil para a análise do que não são os espaços de discussão e intercâmbio em nossas sociedades. Porém, a descrição que faz dela inclui características sem as quais não só é impossível falar de uma esfera pública prototípica como de qualquer deliberação digna desse nome: em que seus participantes tenham confiança na utilidade desse intercâmbio e se reconheçam como parte de uma comunidade, em que o que é dito ali influencie nas decisões do poder, em que se respeitem, se reconheçam e se tolerem. Essas, que são pautas de qualquer discussão frutífera, encontram-se notavelmente escassas tantos nos espaços tradicionais por onde teria que transitar a edificação da esfera pública – o Congresso, os meios, as universidades – como nas áreas em recente expansão como, especialmente, a rede das redes.

O ciberespaço é a atividade social daqueles que o frequentam

A internet propaga e reorganiza conteúdos dos meios convencionais e engendra os seus próprios. A capacidade de armazenamento e distribuição proporcionada pelo amálgama da digitalização com as telecomunicações transformou a internet no reservatório de conteúdos mais extenso, acessível e disperso que jamais havia existido. Mas sua importância não reside nos recursos tecnológicos que possibilitam o enlace e a manutenção dessa infinita teia de conexões e intercâmbios. Se nos provoca e deslumbra, é, fundamentalmente, devido aos amplos e versáteis usos sociais que a internet suscita. Nas palavras do especialista Joan Mayans,

> o ciberespaço não é uma rede de computadores, mas o resultado da atividade social dos usuários e usuárias dos computadores conectados entre si espalhados – desigualmente, isso sim – por todo o mundo. Portanto, o ciberespaço é sociedade e não pode ser outra coisa que não sociedade (Mayans, 2003).

A sociabilidade é inerente à internet. Esse traço, que Mayans explica com tanta clareza, constitui talvez o elemento principal que faz da rede uma das áreas indispensáveis no espaço público, mas, além disso, na construção da esfera pública contemporânea. Obviamente, todos os meios e espaços de comunicação são indispensáveis não unicamente por seus dispositivos tecnológicos, mas pelas consequências que essa capacidade de propagação de mensagens significa em relação à sociedade. Seria difícil, ou mesmo impossível, entender cabalmente o rádio sem seus ouvintes ou a imprensa sem os leitores que lhe dão sentido. Porém, no caso da rede ou do ciberespaço, para empregar os termos que o autor anteriormente citado resgata, estamos diante de uma coleção de áreas de expressão e intercâmbio que simplesmente não fariam sentido algum sem a interação de seus usuários.

Hipoteticamente, a televisão ou os jornais diários poderiam existir sem telespectadores ou leitores. Entretanto, a internet não é um meio – ou meio dos meios como consideram alguns – no qual as mensagens sejam geradas a partir de emissores tão concentrados que não exijam necessariamente receptores. Mais ainda, a noção convencional que nos esquemas midiáticos tradicionais distingue emissores e receptores na rede tende a ficar corrompida porque, como lembramos antes, cada receptor, ao menos hipoteticamente, está em condições de ser também emissor.

O ciberespaço é sociedade, diz esse autor catalão, e a fórmula não poderia ser mais contundente. No território ou nos territórios criados pelas redes informáticas são produzidas relações ao estilo das que existem no mundo *off-line* – no mundo não virtual, dizem alguns –, mas, além disso, surgem formas de relação entre as pessoas que criam novos estilos de sociabilidade.

Essa mescla de formas de relações tradicionais e novas se desdobra juntamente com os novos recursos tecnológicos. Os usos da rede se estendem com uma rapidez e, sobretudo, com uma versatilidade que costumam deixar para trás aqueles que se encarregam de analisá-los e de entendê-los. O perfil da internet como área necessária do espaço público é advertido em pelo menos três grandes temas: sua função como intermediária entre o poder político e os cidadãos, o desenvolvimento de áreas virtuais que reproduzem e criam novas formas de socialização e os recursos oferecidos para que as pessoas se apropriem dos mais variados conteúdos, para que suas próprias criações sejam difundidas.

Informação pública e interação entre cidadãos e instituições

Na internet contamos com mais informação do que nunca e como em nenhuma outra parte. Além das novas exigências em matéria de catalogação, discernimento e busca que essa proliferação incessante de mensagens, dados e interpretações requer, não resta dúvida de que graças à rede temos arquivos de dados que são propagados e atualizados com uma rapidez e um alcance até agora inéditos.

No seu abastecimento de informação para a rede há cada vez mais dependência da administração pública, dos Congressos e de outras instituições estatais. Para todas elas é necessário não apenas ter presença na internet, mas, sobretudo, dispor parte de seus arquivos aos interessados. O que nem sempre aceitam de boa vontade ou de maneira plena: as reticências ao divulgar documentos e informações oficiais transformaram-se em uma nova fonte de tensão entre o poder político e os cidadãos. Contudo, a nova demanda de informação pública tende a obrigar essas instituições a serem escrupulosas com os dados divulgados na rede. E, sobretudo, a vida interna de tais instituições fica, ao menos parcialmente, exposta àqueles que se interessam por ela.

A possibilidade de consultar atas judiciais, normas governamentais, estatísticas oficiais, registros dos debates parlamentares ou as publicações dos partidos políticos significa uma forma de abertura sobre cuja relevância talvez não tenhamos refletido o suficiente. Instituições que, por tradição e frequentemente por determinação, haviam permanecido distantes da sociedade, logo contam com endereços na rede para que as pessoas conheçam seu desempenho. Isso não torna mais legítimo nem mais plausível o trabalho que realizam, mas, em todo caso, o deixa menos opaco.

As rotinas, exigências e novas necessidades daqueles que, graças à rede, tornam-se usuários da informação que essas instituições fornecem e, eventualmente, em seus interlocutores, tendem a criar novas pautas no trabalho das instituições estatais. Segundo Lins Ribeiro,

> para entrar no ciberespaço, é necessário possuir um computador, linha telefônica e ter acesso a um servidor pago ou gratuito, o que transforma numa elite os habitantes do espaço público-virtual.

A internet como expressão e extensão do espaço público

Diante disso, talvez seja melhor definir o ciberespaço como uma *esfera pública-virtual* (e não como um espaço-público-virtual), destinada ao encontro de uma nova elite transnacional, uma perspectiva que, de diversas formas, está embutida na minha concepção de comunidade transnacional imaginada-virtual. No ciberespaço vai sendo configurada uma elite com outra experiência de tempo e de espaço, vinculada à administração de uma maioria ainda quase totalmente presa aos parâmetros existentes no mundo real (Lins Ribeiro, 2005).

Os organismos de transparência da informação pública que estão surgindo cada vez em mais países – como, no México, o Instituto Federal de Acesso à Informação – têm na internet um dos principais ou o mais importante dos mecanismos para que os cidadãos solicitem e obtenham dados e documentos da administração governamental.

As possibilidades de fazer consultas a qualquer momento e de qualquer lugar representa, pelo menos nesse campo, uma des-territorialização na relação entre cidadãos e entidades estatais. O mesmo ocorre no uso dos distintos serviços (trâmites, informação, orientação etc.) oferecidos pelo governo eletrônico. O fato de utilizar a rede para se vincular aos cidadãos não garante a democratização do governo nem de suas decisões, mas constitui uma nova forma de relação entre uns e outros.

Além das instituições estatais, também as de caráter social podem encontrar espaços de expressão e relação com seu ambiente na rede. Muitas delas costumam ter presença pública escassa e/ou uma vida interna excessivamente fechadas em si mesmas. É comum, por exemplo, que os sindicatos não informem sobre suas atividades, posições e inquietudes a não ser entre seus próprios filiados e, às vezes, nem sequer isso. As agremiações profissionais, instituições educativas e congregações religiosas, entre muitos outros organismos, podem ter na rede espaços para afiançar sua própria identidade entre seus membros, mas, além disso, para serem reconhecidas pelo resto da sociedade como integrantes ativas dela. À medida que as atas de assembleias sindicais, os documentos discutidos por grupos de médicos, advogados ou contadores, os planos de estudos das escolas, ou inclusive os sermões eclesiásticos são disponibilizados *on-line*, os cidadãos interessados neles, sejam membros ou não desses grupos, contam com vias para acessar estas até agora herméticas agremiações. A rede pode ser uma vitrine adequada para que as organizações e instituições não governamentais divulguem suas palavras e ações, mas também um indispensável recurso para que a sociedade as examine. Na construção de pontes entre instituições e cidadãos, a rede é um veículo para expor preocupações, solicitações e iniciativas da sociedade. Ali se encontra um campo vasto de interação e, também, de contraste e competência que pode assumir características expressamente políticas. Para o poder político e as organizações sociais, a internet constitui um inesgotável espaço no qual podem ser reconhecidas as opiniões dos cidadãos. Para estes, é importante preservar o caráter aberto da rede como território de manifestação sem restrições. O especialista espanhol David Casacuberta explica essa relevância do ponto de vista da crítica com tendência política de esquerda:

> Por mais virtual que seja, a internet é também um espaço, e é preciso garantir que seja o mais público possível. Em primeiro lugar, da perspectiva do acesso, que deve ser realmente universal. Mas também é necessário garantir um desenvolvimento livre e sem restrições das iniciativas cidadãs. Da mesma forma que uma prefeitura realmente progressista não acredita que a rua seja sua, e que fomenta as atividades culturais, artísticas e políticas sem nunca tentar dirigi-las, o mesmo deve acontecer na rede. Diante das políticas dirigistas de "autorreferências a realizações" e tentar vampirizar iniciativas espontâneas de cidadãos, a terceira esquerda deve financiar e colaborar com quantas iniciativas surgirem e potencializá-las. Porém sua missão não é dirigir ideologicamente essas propostas, mas canalizá-las e assegurar-se simplesmente de que sejam desenvolvidas sob uma perspectiva de liberdade, diversidade e solidariedade (Casacuberta, 2004).

A internet como expressão e extensão do espaço público

A rede, dessa maneira, é a área de inter-relações com instituições tanto estatais quanto sociais e chega a constituir um novo espaço de disputa política. Nela, solucionam-se ou, ao menos, se amenizam os litígios mais variados, incluindo, com destaque, aqueles que tratam de temas de interesse público. Além disso, a própria rede é motivo de cobiça e afãs patrimonialistas por parte tanto do poder político quanto de organizações que se autodenominam representantes do interesse da sociedade. A disputa pelo controle da internet vai desde os esforços para monitorar e censurar conteúdos de naturezas diversas até as divergências em torno das políticas para ampliar ou não o acesso e a promoção de conteúdos de interesse público.

Novas fronteiras entre o público e o privado

A interação na rede imita as formas de relação sociais e pessoais que já existem *off-line* e, além disso, promove o surgimento de outras novas. Aos meios de comunicação tradicionais são oferecidos recursos para conhecer a opinião de pelo menos alguns segmentos de suas audiências (os mais ativos quando, obviamente, contam com acesso à internet) por meio de seus *websites* ou do correio eletrônico. Essas formas de retroalimentação contrastam, embora de forma modesta, com a proverbial unilateralidade dos meios convencionais. As audiências deixam de ser entidades nebulosas e inatingíveis para se transformarem, ao menos parcialmente, em leitores, telespectadores ou rádio-ouvintes com nomes, inquietudes e sobrenomes muito concretos.

Por outro lado, espaços como as salas de *chat*, ou o intercâmbio por meio de dispositivos de encontro sincrônicos como o *Messenger*, propiciaram o desenvolvimento de formas de intercâmbio, códigos e normas de relação e inclusive linguagens distintas das existentes até agora. Tanto em grupos amplos como no trato pessoal, tais áreas da rede oferecem possibilidades de encontro em que a irrelevância que adquirem as distâncias geográficas e, em alguns casos, a dissipação das identidades individuais são motivo para que sejam desenvolvidas relações que não existiriam senão por esses recursos e espaços.

A socialização nesses espaços não necessariamente substitui a que existe fora dele. Os internautas que cultivam redes de relação com outros usuários da rede, longe de se isolarem das comunidades sociais às quais pertenciam, costumam reforçar suas presenças nelas e fazer intercâmbios mais intensos. "A internet respalda as redes sociais", concluiu em 2006 um estudo do *Pew Internet and American Life Proyect* conduzido por especialistas como Jeffrey Boase e Barry Wellman (2006). De fato, grande parte do uso dos espaços de *chat*, assim como das páginas pessoais em *sites* como *MySpace* e *Facebook* – que adquiriram grande popularidade entre os jovens nos Estados Unidos e em outros países – se dedicam ao reforço, no ciberespaço, das relações de amizade que seus usuários já têm *off--line*. No final de 2006, o *MySpace* reunia mais de 110 milhões de perfis, a maior parte de jovens que utilizam esse recurso para compartilhar inquietudes com seus amigos, e estimava-se que a cada dia esse serviço recebia mais 230 mil membros (Andrews, 2006).

Ali se reafirmam relações pessoais previamente existentes e se estabelecem outras novas, com pessoas que esses cibernautas ainda não conheceram e talvez nunca conhecerão pessoalmente. As modalidades que os intercâmbios afetivos adquirem nos espaços informáticos constituem novos desafios para o estudo das relações sociais e pessoais.

Em outro plano, o uso da rede também torna possível a socialização "face a face" entre aqueles que recorrem a *sites* públicos para, em primeiro lugar, se conectarem à internet. Os cibercafés são espaços ao mesmo tempo públicos e privados. A partir daí, são criadas e reproduzidas relações sociais no ciberespaço, mas, além disso, aqueles que o frequentam podem se relacionar entre si. "Cada um a seu modo, compartilhando um espaço comum", diz a estudiosa

A internet como expressão e extensão do espaço público

espanhola Mercé Ribas sobre essa duplicidade de territórios e formas de relação:

> Nos cibercafés nos encontramos em um espaço público onde ocorrem interações sociais que são majoritariamente *on-line*, gente que envia mensagens ou que conversa nas salas de *chat*. Estas pessoas estão socializando, estão criando interações e o fazem a partir de um lugar público, mas a partir de um anonimato e uma privacidade e sem interação *off-line* com os demais usuários... A rotina do público e do privado se rompe no momento em que os usuários que não se conhecem começam a falar entre eles.

O surgimento de novas fronteiras entre o público e o privado, ao mesmo tempo em que o desvanecimento das que já existem, constitui outro dos grandes temas no reconhecimento da rede como coleção de áreas fundamentais no exercício do espaço público contemporâneo. Por um lado, a vulnerabilidade dos sistemas de junção e codificação de dados pessoais permite que a informação privada chegue a ser do conhecimento público, às vezes, por abuso de alguns e, em ocasiões, simplesmente por descuido dos usuários da rede. O consentimento para que fiquem depositados esses pequenos arquivos informáticos denominados *cookies*, onde são registradas nossas andanças pelo ciberespaço, nos navegadores com os quais acessamos a *World Wide Web*, permite que esses acessos sejam sondados sem que tenhamos consciência disso.

A facilidade com que nosso correio eletrônico se torna conhecido por quem envia mensagens de *spam* é outra face da vulnerabilidade que o usuário experimenta quando está em contato com a rede.

Por outro lado, a tensão está entre o caráter comercial e o aberto da internet, onde há *sites* aos quais é preciso pagar para ter livre acesso; contudo, a grande maioria continua e continuará sendo de gratuitos. Em alguns *sites*, os usuários podem decidir se qualquer um pode ter acesso ao conteúdo que disponibilizam ou somente aqueles com os quais compartilhem a senha necessária para abrir um arquivo. E, sobretudo, a possibilidade de intercâmbio franco e espontâneo permitiu que na rede estejam disponíveis à curiosidade de quem quiser conhecer conteúdos de natureza inicialmente privada.

Com diversos formatos e protocolos, popularizaram-se recursos informáticos que, mesmo com a existência deles, propagam características, momentos ou dados próprios da vida privada das pessoas. As *webcams* ou câmeras de vídeo conectadas à rede, que registram em tempo real o que ocorre em locais públicos – por exemplo, as câmeras montadas em várias esquinas da Times Square em Manhattan e cujas imagens podemos ver em nosso computador pessoal –, transmitem cenas registradas na rua ou em recintos não privados. As *webcams* montadas no computador daqueles que querem mostrar por meio delas suas atividades privadas são, por sua vez, instrumentos para expor ao público a intimidade pessoal.

A esses usos do registro em tempo sincrônico – nos quais vemos cenas em tempo real – acrescentou-se o, agora muito conhecido, uso do vídeo *on-line* para divulgar as cenas mais variadas. O sucesso significativo do *YouTube*, que permite colocar *on-line* vídeos caseiros e/ou de aficionados, aproveita o fascínio que sempre nos desperta a contemplação de assuntos alheios e o conhecimento das circunstâncias mais absurdas. Criado em fevereiro de 2005 por dois jovens com pouco capital, o *YouTube* foi vendido vinte e um meses depois ao grupo *Google* por 1,65 bilhão de dólares (Cloud, 2006).

Os usos que milhões de usuários e visitantes fizeram do *YouTube* e de outros *sites* similares são tão versáteis e inovadores que ainda deverão ser estudados. A exibição de cenas privadas, que por si só despertariam pouco interesse, mas que logo são assistidas por multidões de cibernautas, constitui uma das práticas que determinaram o surgimento, mesmo que com veloz desaparecimento, de extravagantes ou insólitos personagens. O caráter privado desses conteúdos (que na maioria dos casos são absolutamente triviais e não têm conotações alarmantes nem escandalosas) é abolido pela superexposição à qual são expostos na rede. Em outros casos, o *YouTube* e similares divulgam vídeos de intenção política: mensagens de grupos de ativistas das mais diversas causas, registro de incidentes em processos eleitorais, reprodução de *spots* de campanhas, paródias de personagens e temas dessa natureza.

Blogs, YouTube, Ipod facilitam a apropriação de conteúdos

Os *blogs* – esses arquivos abertos onde é possível colocar *on-line*, e de maneira muito simples, tanto texto quanto imagens e vídeos – diminuem, como nenhum outro recurso, a barreira entre o público e o privado. Assentados fundamentalmente na expressão escrita, os *blogs* exigem que seus autores e leitores pratiquem a leitura e, em muitos casos, constituem, muito possivelmente, a fonte de informação textual mais abundante da qual se aproximam seus usuários.

Ao término de 2008, havia mais de 133 milhões de *blogs* que mostravam conteúdos dos mais diversos temas (Technorati, 2008). Sobre esse recurso de comunicação e interação, em outro *site* (Trejo, 2007), comentamos que seu caráter de diários abertos propiciou que a maioria desses *blogs* seja dedicada a relatar vicissitudes e reflexões pessoais de quem os colocar *on-line*. É preciso certo desprendimento, mas sobretudo, um intenso afã expressivo para disponibilizar, nessa coleção infinita de janelas que é a internet, a narração de assuntos extremamente pessoais (amizades, inquietudes, contrariedades, anseios, sonhos etc.) que são divulgados por milhões de blogueiros, sobretudo jovens, que povoam a rede com seus diários íntimos. O espaço público do qual a internet faz parte enche-se de temas privados em virtude desse desnudamento emocional – e de repente também corporal – que praticam os autores de tais diários abertos. A blogosfera, diz o venezuelano Sebastián Delmont, "não é mais que a democratização do ego" (Rodríguez, sem data).

Outros recursos permitem a colocação de imagens *on-line*, sejam elas em movimento como acontece no YouTube ou fixas como no Flick.com, onde é possível manter álbuns de fotografias abertos à visitação de todos, ou reservados unicamente a nossos amigos e familiares. Ali se manifesta outro entrecruzamento tanto entre os assuntos privados e públicos como entre a abertura e o hermetismo na rede. Porém, também há, nesses *sites*, a possibilidade de que cada usuário, sem ser profissional da elaboração ou distribuição de mensagens, possa reunir e divulgar seus próprios conteúdos.

A utilização de telefones celulares para tirar fotografias e depois a oportunidade de colocá-las na rede fazem parte dos novíssimos recursos que permitem aos usuários comuns uma crescente apropriação dos conteúdos *on* e *off-line*. Quando são registradas em formato digital e graças às interfaces que possibilitam sincronizar o computador com dispositivos portáteis como o telefone celular, a câmera de fotos ou a agenda eletrônica, as imagens são colocadas em álbuns, blogs ou páginas web. Quem acessa essas imagens, e o mesmo ocorre com os textos que às vezes as acompanham, pode classificá-las de acordo com suas próprias preferências. A catalogação por *tags* (etiquetas), que os usuários colocam e que outros podem ratificar ou não, transformou-se em um recurso adicional para que as pessoas façam seus os conteúdos da e na rede.

Tais conteúdos podem ser localizados na internet, mas não necessariamente permanecem apenas ali. Graças aos dispositivos portáteis que armazenam e permitem mostrar ou reproduzir arquivos digitais, as pessoas podem levar consigo seus documentos, *e-mails*, fotografias, sons ou vídeos. O Ipod e outros equipamentos de armazenamento em formato digital com os quais, de acordo com a capacidade do pequeno disco rígido de cada dispositivo, é possível acumular milhares de músicas e, mais recentemente centenas de vídeos segundo a preferência de cada um, transformaram-se em instrumentos notavelmente úteis para a apropriação individual dos conteúdos audiovisuais. Graças a eles, os usuários estabelecem ritmos, tempos e modalidades em seu consumo cultural. Além da possibilidade de baixar a música e outros conteúdos que cada um grava e armazena em seu computador, o Ipod e dispositivos similares permitem o intercâmbio horizontal dos arquivos digitais. O usuário, se assim o desejar, pode compartilhar com outros suas gravações, ou arquivos em outros formatos, seja em espaços habilitados para isso na internet ou de maneira direta no Ipod, no PDA ou no telefone celular de seus amigos. Essa proliferação de recursos para adquirir e compartilhar conteúdos digitais abre novos desafios em áreas como o direito autoral, mas significa, antes de mais nada, novas formas de democratização do consumo cultural e, obviamente, recursos inéditos de apropriação desses conteúdos pelas pessoas.

Os usuários de tais dispositivos, articulados em torno da rede, podem ser, além de tudo, produtores de suas próprias mensagens de caráter multimídia. A criação de *podcasts*, que são arquivos digitais em áudio e/ou vídeo colocados na internet para que os interessados possam baixá-los em dispositivos portáteis como o IPod, está abrindo opções até agora desconhecidas tanto para a expressão de e entre as pessoas como para a socialização desses conteúdos.

Todos esses espaços, recursos e novos costumes na comunicação pessoal, mas também entre os indivíduos e as audiências de massa, estão remodelando o espaço público e, em menor, mas já constatável medida, começam a redefinir também a esfera pública. Nem um, nem outro, poderiam ser entendidos nem desenvolvidos, hoje em dia, sem a existência da internet. Porém, a amplitude e a abertura da rede das redes não bastam por si só para civilizar o uso do espaço público, nem para tornar mais racional a deliberação na esfera pública.

A rede é de quem a aproveita e até agora foi utilizada de maneiras muito imaginativas, mas não necessariamente para intensificar o intercâmbio racional que seria capaz de ampliar e solidificar a esfera pública. De qualquer modo, o entusiasmo de seus usuários mais criativos, a vontade e a oportunidade que têm para se expressar, o caráter acessível e livre que significa para a expressão de preocupações das mais variadas naturezas, permitem reconhecer a internet como componente essencial do espaço público.

No meio desse oceano de ditos, interesses, mensagens e espelhos, é possível encontrar expressões como as de Prasanthi Uppalapati, a moça hindu que, à procura de uma família global, escreve cândidos e iludidos versos à rede.

Bibliografia

ANDREWS, Michelle (2006). Decoding MySpace. *U.S.News* & *World Report*. September 18.

AUTHOR'S DEN (2003). Biografia de Uppalapati Lakshmi Prasanthi: Disponível em: http://www.authorsden.com/visit/author.asp?AuthorID=7336.

BOASE, Jeffrey et al. (2006). The Strength of Internet Ties. The internet and email aid users in maintaining their social networks and provide pathways to help when people face big decisions. *Pew Internet & American Life Proyect*, January 25. Disponível em: www.pewinternet.org.

CAMP, Jean, CHIEN, Y. T. (2000). The internet as public space: concepts, issues, and implications in public policy. John F. Kennedy School of Government, Harvard University. Disponível em: http://www.ljean.com/files/spaces.html

CASACUBERTA, David (2004). Internet y la tercera izquierda. *Ediciones Simbióticas*, 4 de novembro. Disponível em: http://www.edicionessimbioticas.info/spip.php?article122.

CLOUD, John (2006). The YouTube Gurus. *Time Magazine*, December 25.

HABERMAS, Jürgen (1997). O Papel da Sociedade Civil e da Esfera Pública Política. In: *Direito e Democracia. Entre facticidade e validade*. Rio de Janeiro, Tempo Brasileiro. Citado por LINS Ribeiro,

Gustavo (2005). *El espacio público virtual*. Ediciones Simbióticas, abril de 2005. Disponível em: http://www.unb.br/ics/dan/Serie-318empdf.pdf

_____. (2004). *Public space and political public sphere – the biographical roots of two motifs in my thought*. Commemorative Lecture, Kyoto Nov. 11, 2004. Disponível em: *Habermas Links*: http://www.helsinki.fi/~amkauppi/hablinks

_____. (2006). *Towards a United States of Europe*. Discurso ao receber o Prêmio Bruno Kreisky, na Universidade de Viena, em 9 de março de 2006. Parágrafo traduzido ao inglês em: http://www.signandsight.com, 27 de março.

INTERNET WORLD STATS (2008). http/www.internetworldstats.com/stats.htm

LINS RIBEIRO, Gustavo (2005). *El espacio público virtual. Ediciones Simbióticas*, abril de 2005. Disponível em: http://www.unb.br/ics/dan/Serie318empdf.pdf

MAYANS i PLANELLS, Joan (2003). El ciberespacio, un nuevo espacio público para el desarrollo de la identidad local. Conferência inaugural do III Encontro de Telecentros e Redes de Telecentros, Peñafiel, Valladolid, outubro. Disponível em: Observatorio para la CiberSociedad: http://www.cibersociedad.net/archivo/articulo.php?art=158.

PAPACHARISSI, Zizi (2002). The virtual sphere. The internet as a public sphere. *New Media & Society*. v. 4-1, Sage Publications, March 2002, p. 11.

PORRAS, José Ignacio (2005). Internet y las Nuevas Oportunidades para la Deliberación Pública en los Espacios Locales. *Nueva Sociedad* 195, janeiro-fevereiro, pp.108-109.

RIBAS TUR, M. (sem data). Interacciones off/on en un entorno off/on: el caso de los cibercafés. Disponível em: www.cibersociedad.net/public/documents/51_elh8.doc.

RODRÍGUEZ, María del Mar (sem data). "No es más que la democratización del ego". Disponível em: www.thebaranda.com.ar.

TECHNORATI (2008), State of the Blogosphere / 2008. Disponível em: http://www.technorati. com/blogging/state-of-the-blogosphere.

TO MAKE A DIFFERENCE (2008). Disponível em: http://groups.yahoo.com/group/tomakeadifference/.

TREJO DELARBRE, Raúl (2007). Blogs, la democratización del ego. *Nexos*, México, janeiro.

UPPALAPATI, P. *Web Posting the Poetry*. Tradução livre da versão original. Disponível em: http://www.authorsden/visit/viewPoetry.asp?id=10701&AuthorID=7336.

Capítulo 10
Movimentos sociais:
TICs e práticas políticas[1]

*Carlos Eduardo Valderrama H.**

Não pretendemos outra coisa senão aproveitar todas estas ferramentas comunicacionais que entraram sem pedir licença nos tambos, *kankuruas* (construção para as cerimônias), malocas e assembleias, para o fortalecimento de cada processo local, regional, nacional, e assim globalizar nosso pensamento e nossas apostas, ao lado de outros setores, porque neste maravilhoso país a luta da Colômbia marginalizada é pela "soberania de todos os colombianos".

SICO-ONIC[2]

Desde que Manuel Castells (1999) nos mostrou – *in extenso* – a estreita relação entre a transformação dos movimentos sociais, o uso das tecnologias da informação e comunicação (TICs) e as estruturas sociopolíticas de uma nova sociedade, é muito comum encontrar hoje relatos acadêmicos – e outros um pouco mais anedóticos – sobre a ação política no novo cenário informacional e comunicacional. A partir das diversas análises do já paradigmático uso político da rede pelo EZLN (Exército Zapatista de Libertação

---

[1] Agradecemos à *Revista Nómadas*, da Universidade Central da Colômbia, e ao professor Carlos Eduardo Valderrama a autorização para reproduzir este artigo.

* Carlos Eduardo Valderrama H. é docente e pesquisador do IESCO (Instituto de Estudos Sociais Contemporâneos da Universidade Central da Colômbia).

[2] SICO – Sistema Indígena de Comunicación de Colombia. ONIC – Organización Nacional Indígena de Colombia.

Nacional), passando pela maneira como se organizaram certos protestos antiglobalização (Seattle, Gênova etc.), pelas ações coletivas contra os atentados de 11 de março, em Madri, e a manipulação política que o governo espanhol quis fazer do triste acontecimento, pelo uso das mensagens de texto via celular nas passeatas contra a guerra do Iraque, até a forma como certas comunidades dos países do Terceiro Mundo se organizam politicamente, aproveitando nós tecnológicos (como os telecentros latino-americanos), abundam os estudos que apelam às mais variadas perspectivas teóricas e políticas.

No entanto, abordar os movimentos sociais com base na sociedade informacional (Castells, 1999) significa começar a desemaranhar a intrincada e complexa rede de interdependências que resultam do entrecruzamento de duas questões fundamentais: o papel mediador que as TICs (e os meios de comunicação de massa tradicionais) desempenham nos processos comunicativos – de diversa espessura e alcance –, e as profundas transformações das dinâmicas políticas da sociedade, as quais passam pela crise estrutural da legitimidade das formas do exercício político tradicional e da correspondente descentralização das práticas políticas dos espaços institucionais também tradicionais (Beck, 1993; Giddens, 1995; Martín-Barbero, 2000; Hopenhayn, 2001).

No entanto, como esse esforço excede os propósitos e o alcance deste exercício, aqui unicamente vamos apresentar algumas ideias em torno da relação entre estas duas questões que chamamos fundamentais. Faremos referência à constituição de redes e da esfera pública, e à dimensão política das tecnologias da informação e comunicação. Na primeira parte, então, mostraremos a relação existente entre o surgimento de novas práticas políticas e a configuração de uma esfera pública qualitativamente diferente da que há duas ou três décadas tínhamos conhecido. Na segunda parte, analisaremos alguns aspectos da dimensão política da tecnologia que merecem ser destacados em relação ao uso que dela fazem alguns movimentos sociais.

Movimentos sociais, redes e esfera pública

Antes de abordar este primeiro ponto, devo esclarecer que – para o propósito deste artigo – consideramos as práticas políticas como um tipo particular de práticas sociais.[3] Isto é, como um conjunto de ações de agentes coletivos (neste caso os movimentos sociais e os grupos que os constituem), que envolvem ações rotineiras, relacionam-se com objetos tecnológicos (certas dimensões materiais e digitais das tecnologias da informação e comunicação) e exercem uma prática discursiva que contempla diversas dimensões, as quais vão desde o conhecimento tecnológico até o posicionamento ideológico, passando pelas leituras do contexto sociopolítico no qual e com o qual definem suas atuações.

Feito este esclarecimento – evidentemente esquemático –, podemos começar afirmando que, com certeza, temos presenciado nas últimas quatro décadas uma paulatina transformação, tanto das práticas políticas dos movimentos sociais[4] como das práticas dis-

---

[3] De maneira geral, podemos dizer que as práticas sociais se configuram em campos de atividades humanas entrelaçadas, que são incorporadas e transformadas em rotina, e que se organizam ao redor de conhecimentos compartilhados ou práticas de entendimento compartilhado (Schatzki, 2001). Seguindo Reckwitz (2002), uma prática social é um tipo de comportamento rotineiro que compreende vários elementos interconectados entre si: formas de atividades corporais, formas de atividades mentais, os objetos e seu uso, um conhecimento de contexto na forma de entendimento compartilhado, conhecimentos técnicos, estados emocionais e conhecimento motivacional.

[4] Para efeitos de uma melhor compreensão de nosso ponto de vista, de maneira breve diremos que os movimentos sociais são uma rede de relações que conecta coletivos heterogêneos. Esta heterogeneidade está dada pela diversidade de formas de ação, pelos alcances, pelo número de agentes, pelas formas organizativas e, em certo nível, pelo tipo de interesses. Pensamos também que parte desta heterogeneidade se inscreve numa tensão entre a tradição e a mudança em termos das práticas sociais e o exercício da dimensão política, ou seja, entre o que foi descrito como velhos e novos movimentos sociais.

cursivas que a academia elaborou sobre eles. De fato, e em relação com esse segundo aspecto, um dos inúmeros debates é sobre se realmente existem "novos" movimentos sociais ou se se trata do mesmo "vinho velho em odres novos" (Mees, 1998). Aqui assumimos com precaução esta diferenciação, para continuar mantendo a perspectiva, porque para alguns especialistas esta distinção é de qualquer maneira inconveniente e o que mais se apresentam são condições novas para a ação social coletiva. Mess (1998: 317) afirma que a distinção entre velhos e novos movimentos carece de utilidade analítica, basicamente por três razões: (1) não existe comparabilidade, (2) não existem argumentos sólidos que demonstrem a mudança qualitativa e (3) todos os movimentos são velhos e novos ao mesmo tempo, na medida em que recolhem a experiência e se adaptam às novas condições. Outros autores dão importância a essa distinção porque sugerem que, graças à incorporação das TICs no seio dos movimentos sociais, a prática, a organização e o discurso têm mudado, em níveis profundos e não meramente no nível instrumental ou organizacional (Rodríguez, 2002: 6).

Seja como for, e para além de sua denominação, não podemos negar que diante de certo esgotamento da política tradicional e dos modos de organização interna clássica dos coletivos políticos, hoje estamos diante da presença de alguns movimentos sociais que apresentam em suas práticas políticas uma série de traços que representam uma quebra com relação a formas de saber fazer no passado.[5] Seguindo Castells (2001), podemos caracterizar estas novas práticas a partir de vários elementos:

a) são organizadas e mobilizadas em torno de valores culturais, ou seja, ampliam suas reivindicações para além de interesses de classe ou de interesses de caráter setorial e levam suas lutas a planos de interesse incrustados em modos de vida e construções de sentido ou visões de mundo.

---

[5] Entendida como aquela que se exerce nos contextos tradicionais (partidos políticos, parlamento etc.).

Diríamos que os movimentos sociais lutam hoje pela configuração de novas práticas sociais, nas quais cada vez mais a cultura se transforma em política (Escobar, 1999; Hopenhayn, 2001).

b) Substituem o vazio deixado pela crise das organizações políticas verticalmente integradas: os partidos tradicionais operam como maquinarias clientelistas em função dos tempos eleitorais, e outras organizações (sindicatos, associações formais de cidadãos etc.) se tornam ineficientes em termos da participação cidadã à medida que persistem em manter uma organização e um modelo de comunicação vertical, burocrático e rígido.

c) Assumem um caráter global – ou pelo menos pretendem fazê-lo –, especialmente através das tecnologias da comunicação e da informação.

Com base nessas três características, queremos ressaltar um aspecto que nos parece muito forte, porque, de alguma maneira, sintoniza com uma tendência da constituição emergente do tecido social. Dificilmente podemos negar que hoje uma boa parte deste tecido e a ação dos sujeitos em diferentes âmbitos se estruturam a partir de uma organização em rede (Castells, 1999; Held et al., 1999; Carnoy, 2000). Este tipo de organização é também uma dimensão fundamental de alguns dos movimentos sociais emergentes e da transformação de alguns grêmios que estavam agindo sob esquemas mais tradicionais. De fato, a rede é uma das maneiras como, tanto do ponto de vista organizativo como do ponto de vista comunicativo, funcionam a maioria destes movimentos (Castells, 1999 e 2001; Finquelievich, 2000; León, Tamayo e Burch, 2001 e 2005; Finquelievih e Kisilevsky, 2005).[6] A partir da configuração

---

[6] Segundo Castells (2001: 165): "Os processos de mudança social conflituosa na era da informação giram em torno dos esforços por transformar as categorias de nossa existência a fim de construir redes interativas como formas de organização e mobilização. Estas redes, que surgem das resistências de sociedades locais, se

de nós locais conectados e apoiados pelas TICs, os grêmios adquirem dimensões regionais, nacionais e globais.

Entretanto, é preciso esclarecer que, embora seja certo que as TICs constituem uma espécie de plataforma tecno-simbólica, que são um meio essencial de comunicação e organização em todos os âmbitos da prática social e que nesta medida os movimentos sociais e os agentes políticos o utilizam como uma ferramenta para agir, informar, recrutar, organizar, dominar e contradominar (Castells, 2001), também é certo que as TICs não desempenham um papel meramente instrumental e sua relação com os movimentos sociais entra no âmbito, entre outros fatores, da própria aposta e das mesmas práticas políticas dos movimentos sociais. Isto é, o mapa da relação entre as TICs e os movimentos sociais se configura entre o que as tecnologias permitem fazer, a maneira de apropriá-las e utilizá-las (incorporando-as e incluindo-as numa rotina) e o discurso ou prática discursiva, isto é, o significado propriamente político dos grêmios. Dessa maneira, as apostas organizativas (hierarquias, redes, lugar e função dos nós, fluxos e produção de informação etc.) e as apostas participativas (significados e lugares dados à alteridade, níveis de decisão e empoderamento etc.) são o resultado da tensão entre estes três elementos: TICs, apropriações e prática discursivas.

Então o uso e a apropriação das TICs e a configuração de redes pelos movimentos sociais têm contribuído, junto com outros fatores,[7] para o surgimento de uma esfera pública qualitativamente diferente. Diante do fato de que hoje já não existe uma esfera pública nem unificada, nem atada à mídia do Estado (Keane, 1997:

---

propõem a vencer o poder das redes globais para, assim, reconstruir o mundo a partir de baixo. A internet proporciona a base material que permite a mobilização destes movimentos na construção de uma nova sociedade". Acrescentaríamos hoje a telefonia móvel, levando em conta os desenvolvimentos tecnológicos que estão permitindo uma convergência mediática e a multiplicação de funções nestes pequenos aparelhos.

[7] Concentração midiática em grandes corporações, privatização da mídia e seu consequente domínio sobre aqueles meios de caráter nacional.

57ss), é preciso ressaltar que a nova condição da comunicação global, e especialmente a presença das TICs, tem gerado uma esfera pública mais global e autônoma, na qual se reconfigura a informação política e se exerce certa soberania na medida em que não obedece diretamente às regulamentações estatais. Neste mesmo sentido, pode-se constatar a existência de uma série de condições tecno-simbólicas para o surgimento de esferas públicas radicalmente mais desligadas do referente territorial e nacional, propiciando a circulação de informação política entre as partes mais distantes do planeta. No entanto, o mais importante a ressaltar é o surgimento de uma série de interstícios do público-comunicativo a partir dos quais não só é possível expressar as novas formas de fazer política, como também eles mesmos se constituem em práticas políticas desinstitucionalizadas e com alto potencial contra-hegemônico. Estes interstícios são espaços como os *weblogs*, as listas de discussão, os fóruns temáticos na internet etc., nos quais a liderança tende a espalhar-se entre os participantes na medida em que cada um, de acordo com sua participação (debatendo, enviando seus contatos, e-mails etc.), torna-se um pequeno líder que constrói seu próprio nó.[8] Como dizem Jara e Baumann (2001), "os cidadãos podem participar ativamente da difusão de suas opiniões, debates e questões de interesse e poderíamos dizer que se trata de opinião pública sem mediações, embora nem por isso seja menos socialmente elaborada".

Assim, o que aqui temos é a presença de uma esfera pública absolutamente inovadora, que convive conflituosamente com outras de caráter mais tradicional, geridas principalmente nos e pelos meios de comunicação de massa de caráter privado.

---

[8] A experiência mais recente para o caso colombiano foi o processo da organização da passeata de 4 de fevereiro do presente ano contra as Farc e o que está sendo realizado no momento da elaboração deste artigo, para organizar uma manifestação em 6 de março contra os crimes dos paramilitares, o deslocamento dos camponeses e em homenagem às vítimas do desaparecimento forçado, ambos processos usando intensivamente o portal da rede social Facebook e o e-mail.

Contudo, esta esfera pública adquire sentido à medida que encontra solução de continuidade com o exercício do poder. Neste sentido, vale a pena ressaltar que a maioria das práticas políticas destas redes se realiza num espaço sociopolítico que é uma mescla entre o virtual e o presencial, pois é através de relações – tanto virtuais como presenciais – que se geram, mantêm e projetam as ações políticas e sua incidência sobre os centros de tomada de decisões. É na continuidade entre o virtual e o presencial que as práticas políticas dos movimentos sociais dão corpo aos laços entre o local e o global. Consideramos que as relações sociais on-line não se encontram isoladas das interações off-line, nem das mediações culturais do mundo presencial; aliás, pensamos que ambas as relações são o resultado de uma mútua afetação, inscritas ambas no campo amplo da cultura e entre as quais podemos encontrar tanto continuidades como rupturas.[9]

Para finalizar esta parte, e em relação com o caso específico que nos ocupa, podemos dizer que as velhas práticas políticas e de configuração de esfera pública se montam sobre novos dispositivos sociotécnicos, esquivando muitas de suas características técnicas que poderiam potencializar práticas democráticas e participativas inovadoras. Na verdade, não basta contar com uma tecnologia que possua características potentes em termos de rapidez, interatividade, multimidialidade, hipertextualidade; que conte com espaços para a criatividade e a argumentação, como chats, listas e fóruns de discussão, entre outros; se não existir simultaneamente tanto uma vontade política de democratizar os processos de configuração de uma esfera pública como as condições socioculturais para que os públicos possam participar qualificadamente dela. Neste sentido,

---

[9] De fato, o conceito de cibercultura tem sido utilizado para a teorização sobre as novas formas de sociabilidade que surgem em torno aos usos da internet, "tanto para explicar o surgimento de padrões culturais on-line, como para fazer referência a grupos e movimentos sociais que tomam a internet como o centro de suas atividades e, inclusive, como fator essencial de sua própria existência como categoria" (Ardèvol, 2002).

Movimentos sociais: TICs e práticas políticas

é muito importante saber que a introdução e o uso das TICs na esfera pública não necessariamente significa mais democratização, que o acesso a mais informação, tanto global como local, não implica automaticamente mais poder político ou maior qualificação ou qualidade na participação pública. Simultaneamente, o que está em jogo são os processos de democratização da mídia e a democratização através dela. As lutas não aludem somente à conexão, ao acesso físico aos aparelhos, à formação em tecnologia e ao desenvolvimento de certas competências, e sim também ao controle, especialmente de conteúdos, e à abertura e perpetuação de certas práticas democráticas de participação.

De instrumento a tecnologia inerentemente política

Partimos da suposição de que as TICs não são meros instrumentos ou ferramentas de transmissão de informação que podem ser usados de maneira uniforme e indiferenciada pelos diversos usuários. Também não acreditamos que sejam contextos e plataformas tecnológicas neutras nas quais se desenvolvem dinâmicas comunicativas de ordem e intensidade diferentes. Ao contrário, como afirma Escobar (1999: 331), toda "tecnologia inaugura um mundo, uma multiplicidade de rituais e de práticas. As tecnologias são intervenções culturais que criam, por si mesmas, novas culturas e demarcações do campo social".

Observamos então, no nível político, que é o que agora nos interessa, e com base em Langdon Winner (1987), que podemos dizer que a relação entre os artefatos e a política encontra-se constituída a partir de duas dimensões. A primeira refere-se à forma em que a tecnologia – seu planejamento, produção, uso e apropriação – pode ser utilizada para incrementar "o poder, a autoridade e o privilégio de uns sobre os outros". Utilização que vai além de seus propósitos e usos aparentes para os quais foi projetada e produzida.

Muitas disposições físicas de tecnologias da comunicação, do transporte ou de outra índole contêm propósitos políticos implícitos ou explícitos, conscientes ou inconscientes.

A segunda se refere ao que o autor denomina as "tecnologias inerentemente políticas", as quais são "sistemas feitos pelo homem que parecem exigir ou ser fortemente compatíveis com os tipos particulares de relações políticas". Estes tipos de tecnologias estão ligadas a maneiras próprias e institucionalizadas de exercer o poder. Para o autor, trata-se de processos que têm a possibilidade de serem modificados ou apropriados de maneira diferente, segundo os contextos ou segundo os usos; implicam em si mesmos dimensões políticas, visto que adotar esses processos significa adotar uma forma de vida, uma forma de sociedade, uma forma de estabelecer um determinado tipo de relações sociais.

Para o caso das TICs, ambas as dimensões são relevantes e ambas estão implicadas diretamente com as práticas políticas dos movimentos sociais, com suas rotinas, com as interações entre as categorias, com suas práticas discursivas etc. A primeira dimensão, que tem sido amplamente documentada, alude à maneira como os movimentos sociais as usam politicamente. Algumas pesquisas (Khan e Séller, 2004; Tilly, 2005; Grillo, 2007) têm analisado como se conformam redes para protestar contra as intervenções militares (no Iraque, por exemplo), para mostrar como uma grande quantidade da mídia independente e de fontes de emissão não controladas ou manipuladas pelas grandes mídias foi capaz de autogerir informação (por exemplo, a Indymedia,), dar pontos de vista diferentes dos manipulados pelas comunicações oficiais, relatar as opiniões e ações antibélicas de todo o mundo e para mostrar como alguns líderes e pessoas interessadas usam a internet ou a telefonia móvel (desde as mobilizações antiglobalização até os protestos nas Filipinas, passando pelas mobilizações dos mapuches) como ferramentas eficazes para a coordenação operativa na organização de grandes ou médias mobilizações.

Com respeito à segunda dimensão, podemos afirmar que, como os movimentos sociais não são produtores de tecnologia,[10] a relação que se constrói passa principalmente pela experimentação e criatividade nos processos de transferência, uso e apropriação da tecnologia. Isto é, depende dos próprios movimentos definirem a maneira como as TICs se incorporam em suas rotinas e no próprio seio de suas práticas políticas.

Podem optar por acolher plenamente as plataformas tecno--simbólicas que as TICs propõem, as quais, a partir de sua própria configuração, encontram-se geralmente atravessadas pelos interesses do mercado e por hegemonias de diversos tipos, ou podem, em vez, reconfigurá-las através da apropriação, da adaptação cultural ou da transferência tecnológica crítica em função de seu próprio projeto político. Por essa razão, sem que as TICs sejam instrumentos neutros, encontramos usos e apropriações com projetos que vão desde a mais extrema direita (movimentos xenófobos, por exemplo), até a mais extrema esquerda, passando por toda a escala de tonalidades entre estes dois polos – se é que estes conceitos (direita e esquerda) ainda nos servem para compreender a atual complexidade política dos movimentos sociais.

Todavia, como insistimos no caráter inerentemente político das TICs e no fato de que as tecnologias "inauguram mundos novos" (para retomar a citação anterior de Escobar), estes usos e apropriações (instrumentalmente ou não) transformam as práticas dos movimentos sociais. Suas rotinas, formas organizativas, relação com os demais, com os próprios objetos e com seu ambiente, práticas discursivas... tudo isso é transformado.

Para mencionar só um exemplo, chamamos a atenção sobre o que possivelmente aconteceu – e deve estar acontecendo – com as mudanças do lugar da comunicação na ação coletiva de alguns

---

[10] Com maior razão ainda para os movimentos latino-americanos, pois a região não é líder na produção de tecnologias associadas à informação e à comunicação.

movimentos sociais. Através de uma pesquisa realizada com 87 organizações usuárias da rede telemática espanhola Nodo 50, os autores detectaram como algumas delas, graças ao uso das novas tecnologias, começaram, por um lado, a concentrar – de maneira decidida – seu trabalho político em torno do mundo da comunicação e informação, e, por outro, a transformar certos aspectos organizacionais, como é o caso do tipo e classe de tarefas cotidianas e o lugar que ocupa o espaço físico em sua organização operativa (López, Roig e Sádaba, 2003).

Para o caso da América Latina, León, Burch e Tamayo (2001 e 2005), em recentes pesquisas sobre o tema, fizeram um acompanhamento do equipamento e acesso às redes eletrônicas, à utilização e à apropriação tecnológica e informativa, ao funcionamento em rede e às políticas e estratégias de comunicação de certas organizações agrupadas na Comunidade Web de Movimentos Sociais. Algumas das constatações dos autores indicam que o uso das tecnologias tem dinamizado e fortalecido as práticas políticas em duas áreas: o trabalho em rede e as atividades de comunicação e informação. Nesse sentido, ressaltam as confluências entre categorias e redes sociais plurais e diversas que se beneficiam dos acumulados organizativos e propositivos de cada um deles e das "possibilidades de comunicar, acessar a informação, desenvolver e compartilhar conhecimentos, com severas implicações para a convivência social". Através da experiência de articulação e confluência de agrupamentos, os movimentos sociais têm processado a importância da apropriação desses recursos, de modo particular da internet, o que implica não só ser usuários, mas também aprofundar o entendimento de suas lógicas para poder tirar um proveito maior. Contudo, além disso percebe-se que vão desenvolvendo uma função na defesa dos interesses populares, diante da orientação do desenvolvimento e implementação das NTICs, o que implicaria não só incidir nas instâncias de decisão respectivas, como inclusive reconceituar o discurso dominante e participar na disputa de sentidos [sobre a tecnologia e as TICs] (León, Burch e Tamayo, 2001).

Do que foi dito, deriva uma espécie de hipótese: a comunicação começa a se tornar conscientemente política. Poderíamos estar assistindo a uma espécie de "reviravolta comunicativa" que vai do informacionismo à construção conjunta de sentidos. Essa construção semiótica do fenômeno político não só define agendas públicas, participação, empoderamentos etc., mas também redefine as próprias práticas: rotinas de ação, dinâmicas organizacionais, incorporação de hábitos, relação com o ambiente, relação com o *outro*, práticas discursivas. É isso o que pode estar sugerindo tanto a comprovação de que os movimentos políticos e certas organizações se consideram, a partir do uso da internet, meios de comunicação, como a situação inversa: categorias ou meios de comunicação virtuais que se tornam organizações sociais inscritas num movimento (López, Roig e Sádaba, 2003: 56). Do mesmo modo, pode estar indicando-nos que, por exemplo, a Comunidade Web de Movimentos Sociais esteja, em sua própria prática de trabalho em rede, resgatando o histórico vínculo entre comunicação e ação, que

> está se rompendo paulatinamente há um século e meio com a irrupção do telégrafo e as posteriores tecnologias da comunicação, que – trocando em miúdos – estabeleceram o mundo dos "mass media" e a consequente "sociedade do espetáculo" (León, Burch e Tamayo 2001).

A caminho da soberania

Os indígenas colombianos têm razão quando afirmam que as atuais TICs entraram, sem pedir licença, nas malocas, nos tambos e nas assembleias. Lutaram com outras TICs e venceram: o *chasqui* e o *maguaré* são apenas uma recordação, um folclore para não poucos ministérios da cultura dos países latino-americanos. Certamente, hoje em dia, as TICs são um campo de luta. A esfera pública que está emergindo acolhe uma infinidade de utopias, e seu controle se torna estratégico. A disputa pelo mercado, a luta pelo controle da propriedade intelectual e a livre circulação das ideias não acontece em vão.

Contudo, não resta dúvida de que, embora o acesso às tecnologias da informação e comunicação é fundamental para não poucos milhões de pessoas dos países do Terceiro Mundo, a questão de fundo é o significado das práticas políticas nos processos de uso e apropriação – e, se for o caso, produção – destas tecnologias. É claro, como temos dito, que somente o acesso às TICs, o seu uso instrumental, não significa automaticamente uma democratização. Esta última passa pelo respeito à diferença nos ambientes políticos tanto virtuais como presenciais, pelo fato de que o poder exercido *on-line* tenha solução de continuidade *off-line*, pela transformação de certas práticas políticas ainda ancoradas em hierarquias e exclusões de diversos tipos, pela possibilidade de globalizar os processos locais e regionais, e passa, enfim, pelo exercício da soberania de todos os marginalizados.

Bibliografia

ARDÈVOL, E., 2002, *Cibercultura/Cibercultures: La cultura d'Internet o l'anàlise cultural dels usos socials d'Internet*, in: Actas del "IX Congreso de antropología de la federación de asociaciones de antropología del Estado español", Barcelona, tomado en noviembre de 2006 de<http://cv.uoc.edu/~grc0_000199_web/pagina_personal/ardevol.pdf>.

BECK, U., 1993, *La invención de lo político*, Buenos Aires, Fondo de Cultura Económica.

CASTELLS, M., 1999, *La era de la información. Economía, sociedad y cultura, Vol. I, La sociedad red*, México, Siglo XXI.

CASTELLS, M., 2001, *La galaxia internet*, Barcelona, Plaza y Janés.

CARNOY, M., 2000, *Sustaining the New Economy*, Nueva York, Russell Sage Foundation.

ESCOBAR, A., 1999, *El final del salvaje. Naturaleza, cultura y política en la antropología contemporánea*, Bogotá, Icanh/Cerec.

FINQUELIEVICH, S. (coord.), 2000, *Ciudadanos a la red: los vínculos sociales en el ciberespacio*, Buenos Aires, Ciccus/La Crujía.

_____ & G. Kisilevsky, 2005, "La sociedad civil en la era digital: organizaciones comunitarias y redes sociales sustentadas por TIC en Argentina", documento de trabajo N. 41, Buenos Aires, Instituto Gino Germani/Universidad de Buenos Aires. Disponível em: <http://www.iigg.fsoc.uba.ar/Publicaciones/DT/DT41.pdf>. Acesso em 1/2008.

GRILLO, O., 2007, "Políticas de identidad en Internet. Mapuexpress: imaginario activista y procesos de hibridación", in: Razón y Palabra, N. 54. Disponível em: <http://www.razonypalabra.org.mx/anteriores/n54/index.html>. Acesso em 1/2008.

GUIDDENS, A., 1995., *Modernidad e identidad del yo*, Barcelona, Península.

HELD, D.; A. McGrew; D. Goldblatt y J. Perraton, 1999, *Global Transformations*, Cambridge, Polity Press.

HOPENHAYN, M., 2001, "¿Integrarse o subordinarse? Nuevas cruces entre política y cultura", en: D. Mato (comp.), *Estudios latinoamericanos sobre cultura y transformaciones sociales en tiempos de globalización*, Buenos Aires, Consejo Latinoamericano de Ciencias Sociales, Clacso. Disponível em: <http://www.globalcult.org.ve/pub/Clacso1/hopenhayn.pdf>.

JARA, P. & BAUMANN, A., 2001, "E-goberment y redes electrónicas comunitarias. Entre la mercantilización y la politización de las relaciones sociales", in: S. Finquelievich, P. Baumann e A. Jara, *Nuevos paradigmas de participación ciudadana a través de las tecnologías de información y comunicación*, Buenos Aires, Instituto de Investigaciones Gino Germani, Facultad de Ciencias Sociales – Universidad de Buenos Aires. Disponível em: <http://www.iigg.fsoc.uba.ar/docs/dt/dt23.pdf>. Acesso em 4/2006.

KHAN, R. & KELLNER, D., 2004, "New media and internet activism: from de 'Battle of Seattle' to blogging", en: *New Media y Society*, N. 1, Vol. 6, disponível em: <http://nms.sagepub.com/cgi/reprint/6/1/87.pdf>.

KEANE, J., 1997, "Transformaciones estructurales de la esfera pública", in: *Revista Estudios Sociológicos del Colegio de México*, N. 43, Vol. XV.

LEÓN, O.; BURCH, S.; TAMAYO, E., 2001, *Movimientos sociales en la red*, Quito, Agencia Latinoamericana de Información. Disponível em: <http://alainet.org/publica/msred/>. Acesso em 9/2006.

_____ & TAMAYO, E., 2005, *Movimientos sociales y comunicación*, Quito, Agencia Latinoamericana de Información. Disponível em: <http://www.alainet.org/publica/movcom/mov_soc_com.pdf>. Acesso em 9/2006.

LÓPEZ, S.; ROIG, G.; SÁDABA, I., 2003, *Nuevas tecnologías y participación política en tiempos de globalización*, Bilbao, Instituto de Estudios sobre el Desarrollo y Cooperación Internacional, Facultad de Ciencias Económicas – Universidad del País Vasco. Disponível em: <http://pdf.biblioteca.hegoa.efaber.net/ebook/13176/Cuaderno_de_trabajo_35.pdf>. Acesso em 10/2006.

MARTÍN-BARBERO, J., 2000, "Transformaciones comunicativas y tecnológicas de lo público. Una pregunta desde la sociedad civil", in: *Memorias del V Encuentro iberoamericano del tercer sector*, Bogotá.

MEES, L., 1998, "¿Vino viejo en odres nuevos? Continuidades y discontinuidades en la historia de los movimientos sociales", in: P. Ibarra y B. Tejerina (eds.), *Los movimientos sociales: Transformaciones políticas y cambio cultural*, Madrid, Trotta.

RECKWITZ, A., 2002, "Toward a Theory of Social Practices. A Development in Culturalist Theorizing", in: *European Journal of Social Theory*, N. 2, Vol. 5.

RODRÍGUEZ, I., 2002, *El efecto de las TIC en la organización de la acción colectiva: la virtualización de los movimientos sociales*, Cataluña, Universitat Oberta de Catalunya (UOC). Disponível em: <http://

www.uoc.edu/web/esp/art/uoc/irodriguez0602/irodriguez0602. html>. Acesso em 3/2007.

SCHATZKI, T., 2001, "Practice Theory. Introduction", in: T. S. Schatzki, K. Knorr-Cetina y E. v. Savigny (eds.), *The practice turn in contemporary theory*, Londres y Nueva York, Routledge.

TILLY, C., 2005, "Los movimientos sociales entran en el siglo veintiuno", in: *Política y Sociedad*. Disponível em: <http://www.ucm.es/ BUCM/revistas/cps/11308001/articulos/POSO0505230011A. PDF>. Acesso em 11/2007.

WINNER, L., 1987, *La ballena y el reactor*, Barcelona, Gedisa.

Capítulo 11
A web 2.0: uma verdade incômoda

*David de Ugarte**

A estas alturas, todo mundo conhece o conceito de web 2.0 enunciado por Tim O'Reilly. O'Reilly recolheu sob a forma de um slogan o que os economistas haviam teorizado a partir das próprias tendências da web: o fim da velha divisão produtor/consumidor e a reconceitualização do trabalho que isso implicava.[1]

O conceito web 2.0 articula uma resposta à pergunta *quem faz os conteúdos?* E é certo que, nesse sentido, a web 2.0 representa uma alternativa ao projeto de web corporativizada e baseada em portais da época do boom das *pontocom*. No entanto, a web, como todo espaço social, não se articula sobre a produção de informação, e sim sobre a distribuição, aliás, sobre o poder para estabelecer filtros na seleção de informação. Sob toda arquitetura informacional se esconde uma estrutura de poder.

Na web das pontocom, o poder para escolher o que seria produzido e o que se selecionava era basicamente o mesmo, e as decisões eram tomadas pelos mesmos sujeitos. O autor corporativo, o macroportal, selecionava e produzia seus próprios conteúdos de uma forma muito semelhante à do velho sistema midiático de *broadcasting* descentralizado.

---

* David de Ugarte. Fundador e teórico do grupo ciberpunk espanhol (1989-2007), fundador de *Piensa en red SA* (1999-2002) e depois da Sociedade Cooperativa das Índias Eletrônicas (2002) e do Grupo Cooperativo das Índias, no qual trabalha como analista de redes. O capítulo que reproduzimos faz parte do livro *El poder de las redes. Manual Ilustrado para personas, colectivos y empresas abocados al ciberactivismo*. Edição eletrônica ISBN: 978-84-611-8873-4. A obra completa pode ser baixada no seguinte endereço <http://deugarte.com/gomi/el_poder_de _las_redes.pdf>.

[1] Ver URRUTIA, Juan. *El capitalismo que viene.*

A web 2.0 representa a separação entre produção e distribuição da informação. A produção se atomiza e passa aos usuários. No entanto, a questão central – o poder de filtração – continua aberta e, sob o rótulo 2.0, se ocultam distribuições de poder, modelos sociais antagônicos.

O aparecimento da blogsfera supôs a morte definitiva do sistema pontocom de portais e grandes provedores de conteúdo que replicava, em versão eletrônica, o ecossistema midiático descentralizado do século XX. A estrutura distribuída da blogsfera impossibilitava, na prática, o aparecimento de filtros externos. A determinação da agenda pública se abria, e as consequências para as formas tradicionais do poder eram evidentes.

No modelo social da blogsfera, o poder de filtro está no usuário. A estrutura distribuída da rede permite a cada usuário "subir o que quiser", dado que é o proprietário e garantidor de seu nó. Desse modo, garante que qualquer um possa também selecionar o que quiser.

Uma variação interessante sobre esta lógica da abundância é a representada pelos mumis. O mumi da web, como Flickr ou YouTube, empresta gratuitamente as ferramentas aos usuários e gera, em seus próprios servidores, um espaço social similar ao gerado por uma rede distribuída. Ao renunciar, em princípio, a selecionar, permite que qualquer um suba qualquer coisa e, o que é mais importante, que qualquer um acesse qualquer coisa; por isso a soberania da seleção reside no usuário.

Basicamente, os mumis geram grandes repositórios a partir do que os próprios usuários contribuem, e cada um deles realiza sua própria seleção. O sistema gera um número de outputs em princípio tão grande como o número de usuários.

No entanto, sob o conceito de web 2.0 se esconde toda uma série de aplicações e serviços cuja lógica é justamente a oposta. Em vez de gerar abundância (mais outputs que inputs em escala massiva), geram escassez mediante a formação de um único output, igual para todos os usuários, a partir dos muitos inputs que eles incluem.

A lógica é que qualquer um pode subir qualquer coisa, mas o resultado que se oferece é único e igual para todos. Os exemplos clássicos seriam a Wikipédia ou *digg* e seus clones (como *meneame*). Contudo, por que somente um output? *Del.icio.us, reddit friends* ou *vermelho* demonstram que a seleção coletiva pode ser tão abundante e diversa como a pessoal, se se permite aos usuários a escolha de seu próprio grupo de seleção, criar sua própria comunidade para fazer o trabalho.

Isto é, parece lógico que me interesse a seleção de notícias do dia de alguns dos meus amigos, mais do que o resultado global da votação dos que passaram por – ou vivem apostados em – *digg* ou, ao consultar a Wikipédia, como ficaram os artigos de um tema após o controle de determinados grupos de especialistas, institui-ções ou simplesmente amigos, em cuja opinião sobre certos temas confio.

Assim, eu teria minha Wikipédia, com o que é relevante para mim, garantida por aqueles em cuja opinião confio, e não por um grupo cuja visão não tenho por que compartilhar. Ou eu poderia ter tudo e selecionar pessoalmente entre as diferentes contribuições.

Outra forma de entender esta oposição entre os modelos que se escondem sob o conceito da web 2.0 é observar os relatos dos que respondem.

O modelo moderno e democrático da Wikipédia ou *digg* gera um único output para todos, utilizando sistemas de decisão mais ou menos complexos. Estão procurando um universal platônico: um único output, uma única verdade, um único resultado a partir de todos e para todos. A Wikipédia não se apresenta como o produto de uma comunidade que está escrevendo *uma* enciclopédia, e sim como a enciclopédia do século. *Digg* não oferece seus resultados

David de Ugarte

como o resultado da votação e os gostos de sua comunidade de usuários, mas sim como o agregado que representa os gostos da rede.

Que a Wikipédia ou *digg* e seus clones cheguem a um único resultado agregado, mediante um sistema deliberativo ou um sistema de votação melhor ou pior, não muda nada.

O sistema de poder não reside no *como,* e sim no *para que,* e, se o *para que* for dar lugar a um único resultado social, um único resultado igual para todos, não será o próprio usuário quem colocará e/ou escolherá os filtros que gerem o conteúdo que ele lê, não será ele que definirá sua comunidade, mas será a comunidade gestora que definirá o que se convidará a ler e o que não.

Por outro lado, o modelo pós-moderno e pluriárquico dos mumis e das redes distribuídas gera um número de outputs em princípio igual ao dos usuários. Para cada usuário, um resultado que ele mesmo escolhe ou decide como gerar a partir das escolhas de quem ele quer. Não há pretensão alguma de representar todos os usuários e, portanto, tampouco de suplantar ou subsumir algum tipo de opinião na agregação. E, no final, a mesma pergunta: quem escolhe a informação que me chega? Uma resposta que o conceito web 2.0 não sabe – ou não quer saber – como responder, provavelmente porque para alguns continua sendo uma verdade incômoda.

As oligarquias participativas da web 2.0

Um dos fenômenos mais frustrantes da experiência da web 2.0 é o choque dos novos usuários, atraídos pelo discurso participativo, com redes de poder formadas por outros usuários. Durante 2006 e 2007 foram comuns as denúncias contra grupos deste tipo na Wikipédia (os famosos burocratas ou bibliotecários) ou *digg*, em que até mesmo parece que os usuários influentes na comunidade começaram a oferecer, a empresas de marketing, sua influência nesses grupos para promover notícias ou websites. Esse fenômeno

A web 2.0: uma verdade incômoda

tem sido tratado com profusão na blogsfera, gerando discussões intermináveis e argumentações morais igualmente intermináveis.

No entanto, a formação de oligarquias participativas é um produto inevitável e necessário da conjunção de efeitos rede e lógica 2.0. Normalmente, o exemplo típico do efeito rede é o telefone ou o fax. Sempre se conta que, para o terceiro usuário da rede telefônica, acessar a rede supunha poder falar com duas pessoas. Mas, para o quarto, poder fazê-lo com três, e assim sucessivamente. O efeito rede faz com que quanto mais membros tiver a rede de usuários, mais valor terá para um não membro pertencer a ela e, por outro lado, menos contribuição ao valor da rede se se somar a ela.

Nas redes de comunicação, como o telefone ou o fax, isto não afetará, em princípio, minha forma de participar da rede: para que haja mais usuários de fax, não decidirei simplesmente receber faxes e terei preguiça de enviá-los. Isso acontece em todas as redes geradas por tecnologias de comunicação um a um.

Vamos unir o efeito rede à lógica 2.0. Uma forma de entender a Wikipédia ou *digg* é que se trata de construir coletivamente um repositório finito comum a todos os usuários. Como operam os efeitos rede sobre os incentivos dos indivíduos?

Vamos dar o exemplo do 11870, um site comum de restaurantes e pequenas empresas. Já faz tempo que o utilizo, mas não me registro como usuário. Para mim, sua utilidade principal é poder gerar mapas e telefones dos restaurantes onde meus amigos, clientes e eu podemos almoçar.

Usuários como eu só estaremos motivados a incluir conteúdos quando nossos restaurantes habituais ou favoritos não aparecerem. Mas, conforme a comunidade *ativa* for incorporando os seus, é mais provável que qualquer restaurante onde quiser marcar um almoço com meus amigos já esteja incorporado. Portanto, quanto mais conteúdos estiverem já registrados no repositório, menos incentivos terei para unir-me aos criadores de conteúdo.

David de Ugarte

Dito de um modo genérico: o efeito rede tende a incrementar, mais que proporcionalmente, a porcentagem de usuários passivos conforme cresce o valor da comunidade e o serviço. Ou, o que é igual, a lógica dos incentivos na web 2.0 inevitavelmente levará à formação de oligarquias participativas relativamente estáveis.

Num repositório de restaurantes, o viés que isto possa gerar não tem por que ser dramático. Talvez a oligarquia participativa do 11870 tenha preferência pela nova cozinha ou valorize mais qualquer cardápio que incorpore sushi, mas não será relevante para mim nem para a maioria dos usuários que procuramos, na verdade, uma agenda de telefones e endereços geoposicionada.

No entanto, o que ocorre quando o serviço é fundamentalmente ideológico, quando falamos de hierarquizar valores e relatos – como numa enciclopédia – ou selecionar as notícias mais importantes do dia?

É aí que a web 2.0 fracassa completamente. Não somente se convida o público a aceitar um filtro supostamente democrático independentemente de suas preferências, mas esse filtro necessariamente terá os vieses próprios da identidade do pequeno grupo de usuários mais influentes, da oligarquia participativa que irremediavelmente aparecerá como consequência da lógica do serviço. E, antes ou depois, os novos usuários, que tentarem contribuir com conteúdos para o repositório comum, se darão conta de que lhes estão impondo o que de fato é uma linha editorial e, portanto, uma forma de controle ideológico.

Para onde aponta a web 2.1?

Desde meados de 2006, surgiu um novo tipo de serviços web – e, em consequência, de inter-relação na blogsfera – que começa a definir-se como uma superação das ambiguidades da chamada web 2.0.

Basicamente se trata de um fortalecimento dos serviços distribuídos que foram desenvolvidos no período anterior, mediante serviços e software que permitem sua agregação pelo usuário, sua transformação, redistribuição através de suas redes pessoais e difusão mediante a integração em seu próprio blog.

A web 2.1 é a web do *bricoleur*, uma rede de usuários que criam e publicam reciclando de vez em quando os materiais de sua rede.

A origem dessa tendência está no aparecimento de serviços como o Jumpcut ou o Picnik. De fato, a comparação entre o YouTube e o Jumpcut, ou entre usar o Flickr e o Picasa Web Albums a partir de sua própria interface e fazê-lo a partir do Picnic, permite apreciar claramente a mudança de tendência na lógica da rede.

Enquanto o YouTube gera uma rede para compartilhar conteúdos audiovisuais, o Jumpcut gera uma rede e empresta ferramentas para criar estes conteúdos; enquanto o Flickr e o Picasa Web Albums servem tão somente para compartilhar fotos, o Picnik transforma o repositório público num recurso para as criações do usuário.

O Jumpcut empresta a cada usuário uma interface para editar vídeo on-line, para a qual se podem subir fotos, músicas e trechos de filmes de até 100 Mbs, para fazer clips; o Picnik é uma interface de retoque e montagem fotográfica que se alimenta dos dois grandes repositórios. Igualmente, no Jumpcut não só podem ser vistos os vídeos dos demais usuários, como também editar, cortar e utilizar sua trilha sonora. Cada usuário, a partir da mesma interface, pode utilizar materiais de outros para fazer seu próprio vídeo.

Contudo, a web 2.1 não só se limita à criação audiovisual. Também aparecem novos serviços para federar conteúdos nos blogs, como o *feevy* ou o *mugshot*, que:

1. *Agregam os serviços distribuídos da web 2.0*. No caso do *feevy*, o usuário agrega os blogs, links em *delicious*, *twitters*, fotos e filmes das pessoas ou redes que quer acrescentar.

No *mugshot* acrescenta outros usuários e, ao fazê-lo, acrescenta as atualizações deles em cada um dos serviços em que o usuário acrescentado tenha se cadastrado (se um dos meus amigos escutar uma nova canção em *lastfm*, aparecerá no meu *mugshot*, mesmo que sua vida musical não me interesse muito).

2. *Ajudam a tornar a rede mais distribuída.* Ambos os serviços geram abundância; cada usuário escolhe o que receberá. Além disso, ambos convidam o usuário a tornar público esse resultado em seu blog ou, no caso do *mugshot*, em sua página de usuário. Desse modo, os blogs vão deixando de estar concentrados no próprio blogger e suas obras, e vão representando este encarte numa rede social que ele mesmo define e vincula. Do blog-*egoisla*, passamos ao blog nó de rede, que distribui informação de seu ambiente social virtual.

3. *Utilizam RSS e Atom como tecnologia-base.* O XML se configura definitivamente como o sangue digital da rede, a tecnologia básica para compartilhar e integrar todo tipo de conteúdos no fluxo informativo geral da blogsfera.

À primeira vista, o *mugshot* é um filho direto dos widgets do desktop e um meio-irmão mais velho do Twitter. Basicamente, acrescenta as mudanças que o usuário realiza nos serviços distribuídos mais comuns (os favoritos que acrescenta a seu *del.icio.us*, os posts que escreve em seu blog, as últimas canções que escuta em *lastfm*, os álbuns que cria em Picasa ou Flickr), dando notícia de cada atualização à sua rede por três vias: sua própria página de usuário no *mugshot* (como Twitter), os widgets do desktop que os membros de sua rede tenham instalado em seu computador (como Google Desktop Gadgets) e mediante um widget em seu próprio blog (como o *feevy*).

O *Mugshot* foi desenvolvido pelo Red Hot e o *feevy* pela Sociedade das Índias, duas empresas que não têm nada a ver entre si,

A web 2.0: uma verdade incômoda

salvo por sua aposta no software livre. Não é que o software de ambas utilize licenças livres e/ou abertas, mas sim que o custo de manter estes sistemas é quase desprezível, porque provavelmente serão poucos os que se animarão a instalar um servidor *feevy* ou *mugshot* em suas máquinas; mas não deixa de ser significativo. Por quê? Porque na próxima etapa o que veremos será pura bricolagem digital. E, num ambiente semelhante, os que procedem da cultura do *bricoleur* terão muitas vantagens.

De fato, o interessante destes serviços é que transformam os princípios da ética hacker – a lógica e a prática da bricolagem digital – na sustentação de um ambiente colaborativo em que todos os usuários compartilham e transformam conteúdos próprios e alheios. Por isso, são geradores de abundância: cada usuário realiza sua própria síntese, sua própria bricolagem para obter um output personalizado ao qual ele mesmo contribui. E, por isso, também exigem formas de propriedade intelectual não restritivas, quando não diretamente de domínio público.

O mundo que começa, o da web 2.1, é definitivamente um mundo em que tudo o que foi descrito neste livro se materializará em uma potência crescente para as pessoas e para as redes das quais fazem parte.

Claro, é muito provável que, num primeiro momento, estas ferramentas só serão utilizadas profundamente por uma netocracia de *bricoleurs*. De fato, alguns serviços, como o Picnik, funcionam com base nos serviços 2.0 prévios. Outros, como o Jumpcut, só serão atraentes para os autores de vídeos, para os que sobem seus próprios materiais, não para os que gravam da televisão, por exemplo.

Na próxima transição da rede, os ativistas, os netocratas, serão 2.1, enquanto uma importante parcela – à qual Alexander Bard denominava *consumariado* – continuará na 2.0, com todas suas ambiguidades.

QUARTA PARTE

TECNOLOGIAS DIGITAIS
E EDUCAÇÃO

Capítulo 12
TICs: entre o messianismo
e o prognatismo pedagógico

Ramón Ignacio Correa García*

(Sobre lamúrias pedagógicas, tecno-utopias
e possíveis alternativas em utilizar as
tecnologias da informação e da comunicação
como elixir de Ferrabrás ou como unguento
do Dr. Sloan)

Crias franquistas: lamúrias pedagógicas e tecno-utopias do passado remoto

Recordar a escola de nossa infância no pós-franquismo tardio da década de 1960 supõe soprar a névoa que envolve a memória, vigiada pelo olhar penetrante daquele senhor baixinho, de bigodes, que sempre nos vigiava da fotografia que estava na sala de aula, quando íamos comprar algo (sua imagem estava nas moedas da época), quando íamos ao cinema e falavam dele no NODO, quando ligávamos a televisão, ou quando passeávamos pelas ruas de nossa cidadezinha. Isto é, estava em todos os lados, como Deus. Porém não era Deus. Soube disso ao crescer e descobrir que ele era tão somente um ditador que se fez com o poder após provocar uma sangrenta guerra civil. Quanto a este último fato, tampouco tinha as coisas muito claras, porque minha enciclopédia Álvarez acabava sua parte histórica com o glorioso Levante Nacional, e daí até aquele presente havia uma espécie de vazio amnésico, de perda

---

*   Ramón Ignacio Correa García é professor da Universidade de Huelva, Espanha.

da memória histórica, que nos teletransportava no tempo, desde os anos 30 até a época do desenvolvimentismo tecnocrático.

Na escola, em cada sala de aula com muros, junto à imagem de Franco havia sempre um crucifixo desvencilhado ao qual rezávamos antes que o professor começasse com as hostilidades pedagógicas. Na realidade, alguma conveniência ou pacto secreto tinha de haver entre os dois personagens, porque Franco, o caudilho da Espanha, o era por graça de Deus, e aquele trovão vestido de militar se exibia pudica e candorosamente sob o pálio do Santíssimo Sacramento (uma espécie de áurea sublimação metafísica do crucifixo da escola).

Sob aqueles três olhares vigilantes – o do professor, o do crucifixo e o do ditador – se orquestrava diariamente a liturgia escolar naquela espécie de pan-óptico pedagógico, apertados numas carteiras de madeira *ad hoc* para restringir e castrar qualquer dispêndio ou libertinagem da psicomotricidade infantil (em nosso foro íntimo pensávamos que haviam sido inventadas pelo professor Franz de Copenhague).

Naquela escola de palmatória e caderno de caligrafia existia um reduzido leque de meios e recursos didáticos. Alguns, tão necessários como repugnantes (refiro-me a uma bebida que nos diziam que era leite em pó, proveniente das ajudas tardias do Plano Marshall e que nos obrigavam a ingerir todas as tardes). Havia também, por exemplo, o mapa-múndi, com a Espanha situada no seu umbigo, presidindo, com base em sua equidistância imperial como "reserva espiritual do Ocidente", os destinos do orbe e da História.

Depois, tínhamos a indefectível caixa de formas geométricas. Sem ela, as abstrações geométricas que se alojavam e pulavam enlouquecidas no interior de nossas mentes infantis nunca teriam habitado o mundo do tangível e do real. As formas geométricas eram a quinta-essência do espaço euclidiano em nossas mãos angelicais, mãos, por certo, paradoxalmente satanizadas pelo púlpito e pelo sermão clerical beato-franquista que não cessava de nos martirizar e nos amedrontar no corpo se fizéssemos "aquilo" porque, além de ficar cegos e carecas, nossas almas arderiam para sempre, vítimas das chamas do inferno (isso sempre nos era lembrado, em cada missa do domingo, por uma enorme e patética imagem junto do altar, com a qual confirmamos as teorias de Freud sobre os sonhos).

Com a famosa lista de reis godos fazíamos times de futebol, para facilitar a memorização: Ataulfo, como goleiro; Sigérico, Wamba, Teodorico I e Turismundo na defesa... Contudo, por serem em número suficiente para mais de três times e por parecerem jogadores estrangeiros (não havia nenhum Iríbar), aquela era uma missão impossível.

Uma menção especial merecia o pacote de gizes de cores, que recordamos como um festival policromo para nossas vidas escolares em branco e preto e que inundavam de carnaval caligráfico e icônico nossas retinas rebentas no ambiente adusto e vetusto do quadro-negro, esse sim, tela multidisciplinar que refletia com a mesma prestância e eficácia comunicativa uma correção ortográfica ao ditado da vez ou as comprovações para as quase eternas contas de multiplicar e dividir com decimais. Eram, aqueles gizes de cores, uma trégua de paz às hostilidades pedagógicas que comentávamos e que começavam depois da oração.

O que não esquecerei nunca é que o meu professor tinha um grande poder de persuasão. Este era de madeira nobre e media por volta de um metro. Ex-combatente e quase coxo de uma ferida de guerra, entrou no magistério após a depuração que o regime franquista fez no Corpo Nacional de Professores. Apoiava-se, então, em seu grande poder de persuasão que, algumas vezes, brandia ameaçante e, outras, lançava contra as carteiras com uma comprovada competência adquirida com a prática, em busca de qualquer terna cabecinha lenta de reflexos ou que estivesse simplesmente abduzida, pensando na morte da bezerra. Ele não fazia isso todos os dias, mas quando era esporeado pela sua úlcera de estômago ou quando estava à beira de um ataque de nervos. Mesmo assim, era facilmente previsível, porque previamente blasfemava como um possesso e ficava vermelho de raiva. Aí, sim, nestas ocasiões todos éramos tratados por igual, lerdos e vivazes, inocentes e culpados (eu normalmente pertencia ao grupo dos vivazes inocentes, embora nem sempre).

Também me lembro de que o meu professor tinha outras medidas de atenção à diversidade, de menor grau. Tratava-se de algumas palmadas com as quais reprimia qualquer travessura, erro ou omissão nos deveres escolares, ou então quando sua úlcera voltava a doer (tínhamos mais medo de uma vara de azambujo: os lerdos e os mais revoltados da classe costumavam untar com alho as palmas das mãos porque isso, diziam, suavizava a tortura).

A verdade é que se havia ou não outros meios e recursos em meu colégio, nunca cheguei a descobrir. Sim, tínhamos uma experiência muito gratificante nos domingos de manhã quando o senhor pároco, depois de cada missa, nos projetava filmes de *O Gordo e o Magro*, Carlitos e Buster Keaton (antes da projeção cinematográfica de caráter gratuito havia uns breves sermões sobre o divino e o humano, que aguentávamos impacientes para depois morrer de rir).

O cinema cativava nossa mente infantil, mas fora da sala de aula. Talvez tenha sido o primeiro meio no qual se depositaram grandes esperanças. Quase sessenta anos antes, em Huelva, foi realizada a primeira mostra cinematográfica com fins educativos, em 1908. Nos Anais da Junta Local de Ensino Primário, publicados em 1909, pode-se ler o seguinte:

> O Teatro Circo Vitória estava ornamentado com folhagem, bandeiras, penduricalhos e lâmpadas com muito bom gosto... Às quatro e meia começaram a chegar as escolas... As plateias de convidados e professores estavam completamente lotadas...

> O aspecto do teatro, momentos antes de começar a exibição dos filmes era verdadeiramente encantador, e não era possível que houvesse uma só pessoa, por indiferente que fosse, que diante da visão de centenas de carinhas angelicais, nas quais se viam retratadas a

TICs: entre o messianismo e o prognatismo pedagógico

ansiedade e a impaciência por contemplar o que para muitas era desconhecido, não se comovesse nem deixasse de bater seu coração com violência e impulsos de irresistível simpatia e carinho por aquela geração infantil...

E chegou o momento mais desejado, o número mais atraente, mais simpático da festa escolar, que deixará uma recordação indelével naqueles que tivemos a alegria de presenciar um espetáculo tão terno. A exibição de instrutivos e interessantes filmes... foi recebida pelas crianças com grandes exclamações de alegria e surpresa...; é incalculável a torrente de conhecimentos que, com tal motivo, adquiriram aquelas inteligências infantis...

E não podia acontecer menos do que isso. O cinematógrafo, essa invenção prodigiosa, está chamado a servir de poderoso meio educativo para as multidões, apresentando à vista dos educandos a realidade dos fatos, os exemplos vivos das coisas, as cenas da vida real, facilitando a intuição e a assimilação das ideias e dos conceitos, que é no que consiste o verdadeiro ensino, o racional e moderno, acabando por sepultar o antigo, rotineiro, memorístico, causador de nosso atraso.

(Arquivo Municipal, Prefeitura de Huelva)

E, assim, entre mapas-múndi, gizes de cores, caixas de formas geométricas, leite em pó, palmatórias de azambujo e olhares ameaçadores e espreitadores do professor, do Generalíssimo e do crucifixo, conseguimos sobreviver e fomos resolvendo a nossa infância para tentar nos converter em homens úteis (pelo menos, assim nos disseram).

Criaturas logsetomizadas: lamúrias pedagógicas e tecno-utopias do passado recente

Quase quinze anos depois, ao finalizar a década de 1970, regressei ao meu antigo colégio, primeiro como estagiário e depois como professor. Já não havia leite em pó, porém por ali seguiam os velhos mapas, testemunhas silenciosas da divisão colonial do mundo pelo Ocidente, alguns substituídos por outros menos deteriorados e de acordo com a geopolítica da dominação do momento. Por ali estavam também os gizes de cores, menos agressivos às epidermes sensíveis. No entanto, o que eu não esperava encontrar eram as caixas de formas geométricas: ali jaziam, impassíveis, desafiando a ofensiva circadiana dos dias com suas noites e, portanto, inacessíveis ao desânimo.

Nuns armários descobrimos alguns meios audiovisuais. Um projetor de filmes de 8 mm, cego, por estar desprovido de sua lente, vítima talvez de uma pilhagem infantil, um projetor de slides e um retroprojetor. O que me chamou a atenção é que aqueles meios, encostados e proscritos na escura e fria umidade do esquecimento, pareciam não terem sido usados nunca. Talvez ninguém acreditou nas possibilidades que ofereciam para o ensino e pagavam assim sua ousadia por não serem mapas, gizes de cores ou caixa de formas geométricas.

Estamos numa época em que um canadense visionário, Jean Cloutier, profetizou o advento de uma nova era na informação e na comunicação: a era de emerec. O auge e a proliferação da mídia de massas tornaria possível que as pessoas fossem competentes, tanto na recepção como na emissão de mensagens. O aparecimento da tecnologia vídeo também trouxe grandes esperanças para sua utilização na educação. A velha aspiração de Comênio de ensinar tudo a todos seria viável, então, por essa espécie de pansofia icônica sobre a qual descansava a excelência pedagógica do meio em questão.

Também foi o momento de uma mudança de rumo do ensino propiciada pelos incipientes e dinâmicos movimentos de Reforma que culminariam, em 1990, com a promulgação da LOGSE (*Lei Orgânica Geral do Sistema Educativo*). Desde 1970, o behaviorismo que filtrava a prática docente foi substituído por um novo paradigma de corte psicológico, o construtivismo, e uma nova plêiade

TICs: entre o messianismo e o prognatismo pedagógico

de neologismos pedagógicos, algumas vezes de caráter suntuoso, temperou um discurso falsamente revolucionário no ensino. Qualquer estratégia metodológica inovadora perdia sua condição se não fosse avalizada por um currículo que partia das ideias prévias dos alunos e das alunas e elaborada pela equipe docente. A Reforma do Ciclo Superior da EGB (Educação Geral Básica) foi a antessala da LOGSE e ainda quase não havíamos aprendido a operacionalizar os objetos educativos das programações de sala de aula, como indicava a ortodoxia behaviorista, quando viemos a saber pela oficialidade educativa e a normativa vigente que os conteúdos escolares podiam ser de três tipos: fatos/conceitos/princípios, procedimentos e normas/atitudes/valores, e que as variáveis do currículo oculto, que antes não controlávamos, podiam ser programadas para a prática educativa.

Dentro desse ensino, foram definidos os denominados "conteúdos transversais" e na trilogia de conteúdos tentamos educar em valores: Educação para a Paz, Educação Ambiental, Educação do Consumidor, Coeducação, Educação para a Saúde... que o monstro da rotina pedagógica transformou num currículo de turistas, ou seja, reduzir a atos pontuais e concretos o que devia ter sido uma atividade difusa e transversal (ler a biografia de Gandhi no Dia da Paz ou plantar uma árvore no Dia do Meio Ambiente).

A famosa trilogia "dama, cavalo e rei" (ler, escrever e fazer contas) que nos havia acompanhado, a nós professores e professoras, desde a noite dos tempos na pré-história da escola franquista, foi substituída por uma palavra de estrondosa fonética: *curriculum* (de raiz latina, mas proveniente do mundo anglo-saxão) e sancionada por seus mandarins da pedagogia e da legalidade vigente.

Os primeiros computadores começaram a entrar, naquela época, na escola. Ações como o Projeto Atenea, para Informática Educativa (na Andaluzia, projeto Alhambra), o Projeto Mercúrio, para meios audiovisuais e o Programa Imprensa-Escola (para a imprensa escrita) eram o carro-chefe daqueles docentes que entravam nas práticas curriculares inovadoras, arriscando suas liturgias acadêmicas mas entusiasmados com a ideia de encontrar novas formas de aprender e ensinar.

Já os movimentos de renovação pedagógica, assim como faria a LOGSE, falavam da necessidade de melhorar a qualidade do ensino. Nesse afã, teriam um especial protagonismo os meios audiovisuais e os meios de comunicação. Junto com as alternativas institucionais no âmbito estatal ou autônomo, os esforços de grupos e categorias sensibilizados pela educação para os meios deram um impulso inusitado a esta temática: a cooperativa catalã Drac Magic (www.dracmagic.com), desde 1970, nos âmbitos do cinema e do vídeo; o Serviço de Orientação de Atividades Paraescolares (SOAP) com propostas globais de alfabetização audiovisual; o Grupo Spectus, desde 1985 (phobos.xtec.cat/jsamarra/index.php?option=com_content&view=frontpage&Itemid=1&lang=es) e sua metodologia alternativa para a integração curricular dos meios; o Grupo Comunicar, na Andaluzia, desde 1987 (www.grupocomunicar.com), com um intenso trabalho na comunicação educativa: a pujança organizativa de *Pé de Imaxe*, na Galícia... embora mereça uma menção à parte o *Curso de Leitura da Imagem* da UNED (Universidade Nacional Espanhola de Educação a Distância), que durante vinte e cinco anos, desde 1985 (coordenado por Roberto Aparici), foi o credenciado na alfabetização audiovisual em que nos formamos uma legião de docentes que acreditávamos na possibilidade de encontrar práticas docentes alternativas e emancipadoras com os meios.

Ficaram também, para a memória histórica, os esforços, trabalho constante e entusiasmo dessas categorias e grupos por fazer do uso da mídia uma alternativa para a educação tradicional em sua versão mais pejorativa. No entanto, aquela efervescência pedagógica se diluiu na prática docente dominante e, salvo pontuais e concretas experiências, as generosas expectativas se transformaram com o passar dos anos em fumaça e a fumaça em nada.

Por outro lado, a diversidade de planos institucionais para potencializar a presença da mídia nos centros educativos não foi suficiente para conseguir uma integração curricular efetiva, e sua maior realização foi dotá-los de material e equipamentos audiovisuais e informáticos.

Naquela época, já na década de 1980, a proliferação de mensagens e o consumo exagerado de meios como a televisão produziram conceitos novos que os relacionavam com a educação e o lazer. Assim, começou-se a falar de "escola paralela e assistemática" para referir-se à influência (negativa) produzida pelo efeito prolongado do público diante da mídia. Também nessa época, e por causa da progressiva saturação semiótica que afetava os cidadãos e cidadãs, a Unesco criou o termo "analfabetismo funcional" para referir-se àquelas pessoas que, embora dominando a leitura e a escrita, não eram capazes de interpretar midiaticamente o mundo em que viviam. Os tempos estavam mudando.

Lobinhos da ultra-pós-modernidade: lamúrias pedagógicas e tecno-utopias do futuro presente

Em 2006, a legalidade vigente sancionou uma nova lei educativa, a Lei Orgânica da Educação (LOE). Seus mandarins pedagógicos, seguindo diretrizes comunitárias e iniciativas de outros países europeus, logo defenderam o novo evangelho: o currículo baseado em competências. Desde então, há uma grande produção da literatura pedagógica consagrada ao tema.

Giramos levemente a caveira de Hamlet e agora o interpelamos gravemente sobre as competências em educação, como se dessa questão se desprendesse uma profundidade filosófico-pedagógica que fosse uma panaceia para a educação. Já não lhe perguntamos sobre os objetivos de ação ou sobre as normas, atitudes e valores na prática educativa. Agora o fator relevante, primordial e indesculpável são as competências. O conceito de competência nos vem do mundo empresarial, e essa raiz genealógica não é capaz de libertá-lo das suspeitas de querer submeter a educação aos interesses produtivos das grandes multinacionais, ou de que seja uma forma velada de mascarar de um neotaylorismo um ensino orientado obsessivamente para os resultados.

Não vamos passar a definir o que é uma competência educativa porque já existem muitas e muito variadas conceituações. Ademais, as definições são meio tautológicas (por exemplo, *curriculose*: patologia não aversiva, endemismo muito estendido em amplas camadas da população e, de modo especial, entre os docentes universitários, que consiste numa obsessão compulsiva de acumular uma documentação credenciada de que se tem documentação credenciada).

O certo é que, tanto em educação básica quanto em educação média, a normativa desenvolvida pela LOE recolhe como uma de suas competências básicas a "competência digital e o tratamento da informação". Isto é, espera-se que os cidadãos e cidadãs do amanhã sejam capazes de procurar, processar ou comunicar informação e poder, além de transformá-los em conhecimentos (utilizando diversas estratégias: orais, escritas, audiovisuais, digitais ou multimídia).

Vamos por partes. Até aí, concordo. Mas há um fato inevitável: quando estes meios chegam à sala de aula, os nossos alunos já estão – de certo modo – altamente qualificados no uso de tecnologias da informação e da comunicação:

- Em muitos casos, são usuários compulsivos e experientes da telefonia móvel.
- Desenvolveram um estilo comunicativo peculiar, através de programas de chat na Rede (basicamente o *Messenger* da Microsoft) que também utilizam nos SMS do celular.

- Costumam ser usuários dos videojogos, através da internet ou em consoles comerciais específicos. A temática destes jogos é muito variada, embora a violência simbólica possa ser seu denominador comum mais representativo.
- Possuem e-mail, na maioria dos casos e, além de navegarem na internet, utilizam a Rede para baixar músicas, videojogos, filmes ou programas, quando a sua infraestrutura tecnológica o permite.
- Utilizam as redes sociais intensamente (*Facebook, Tuenti, MySpace, Twitter…*), como um sistema de relações interpessoais e grupais através do ciberespaço. Curiosamente, a esta época, febril e intensa, de relacionamentos sociais através do ciberespaço, Dominique Wolton denomina a época das "solidões interativas" (Wolton, 2000).
- Computador, câmera de fotos digital, celular, reprodutor de Mp3… costumam ser o enxoval tecnológico de qualquer adolescente típico (em alguns casos, acrescentaríamos uma tela de televisão e um aparelho de música).

Hoje, os usuários das tecnologias da informação e da comunicação não utilizam acrônimos como PAL, SECAM, UHF, VHF… e houve uma inflação sem medida dos jargões (TDT, GPRS, HTML. FTP, P2P, ADSL. AI, TCP/IP, FAQs, GB, JPG, LAN, MPEG, MUD, OS, PDF, PDA…, ao mesmo tempo que uma legião inevitável de neologismos) que os *digerati* dominam perfeitamente (o termo *digerati* – combinação das palavras inglesas *digital* e *litterati* – refere-se às pessoas que realizam um uso intensivo das tecnologias da informação e da comunicação e, num sentido mais restrito, refere-se exclusivamente às elites das comunidades virtuais e da indústria informática).

Já é possível falar de uma geração *net*, aquela que chegou à adolescência conectada à rede, onde existe uma cultura específica, novas concepções do binômio espaço-tempo, novas formas de criação artística e de participação e ação cidadã. A internet se transformou numa mídia das mídias, e os grandes, médios e pequenos meios clássicos (imprensa escrita, rádio e televisão) têm uma presença ubíqua e contínua na rede, com programações e grades de opções ao gosto dos consumidores e consumidoras.

Certamente estes lobinhos da ultra-pós-modernidade constroem sua identidade de forma diferente da que faziam as criaturas logsetomizadas, hipnotizadas diante do consumo narcótico de longas horas de televisão ou das crias franquistas, estigmatizadas pelos olhares do Generalíssimo, do crucifixo e do professor.

É pelo menos curioso que um dos documentos mais esclarecedores sobre o uso das próteses tecnológicas que fazem os lobinhos da ultra-pós-modernidade não tenha vindo através de uma pesquisa científica séria e rigorosa. Pelo contrário, foi da autoria de outro adolescente. Estamos falando do relatório de julho de 2009, publicado por *Morgan & Stanley*, que provocou um grande impacto entre os analistas sociais. Foi redigido por um adolescente de quinze anos, Matthew Robson, e a firma londrina o considerou de tal importância que o difundiu através do *Financial Times*. Neste relatório se dizia que os jovens britânicos não tinham tempo para ver televisão e preferiam escutar música sem interrupções em portais da internet. Eram mencionadas as preferências de ir ao cinema, aos concertos ao vivo e a adição aos consoles de videojogos (de onde se pode bater papo com os amigos e amigas). Este relatório também manifestava que os adolescentes britânicos não leem a imprensa escrita e que se inclinavam ao uso do *Facebook* ou *Tuenti* para entrar em contato com as pessoas, além do uso maciço dos SMS (http://media.ft.com/cms/c3852b2e-6f9a-11de-bfc5-00144feabdc0.pdf, consultada em julho de 2009).

A metástase da informação na internet é de uma dimensão tão colossal que até mesmo a teoria do *Big Bang* nos assistiria como metáfora do crescimento e da evolução da internet. A expressão de McLuhan de que os meios de comunicação eram como uma extensão da mente humana tem sido muito fecunda. O certo é que o desenvolvimento e a evolução da mídia, na última terça parte do século XX, deu origem a uma iconosfera e esta a novas formas de relacionar-se com o mundo. Hoje, aquela iconosfera tem visto uma progressão geométrica à luz do número de canais de televisão e rádio e de horas de programação que atualmente possuímos. A iconosfera nos envolve, porém nos submergimos em outra realidade que antes não existia: o ciberespaço, onde a supersaturação midiática é um desafio para o que nossa mente é capaz de assimilar (Osuna e Busón, 2007).

Supõe-se que as novas gerações são capazes de lidar com e processar grandes quantidades de informação, sobretudo de natureza audiovisual.

Diante desse oceânico e infinito marasmo de informação, em contínuo desenvolvimento, situa-se a mente humana, dispositivo analógico de processamento da informação, que é capaz de analisar 150 *bits* por segundo (Marina, 2000). São as fronteiras naturais de nosso conhecimento, que é muito limitado quando o comparamos com as fronteiras da Inteligência Artificial. Contudo, a capacidade de análise, síntese e criatividade são características (até agora) de origem humana.

Portanto, o que antes supúnhamos agora o colocamos em dúvida razoável, e a questão do denominado lixo semiótico ou info-lixo do conhecimento no ciberespaço adquire um protagonismo singular. Para chegar à informação pertinente, é preciso desembaraçar uma intrincada informação selvagem. O acesso direto não suprime a hierarquia do saber e dos conhecimentos. Não podemos estar seguros de que se produzirá aprendizagem unicamente pelo fato de acessar as redes (Wolton, 2000). Isto é, também, a atualização do mito da "aprendizagem mágica" que sustenta muitas práticas docentes de tipo hierárquico e transmissivo através da rede (Aparici, 2000).

Estaremos no umbral de uma nova forma de acessar o conhecimento e estas mentes infantis dos lobinhos da ultra-pós-modernidade serão no amanhã mentes multimídia, interativas e conectadas à rede, capazes de converter com bom critério a informação em significados e sem a dificuldade agregada que havia nas gerações anteriores? Isto é, a mente humana se adaptará à nova ecologia da informação ou perecerá na tentativa, por simples limites biológicos, em razão da sobrecarga de informação?

Os nativos digitais, como são denominadas as gerações que nasceram e cresceram depois da internet, são, como comentamos, usuários astutos e consumados de dispositivos digitais. Para isso contribui também o surgimento de projetos institucionais como o dos Centros TIC, na Andaluzia, ou mais recentemente o Programa Escola TIC 2.0. Os investimentos institucionais nestes termos têm sido e são uma confirmação do que entendem *a priori* as políticas educativas sobre a qualidade educativa e do perigoso sofisma de crer que os computadores nas escolas transformarão nossas salas de aula em inteligentes. No nível nacional, o Programa Escola 2.0 fornecerá um computador portátil a 400 mil alunos e alunas, 20 mil professores e professoras, e digitalizará 14.400 salas de aula durante o curso 2009/2010 (www.oei.es/noticias, consultada em julho de 2010). No nível autônomo,

> mais de 173 mil alunos que cursam 5º e 6º anos do ensino fundamental nos colégios públicos da Andaluzia receberão entre janeiro e fevereiro um computador portátil, dentro do programa Escola TIC 2.0. A distribuição destes computadores e a instalação das salas de aula digitais começaram de forma simultânea, em toda a Andaluzia, no último dia 11 de janeiro. Assim, os computadores são incluídos na pasta do aluno junto com o resto do material escolar para acompanhá-lo fora da escola, fazendo com que as famílias participem de seu processo de ensino e aprendizagem... A Escola TIC 2.0 dotará o ensino andaluz de 6.439 salas de aula digitais nos centros públicos. Estas salas contarão com lousa interativa, datashow e equipamento multimídia...

> Para o próximo curso, a Educação Secundária contará com 3.112 salas digitais de 1º da ESO (Educação Secundária Obrigatória),

TICs: entre o messianismo e o prognatismo pedagógico

equipadas com lousa interativa, datashow e equipamento multimídia, assim como com um computador localizado na mesa do professor. Estas salas se somarão às que este ano já estão funcionando em 5º e 6º do ensino fundamental, elevando seu número até as 9.551 no curso de 2010/2011.

Durante o próximo curso, serão entregues aproximadamente 100 mil computadores portáteis aos alunos de 5º ano do primário e do 1º da ESO que ainda não disponham de um computador deste tipo. No total, mais de 250 mil alunos de 5º e 6º do primário e de 1º da ESO contarão com um computador pessoal da Escola TIC 2.0 no próximo curso, na Andaluzia.

(www.juntadeandalucia.es/educacion, consultada em julho de 2010).

No entanto, o conceito de salas de aula inteligentes, trazido pelas primeiras convocatórias de centros TIC na Andaluzia, não foi muito além de alterar de modo selvagem a geografia escolar com uma mutação aberrante dos espaços físicos, invadidos por próteses tecnológicas ligadas *ab aeternum* a um emaranhado de cabos e mobiliário, através do simples e emblemático mecanismo do parafuso de rosca. Nesta configuração, alguns detalhes sem importância ficavam fora do jogo, como uma simples dinâmica de grupos para fomentar os relacionamentos humanos da turma de alunos ou qualquer atividade pedagógica que implicasse a modificação da localização do mobiliário.

Estava pensando no meu professor se voltasse à escola hoje. Acho que ele não poderia lançar seu grande poder de persuasão sem risco de sair arrastando várias telas de computadores ou de quebrar alguns laptops. Tampouco poderia utilizar, se quisesse realizar uma trégua nas hostilidades pedagógicas, os gizes de cores, porque não entenderia a lousa digital. E, possivelmente, as tonalidades dos móveis de seus alunos e alunas (seria paradoxal para ele encontrar garotos e garotas numa mesma sala de aula) agravariam qualquer ataque de sua úlcera de estômago.

É verdade que tudo muda. Até mesmo o que está mais próximo vai transformando-se diante dos nossos olhos. Possivelmente, meu professor estranharia uma sala de aula TIC. No entanto, inclusive entre duas gerações de lobinhos da ultra-pós-modernidade podem haver diferenças quanto ao uso e acesso à informação (o que demonstra a aceleração das mudanças sociais e tecnológicas). A relação que podemos manter com a rede, para fazer uso de nossa competência digital, estabelece outras possibilidades não presentes há alguns anos.

Numa primeira fase da evolução da internet (web 1.0), do mesmo modo que na mídia tradicional, os autores das webs tinham o controle da informação. Desde 2004, podemos apontar uma mudança significativa e emerge o que se denomina web 2.0, uma rede social ou de relacionamentos interativos, aberta aos internautas que participam dos processos comunicativos da produção, difusão e intercâmbio de informação, convertendo-se assim em receptores e produtores de informação.

Pensamos que isto foi uma evolução lógica. Para interagir com um computador da década de 1980, era preciso dominar um pouco da linguagem de programação (normalmente a BASIC, orientada ao consumo doméstico, enquanto COBOL e FORTRAN tinham aplicações de caráter industrial e empresarial). O surgimento do Macinstosh, em 1984, com suas "janelas" ou das primeiras versões do Windows nos PCs abriram o caminho para os leigos no mundo da informática, e os ambientes comunicativos, com a linguagem da máquina, foram ficando cada vez mais acessíveis.

Algo parecido tem acontecido com o ambiente web. Daquele hieratismo inicial, daquela rigidez plana da qual extraíamos a informação como se se tratasse de um Oráculo de Delfos pós-moderno, passamos a interagir com a informação da *World Wide Web* de forma que não somente somos consumidores de sinais, como também produtores de informação (*prosumers*). Essa alteração de sentido da capacidade informativa e comunicativa foi denominado, como sabemos, por O'Reilly (2004) como *web 2.0* (como podia ter sido denominado de qualquer outra forma mais ou menos satisfatória).

Os novos ícones da web 2.0 são, fundamentalmente, a Wikipédia, os blogs e as redes sociais (*Facebook, Tuenti, MySpace, Twitter...*). Por estes não tempos e não espaços pululam nossos lobinhos da ultra-pós-modernidade, e, de novo, a capacidade visionária de Cloutier se atualiza com essas possibilidades inovadoras que se abrem diante da informação e da comunicação.

As alternativas possíveis: entre o messianismo e o prognatismo pedagógico

Atualmente, considera-se a informação eletrônica tecnologicamente avançada, e pedagogicamente rentável o uso que se faz dela. Estas afirmações têm seus matizes. Assim, a primeira universidade que fez uso da tecnologia de ponta da época para a teleformação foi a Universidade de Wiscosin, nada menos que em 1892. Anos mais tarde, os docentes deste centro começaram a registrar suas lições principais em fonógrafos que enviavam a seus alunos da já existente University of Wincosin-Extension.

O que avançamos a partir de então? É certo que a tecnologia é diferente (tão inovadora quanto o fonógrafo de 1892), mas o uso é muito semelhante: em vez do correio postal, "subimos" nossa informação na rede para que os alunos possam baixá-la e lê-la (Vergara, 2008).

Nesse sentido, Neil Postman (1999) se referia à tecnologia como um desses falsos deuses ou mitos instalados em nossa sociedade. As tecnologias da informação e da comunicação costumam ser mitificadas a partir de posições integradas ou tecnófilas que, através de campanhas de marketing astutas e sugestivas, nos mostram a "necessidade" de estar conectados, advertindo dos perigosos inconvenientes para os que ainda não tiveram acesso ao ciberespaço (Aparici, 2000).

Educamos em tempos difíceis (axioma aplicável a qualquer tempo e lugar), sobretudo devido à metástase da informação com as redes telemáticas, à complexidade das relações humanas e às escalas axiológicas dominantes. Desde meados da década de 1990, começamos a assistir a eventos acadêmicos em que se associavam indissoluvelmente as palavras internet, futuro e educação, como se fossem os três vértices de um triângulo esotérico prenhe de horizontes de esperanças e excelências pedagógicas.

A eficácia, o controle de procedimentos na comunicação e na gestão, a rentabilidade, a qualidade, o uso das TICs, a inovação, a excelência... entre outros princípios de profissão de fé neoliberal terminaram se instalando e tomando conta do discurso pedagógico. Nesse panorama, em que a sociedade se *tecnologiza*, as tecnologias da informação e da comunicação tornam-se causa eficiente do progresso social.

A inovação, a qualidade, a excelência... fazem parte da ideologia invisível do discurso neoliberal, uma espécie de ladainha mercantil ou vulgata econômica que afeta todos os demais discursos, incluindo o discurso da educação. No entanto, pensamos que a inovação, a qualidade ou a excelência, por definição, não são acidentes, e sim substância do processo educativo. Agora invertemos essa ordem e os consideramos quantificáveis e meritocráticos, segundo categorias baseadas na pura competitividade.

A faceta inovadora da educação não é uma espécie de onanismo pedagógico autocomplacente, nem uma gratificante cenoura meritocrática, mas deve partir sempre de um compromisso ético pessoal que nos possibilite o direito de sermos "grupos de base" (*grassroots*), independentemente de todo colete ideológico, normativo ou legislativo, profissionais que agem a partir do respaldo de uma prática educativa reflexiva e autocrítica. Nós, os docentes, engessados em práticas rotineiras, baseadas fundamentalmente em modelos transmissivos, não soubemos romper com os princípios didáticos e organizativos que nos dão segurança e proteção. Temos defendido de forma apocalíptica nossos "currais epistemológicos e docentes", afetados por um alarmante prognatismo pedagógico, fechando-nos fortemente a qualquer variável estranha que contaminasse nossa rotina. Por outro lado, em outros casos, abraçamos o messianismo tecnológico proclamando hosanas integrados a essa tecnologia redentora, realizando adaptações adocicadas de nossas velhas metodologias, nessa velha e cíclica tentativa de mudar tudo para que nada mude, pedagogias *prêt-a-porter*, com conexão à internet e inclusive uso de plataforma.

Apesar de toda a experiência acumulada, ainda não fomos capazes de concordar sobre o sentido profundo da alfabetização tecnológica: consiste em formar usuários e usuárias qualificados para que atuem com as competências necessárias como produtores/consumidores na nova ordem econômica? Ou se trata de fomentar a participação democrática, desenvolver valores solidários, estimular o livre pensamento e a reflexão crítica para formar cidadãos e cidadãs para uma sociedade que ainda não existe? (Correa e Fernández, 2002). Consiste em contribuir, dando mais do mesmo, para que as mídias e as TICs sejam instrumentos de uma sutil dominação dos cidadãos e cidadãs, através de um ensino castrador, de repetição? Ou consiste em fazer com que as mídias e as TICs se tornem novas possibilidades semióticas e de libertação para encontrar novos significados e novas ideias para a ação social organizada, através de uma pedagogia do questionamento que transforme a superabundância de informação em conhecimento epistemologicamente válido e socialmente relevante? (Willis, 1997).

Os espaços euclidianos, os tempos lineares, os conteúdos hierárquicos, endogâmicos e autorreferentes, as metodologias transmissivas, as avaliações binárias e sancionadoras... tudo o que antes nos dava segurança, didática e organizativamente, no ensino presencial não faz sentido nem se encaixa no ensino no ciberespaço. É preciso procurar novas determinações que potencializem as insondáveis virtualidades pedagógicas da internet. Talvez isso passe por encontrar modelos adequados de metodologias indefinidas ou difusas, aquelas que aprendem a ensinar a partir de perspectivas diferentes das magistrocêntricas ou logocêntricas, uma seleção e organização dos conteúdos com estruturas rizomáticas, assim como se concebe na filosofia da ciência, como negação da subordinação hierárquica e, sobretudo, outorgando à pessoa que aprende seu verdadeiro protagonismo para que exerça com total liberdade o princípio da interrogação crítica, aquele que é capaz de transformar a informação em significados.

Lamentavelmente, temos acreditado mais no discurso tecnocrático do que no discurso pedagógico, pensando que os computadores nas salas de aula eram um sinal de vanguarda pedagógica porque tornavam as salas inteligentes (Correa e Tena, 2007). Na mente dos impulsores das políticas educativas que promovem a presença de próteses tecnológicas nas salas de aula subjaz a ideia de utilizar essas tecnologias como elixir de Ferrabrás. Esta ideia também está instalada em muitos docentes. Usar as tecnologias da informação e da comunicação como elixir de Ferrabrás, pensam, ao ser um unguento mágico, possibilitará um ensino de mais qualidade, mais inovador, de maior excelência, mais competitivo... e ao mesmo tempo remediará todos os males e atrasos da educação. Vozes tecnófilas até mesmo prediziam o desaparecimento da escola devido ao desenvolvimento e evolução da colonização das TICs. Em 1980, uma figura tão credenciada como Seymour Papert afirmava que os computadores devolveriam aos cidadãos e às cidadãs a liberdade de escolher a educação que quisessem, atrevendo-se a prognosticar a eliminação da instituição escolar num futuro vindouro, com também o fez, na década de 1960, a corrente antiescola do Grupo de Cuernavaca (Everett Reimer e Ivan Illich), aquela vez por motivos sociológicos.

No entanto, sabemos que num centro educativo não se produz uma correlação direta entre as TICs e as aprendizagens que os estudantes realizam, porque entre ambos os extremos, TIC e alunato, está a mediação exercida pela docência, isto é, o método. Por isso, mais que serem usadas como elixir de Ferrabrás, as TICs deveriam ser usadas como unguento, aquele velho e familiar remédio caseiro que, aplicado a qualquer dor muscular, podia trazer alívio se as mãos sábias que o aplicavam exerciam seu magistério sobre a pele dolorida.

Sempre tivemos a tentação de identificar as TICs com o elixir, mas deveríamos tê-las utilizado, desde o princípio, como o unguento do Dr. Sloan que, curiosamente, foi patenteado em 1909, nos Estados Unidos, na mesma data da primeira projeção de cinema diante dos estudantes de Huelva. A partir de então, primeiro ao cinema, depois à televisão, ao vídeo, à imprensa, ao rádio... e agora à internet, temos conferido as propriedades do elixir de Ferrabrás. E erramos em todos os casos, porque o essencial não é a presença ou o uso das tecnologias em si, e sim como estas tecnologias se inserem em projetos educativos emancipadores e alternativos, que metodologias levamos a cabo e que finalidades buscamos.

Porque também temos tido a tendência, em muitas ocasiões, de confundir os meios com os fins: o essencial não é que nossos estudantes utilizem corretamente um processador de textos, mas que saibam se expressar através da escrita... o essencial não é que nossos alunos e alunas saibam identificar um determinado plano numa imagem, mas que isso sirva para fomentar seu espírito crítico diante das linguagens persuasivas das mídias... o essencial não é usar a mídia e as TICs como elixir de Ferrabrás, mas como unguento do Dr. Sloan...

Poderíamos chegar a reescrever a história e, em vez de referir-nos ao cinema em 1909, vaticinar sobre o que pode chegar a significar a internet para a educação no século XXI.

"A internet, esse invento prodigioso, é chamado a servir de poderoso meio educativo para as multidões, apresentando aos educandos a realidade virtual dos fatos, os exemplos vivos das coisas, as simulações reais da vida real, facilitando a intuição e a assimilação das ideias e dos conceitos, que é no que consiste o verdadeiro ensino, racional e moderno, acabando por sepultar o antigo ensino, rotineiro, memorístico, causador de nosso atraso...".

Sic transit gloria mundi.

Bibliografia

APARICI, R. Trece mitos sobre las nuevas tecnologías de la información y de la comunicación. In: *Kikirikí, Cooperación Educativa*, 58. 2000.

CORREA, R. I.; FERNÁNDEZ SERRAT, M. L. Educación y tecnologías: miradas intemporales desde la organización escolar. In: *Comunicar* 18, 2002.

CORREA, R. I; TENA PÉREZ, N. Aulas inteligentes y otras prótesis tecnológicas (Reflexiones sobre una reflexión). In: *Píxel-Bit* 30.

MARINA, J. A. *Crónicas de la ultramodernidad*. Barcelona, Anagrama, 2000.

OSUNA, S.; BUSÓN, C. *La integración tecnológica en la era digital*. Barcelona, Icaria, 2007.

POSTMAN, N. *El fin de la educación*. Madrid, Octaedro, 1999.

VERGARA, E. P. Capital intelectual y gestión del conocimiento. In: VV.AA. *Libro Blanco de la Universidad Digital 2010*. Barcelona, Fundación Telefónica y Ariel, 2008.

WILLIS, P. La metamorfosis de las mercancías culturales. Em CASTELLS, M. et al. *Nuevas perspectivas críticas en educación*. Barcelona, Paidós, 1997.

WOLTON, D. *Internet ¿Y después?* Barcelona, Gedisa, 2000.

Capítulo 13
Educação comunitária
e novas alfabetizações

*Blas Segovia Aguilar**

Introdução

O desenvolvimento da atual Sociedade da Informação tem produzido importantes transformações econômicas, sociais, políticas e culturais, de modo que nos encontramos diante de "uma forma específica de organização social em que a geração, o processamento e a transmissão da informação se transformam nas fontes fundamentais da produtividade e do poder, devido às novas condições tecnológicas" (Castells, 1998: 47). Certamente, essas mudanças, impulsionadas por uma revolução tecnológica sem precedentes, estão modificando as práticas culturais, a educação e a instituição escolar em aspectos centrais, como a gestão do conhecimento, as relações entre os agentes educativos e os próprios fins da educação básica. Uma vez que se rompe o monopólio da informação, que recaía no professorado como genuíno representante da cultura oficial, vão aparecendo outros modelos de gestão de conhecimento em que o acesso à informação encontra-se menos hierarquizado, sendo, por consequência, mais flexíveis e democráticos. A possibilidade de consultar através da internet variadas fontes de informação, o uso de instrumentos de trabalho colaborativo, como por exemplo a Wikipédia, favorece, ao mesmo tempo, o aparecimento de novos ambientes de aprendizagem simultâneos ao da sala de aula, em que

---

* Blas Segovia Aguilar é professor da Universidade de Córdoba, Espanha.

o aluno aprende, joga, se relaciona e comunica como sujeito de uma comunidade.

Duas das consequências diretas deste novo panorama são, por um lado, a necessidade de redefinição dos elementos do currículo básico e a finalidade dele e, por outro, o surgimento de novos agentes e cenários educativos. Com relação ao primeiro deles, é imprescindível um modelo curricular mais aberto e flexível que permita a inclusão de novos conteúdos e ferramentas necessárias para a compreensão de contextos sociais complexos e diversos. A alfabetização para as novas mídias é uma dessas prioridades, pois as tecnologias da informação e comunicação já ocupam um lugar prioritário na aprendizagem, nas relações, no ócio e no trabalho das novas gerações. A cidadania do século XXI deve sustentar-se, portanto, numa educação básica que forme para a autonomia pessoal, para a convivência multicultural e para a ação democrática num contexto mediado pela tecnologia. Quanto à segunda, é inquestionável a importância crescente da comunidade como agente educativo, assim como a presença de novos cenários educativos diferentes do escolar, como os que surgem das novas mídias, como é o caso das comunidades virtuais ou das redes sociais e cidadãs.

Novas alfabetizações na sociedade informacional

O conceito de alfabetização é um destes aspectos que exigem uma urgente revisão e atualização para adequarem-se às novas exigências da Sociedade Informacional (doravante, SI), porque alfabetizar tem sido uma das tarefas principais inerentes à escolarização. Segundo o dicionário da língua espanhola da Real Academia Espanhola, a alfabetização se refere à ação de ensinar a ler e a escrever, mas é pertinente nos questionar sobre a verdadeira dimensão que a leitura e a escrita desempenham nas atuais práticas culturais, mediadas, em grande medida, pelas linguagens utilizadas pelas

Educação comunitária e novas alfabetizações

novas mídias, caracterizadas pela integração de imagens, palavras e sons.

Autores como Wells defendem o conceito de *alfabetização total* (Wells, 1990) para identificar um modelo que inclua os diferentes sistemas semióticos com os quais interagimos na SI; no entanto, a diversidade terminológica evidenciada na recente produção científica demonstra o protagonismo da temática: *alfabetização digital* (Gilster, 1997), *multimídia* (Gutiérrez Marín, 2003), *novos alfabetismos* (Lankshear e Knobel, 2008) ou *nova alfabetização mediática* (Jenkins, 2008). Além de considerações terminológicas, é evidente a necessidade de incorporar às práticas educativas os aspectos relacionados com o uso e a compreensão dos novos meios tecnológicos, de suas linguagens e sistemas de representação e comunicação, pois estão modificando as práticas das audiências num novo ambiente cultural denominado por Jenkins como *Cultura da Convergência*.

Por outro lado, a crescente presença dos computadores nos contextos familiares e comunitários possibilita que os processos de aquisição de habilidades tecnológicas entre os escolares sejam acelerados ou atrasados em função de suas possibilidades de interação com as Tecnologias da Informação e Comunicação (doravante, TICs). Estas experiências incidem na denominada *exclusão digital e cognitiva* (UNESCO, 2005), fenômeno que afeta os desequilíbrios que são produzidos entre países desenvolvidos e subdesenvolvidos, ou os que afetam os diversos grupos sociais em função de suas oportunidades de utilização dessas novas ferramentas. Um dos fatores que incidem no desenvolvimento da exclusão digital entre os estudantes é a possibilidade de ter acesso ao uso do computador desde a infância no âmbito familiar, muito embora a riqueza das aprendizagens adquiridas pelas crianças neste contexto estejam influenciadas pelo grau de intensidade tecnológica presente na família. Este último se produz em função de diversos fatores, como o grau de alfabetização digital das famílias ou a qualidade das interações que acontecem entre o computador, o estudante e os adultos.

Outro dos elementos necessários para o desenvolvimento de um modelo educativo inclusivo, de acordo com a SI, é a dimensão comunitária, que deve fazer parte dos processos de intercâmbio cultural que se produzem nas escolas. A sociedade atual exige a estreita colaboração dos diversos agentes educativos, entendendo que entre eles se encontram, além dos professores e dos estudantes, as famílias, o bairro e os modernos meios de comunicação. Todos eles participam, de uma forma ou de outra, dos intercâmbios culturais em que a criança participa desde sua primeira infância. Por isso, a coparticipação nas metas educativas, baseadas num diálogo igualitário, produz efeitos benéficos, pois melhora a convivência, o diálogo entre a cultura escolar e familiar e, em última instância, a inclusão social. Diversos projetos educativos nacionais e internacionais (Elboj et al., 2002)[1] estão demonstrando o vínculo existente entre o êxito escolar e a implicação comunitária para a educação. Estas práticas educativas baseadas numa concepção dialógica da aprendizagem (Elboj et al., 2002; Aubert et al., 2009) favorecem a superação dos modelos tecnocráticos de relação entre a escola e as famílias, transformando as *relações coercitivas* em *relações de poder colaborativas* que beneficiam a aprendizagem de todos os estudantes (Cummins, 2002).

As experiências que desenvolvem estratégias comunitárias de alfabetização midiática e digital têm um alto impacto na redução da *exclusão digital e cognitiva*, pois criam espaços de colaboração e aprendizagem comunitários entre os professores, as famílias, o voluntariado e o alunato, em que se favorece a *aprendizagem dialógica* (Flecha, 1997; Freire, 1997). Estes contextos de aprendizagem se conformam como comunidades de indagação (Wells, 2001) e

---

[1] Destacamos, por sua dimensão comunitária, projetos como *Las comunidades de aprendizaje, Proyecto Atlántida*, em nosso país, e *Escuelas aceleradoras, Programa de desarrollo escolar* ou *Éxito para todos*, em EUA. Para mais informações, consultar: http://comunidadesde aprendizaje.net; http://proyectoatlantida.net; http://acceleratedschols.net; http://medicine.yale.edu/childstudy/comer/; http://successforall. net

oferecem novos modelos de relação, comunicação e aprendizagem, favorecendo processos de alfabetização conjunta de todos os e as participantes da atividade, ao mesmo tempo em que permitem acelerar a aprendizagem do alunado que possui um menor grau de habilidades tecnológicas.

Êxito escolar para superar a exclusão digital

Quando, metaforicamente, falamos de *exclusão digital*, temos de estar conscientes de que caímos num processo de simplificação de uma problemática multifatorial, visto que afeta uma grande variedade de aspectos que determinam a relação que se estabelece numa determinada comunidade entre seus componentes e as novas tecnologias da comunicação. Junto aos consabidos fatores de tipo socioeconômico, temos de prestar atenção a outros que marcam diferenças importantes e influem nos processos de alfabetização digital dos estudantes, como são aqueles relacionados com o grau de competência digital dos professores, da família, ou aspectos relacionados com a capacitação digital em função do gênero.

O número de computadores adquiridos pelas famílias em nosso país tem aumentado de forma significativa nos últimos anos, do mesmo modo que a contratação de serviço de internet, embora continue sendo inferior, se compararmos com a situação de outros países europeus. Na enquete do INE de 2009, com relação a *Equipamento e uso das TICs nos lares*[2] em nosso país, observa-se como o uso do computador pela população infantil (de 10 a 15 anos) é praticamente universal (94,5%), enquanto a internet foi utilizada por 85,1%, e 68,4% dispõe de celular. Quanto aos contextos de utilização do computador nesta faixa etária, aparecem em ordem de importância: o lar (84,8%), o centro de estudos (62,1%), outras casas (24,7%), centros públicos (14,9%), cibercafés (7%) e outros (2,4%).

---

[2] Consultada em http://www.ine.es, em 06/07/2010.

A partir destes dados, podemos deduzir, portanto, que a acessibilidade deixou de ser o problema prioritário na configuração da exclusão digital. Na maioria dos lares de alunos escolarizados no ensino primário existe um equipamento tecnológico adequado e conexão à rede. Esta situação se complementa com o lançamento de programas estratégicos pela administração educativa nas diferentes Comunidades Autônomas de nosso país para a introdução das TICs no contexto escolar (*Escuela TIC 2.0* na Andaluzia[3]), que universaliza o acesso ao PC para todos os alunos do último ciclo do fundamental e, progressivamente, do ensino médio, reforça com maior contundência a ideia de que o problema deixou de ser a acessibilidade.

Quais são, então, os fatores que estão influenciando na persistência da exclusão digital? Quais são as principais inércias que dificultam a eficaz integração das TICs como ferramentas para o desenvolvimento de novas formas de gestão do conhecimento?

Um elemento-chave para entender esta problemática encontra-se nas diferentes atribuições que se estabelecem no contexto familiar em relação à nova mídia e suas tecnologias, assim como o papel que desempenham na cultura popular. Nesse sentido, um dos déficits mais importantes é o grau de alfabetização midiática que possuem as famílias, pois não podemos considerar óbvio que a formação tecnológica adquirida tem acontecido, na maioria dos casos, por demandas do mundo do trabalho ou por interesses pessoais na esfera do tempo de ócio. Por essa razão, entre as famílias não existe uma verdadeira alfabetização digital, e, sim, no melhor dos casos, uma formação tecnológica necessária para o desempenho de trabalhos específicos ou para satisfazer as demandas de ócio e consumo (videojogos, redes sociais, baixar programas na internet etc.).

---

[3] Consultada em http://www.juntadeAndaluzia.es/educacion/nav/contenido. jsp?pag=/Contenidos/TemasFuerza/nuevosTF/300909_EscuelaTIC20/texto_tic, em 06/07/2010.

Educação comunitária e novas alfabetizações

Junto a esta situação, convém destacar a influência da denominada *segunda exclusão digital*, que afeta especialmente as mães dos estudantes. Entendemos que esta dimensão da exclusão digital

> não é um problema de acesso e uso da internet e também não de habilidades informáticas e navegadoras consideradas de forma isolada. A segunda exclusão digital está relacionada com o domínio masculino das áreas estratégicas da educação, pesquisa e do emprego, relacionadas com as ciências, as engenharias e as TICs, assim como com a escassa presença de mulheres nos cargos de responsabilidade e tomada de decisões nestas áreas (Castaño Collado y Añino, 2008: 10).

A situação se torna mais grave diante dos pedidos da escola para que seja oferecido auxílio para a resolução das tarefas escolares em que o computador ocupa progressivamente o protagonismo e a tradicional vinculação das mães a estas tarefas de supervisão do trabalho escolar dos filhos.

Nas experiências de alfabetização digital comunitária, que têm sido desenvolvidas com a participação de mães, preocupa de forma importante a necessidade de harmonizar metas entre a cultura escolar e a familiar para conseguir um treinamento mínimo que lhes permita administrar ajuda e orientação a seus filhos nas tarefas escolares em que devem utilizar o computador no lar. Por outro lado, também se destaca a pertinência de estabelecer objetivos e critérios comuns com os docentes para favorecer o desenvolvimento de uma educação em valores e normas éticas para o uso adequado e responsável das TICs, especialmente no que diz respeito ao aproveitamento da internet. Nesse sentido, é preciso criar – sem adiamento – pautas positivas e compartilhadas para o uso do computador, o acesso à informação, a utilização de práticas comunicativas responsáveis e o conhecimento dos direitos e obrigações que se derivam das normas existentes para a defesa dos menores.

Esta dimensão ética de relação com as TICs no âmbito familiar, escolar e comunitário é a que, na atualidade, se encontra menos desenvolvida, sendo, no entanto, de vital importância para estabelecer bases na educação com a nova mídia.

Este espaço de colaboração comunitária é o que permitirá atenuar os temores, às vezes infundados, das famílias a respeito da relação que seus filhos e filhas estabelecem com as novas mídias. Convém recordar que o desenvolvimento do paradigma *vacinador* (Masterman, 1993) que existia para as velhas mídias na década de 1980 aplica-se atualmente às novas mídias de comunicação, sustentando-se na percepção que as famílias têm do fenômeno da internet através das informações sensacionalistas geradas pela televisão e pela imprensa escrita. Daí que sua primeira iniciativa seja, na maioria dos casos, de controle e de destacar os aspectos perigosos do consumo da nova mídia e ferramentas da rede.

É fácil constatar, quando iniciamos um diálogo com as famílias sobre a relação dos estudantes com as TICs, que a principal preocupação que aflora é o medo diante das interações que as crianças possam manter na internet com espaços e comunidades virtuais não desejados:

MÃE 1: "Tenho medo de que cada um tenha seu computador...; já começam a descobrir as redes sociais...; as crianças nesta idade não estão conscientes dos perigos que existem nestas redes".

MÃE 2: "Ensinar os perigos que existem na internet, que não acessem certas páginas".

MÃE 1: "Lá em casa já aconteceu de minha filha dizer: 'Me deixa em paz! Tô mandando um e-mail pra fulano. Sai, sai! Me deixa sozinha!'. E você tem que dizer: 'Nada disso! O que tá acontecendo? Se você não vai fazer nada de errado, por que não posso ficar? Colocamos o computador na sala, para que todos compartilhem isso'".

(Opiniões recolhidas da sessão de avaliação de 16/6/2010, no Projeto Tirso)

Esse temor sustenta-se no próprio desconhecimento sobre as novas mídias e suas possibilidades, dependendo da visão

Educação comunitária e novas alfabetizações

estereotipada que possuem sobre isso. Ainda está longe a possibilidade de entender o valor das importantes e valiosas interações que os estudantes podem construir com os novos ambientes digitais.

Uma forma de incidir na nova educação para os meios de comunicação é através das práticas de alfabetização comunitária. Um exemplo disso é o trabalho desenvolvido no colégio público Tirso de Molina, de Córdoba, através de uma comunidade de aprendizagem do qual participam os alunos de segundo ciclo da educação fundamental, um grupo de mães, a professora e voluntários da Faculdade de Ciências da Educação. A meta principal desse trabalho é favorecer um processo de aprendizagem conjunto em torno da alfabetização digital, no qual confluem os interesses da professora, dos alunos, das mães e do voluntariado. Por isso, no espaço da sala de aula, trabalham conjuntamente na elaboração de uma revista digital da turma, mediante um blog. Nesse espaço de colaboração entre a comunidade e a escola, uns aprendem de outros, e todos ensinam segundo suas possibilidades. Enfim, criam novos modelos de relacionamento e aprendizagem para superar a exclusão digital e cognitiva, dão reforço aos alunos que têm dificuldades na utilização do computador, com a finalidade de que a integração das novas ferramentas tecnológicas não se torne outro elemento de exclusão educacional e social. Por esse motivo, os alunos que apresentam um baixo domínio nas habilidades tecnológicas, ou porque não contam com um computador no lar, ou porque não tenha acesso a ele, participa de estratégias que ajudam a reforçar sua aprendizagem. Entre elas é preciso destacar:

a) a participação em grupos diversificados, com alunos com alto grau de domínio tecnológico que ajudam outros de menor desempenho;

b) a disponibilidade de um computador exclusivo, que não compartilha com outras crianças;

c) a atenção prioritária de alguma pessoa adulta no apoio às tarefas que tem de realizar para facilitar o sucesso na resolução dos deveres escolares;

d) a obtenção de resultados concretos, que se traduzem em contribuições pessoais para o trabalho coletivo (em nosso caso, a revista eletrônica da turma, mediante um blog) feitas pelos próprios alunos.

Propor como meta as altas expectativas para todos os alunos supõe planejar e pôr em prática atuações educativas que evitem o fracasso e, portanto, a exclusão educacional. As práticas escolares que demonstram ter êxito escolar – *School Development Program, Success for all* ou *Accelerated Schools* nos EUA, ou *Comunidades de Aprendizaje* na Espanha (Elboj et al., 2002) – coincidem numa premissa básica: "Os estudantes, em situação de risco, devem aprender em um ritmo mais rápido, e não em um mais lento que os atrasa cada vez mais. Para isso, é preciso uma estratégia de enriquecimento, e não de recuperação" (Levin, 1999: 82). Isto é, é feita uma opção por uma prática de aprendizagem reforçada para que as crianças, em geral, e os que estão em situação de risco de fracasso, em particular, encontrem-se em situações de aprendizagem potencializadoras de suas capacidades para que possam crescer e obter sucesso. Para isso, é preciso pôr em prática modelos organizativos originais em que participam voluntários que ajudam os docentes a alcançar metas comuns. Todas estas ações coordenadas tornam-se um elemento que incrementa a motivação e a autoestima destas crianças, junto com seus aprendizados, duas condições indispensáveis para o sucesso escolar e para uma adequada alfabetização midiática.

A importância das interações

Na atual Sociedade da Informação, as aprendizagens deixaram de ser um patrimônio único da escola e superaram abertamente os

Educação comunitária e novas alfabetizações

limites da sala de aula. O professor, como fonte de informação, compete com outros agentes: as próprias famílias, a mídia e, especialmente, a internet. Além disso, têm surgido outros contextos favorecedores da aprendizagem como o lar, as bibliotecas públicas, os lugares onde se realizam atividades culturais e o ciberespaço.

A importância das interações no desenvolvimento e nos processos de aprendizagem são temas amplamente tratados a partir da pedagogia e da psicologia sociocultural. Autores de reconhecido prestígio, como Freire, Dewey, Vygotsky, Bruner, Rogoff e Wells fizeram importantes contribuições sobre o significado destes processos na aprendizagem e no desenvolvimento, defendendo que os contextos que permitem diversidade de interações entre crianças e adultos favorecem o desenvolvimento e o sucesso dos estudantes em maior medida que aqueles em que a interação se reduz à relação professor-aluno. Este é um dos princípios que se pretende desenvolver nas experiências escolares em que se aposta por criar novos contextos nos quais os familiares e voluntários colaboram com os docentes, ou seja, aqueles em que a comunidade participa da educação de seus jovens. Não podemos ignorar que a aprendizagem está intimamente vinculada a um ambiente sociocultural, posto que as práticas de ensino e aprendizagem fazem sentido, como afirma Bárbara Rogoff (1993), de forma contextualizada, através da participação em práticas culturais.

Contudo, na SI a comunidade tem mudado, porque a globalização da economia e a revolução tecnológica têm propiciado mudanças que afetam a demografia, a economia e a cultura. A escola atual está imersa num contexto caracterizado por uma multiculturalidade que favorece novos e diversos modos de relação durante a infância, por uma maior flexibilidade na estrutura familiar e, sobretudo, está incorporando variadas práticas culturais, de ócio e de relacionamento, que se encontram mediadas pelos novos meios tecnológicos. Graças às TICs, os estudantes podem aprender com os companheiros de escola, com seus familiares no lar ou com outras pessoas de outras comunidades distantes com as quais se comunicam através da internet.

Essas mudanças sociais e culturais exigem uma transformação da cultura escolar para favorecer o desenvolvimento de novos modelos, como as *Comunidades de prática* (Lave e Wenger, 1991), *Comunidades de aprendizagem* (Elboj et al., 2002) ou *Comunidades de indagação* (Wells, 2001), nos quais se pretende a interação dos estudantes com os adultos e voluntários que colaboram com os docentes para o desenvolvimento das atividades de aprendizagem.

Nas experiências educativas que se desenvolvem segundo modelos como os que foram anteriormente mencionados, as interações entre os e as participantes adquirem uma importância capital. Para favorecê-las, é preciso criar turmas de crianças, com diversas habilidades tecnológicas, que devem resolver de forma cooperativa as tarefas planejadas, estando cada uma dessas turmas acompanhada por um adulto, que pode ser um pai ou uma mãe, um universitário voluntário ou voluntária, ou sua professora. Os adultos, além de resolver as dificuldades que surgirem, terão um especial cuidado em favorecer um diálogo igualitário, motivando e mediando com os membros da equipe para que a resolução da tarefa se resolva com sucesso.

Os modelos de interação que se desenvolvem no contexto da sala de aula são variados e com diversas finalidades. As crianças participam de um grande número delas, em alguns casos com seus companheiros de equipe para colaborar e pedir ajuda, e, em outros, quando o fazem com as mães, a professora ou os voluntários, para a organização da tarefa, a resolução de dúvidas, o reforço de práticas particulares, ou para serem motivados.

Também entre os adultos se estabelecem interações com diversas motivações. Às vezes são para aprender técnicas desconhecidas relacionadas com aspectos tecnológicos, outras para a ajuda mútua diante das dificuldades dos alunos e, em outras ocasiões, para reforçar vínculos afetivos com o grupo.

Outra esfera de interações de enorme importância é a que se estabelece entre os adultos com diferentes graus de habilidade no uso das TICs. Através delas, consolidam-se aprendizagens de tipo tecnológico e ações metodológicas que serão desenvolvidas com os estudantes. Nesse tipo de contexto de aprendizagem baseado na colaboração, todos aprendem e todos ensinam, pois nele se desenvolvem constantemente processos baseados na *participação guiada* (Rogoff, 1993).

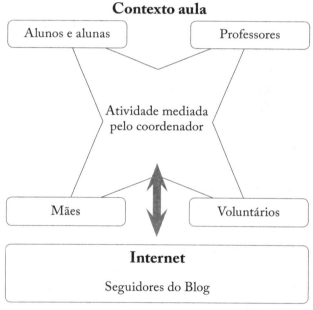

Contextos e interações na comunidade de aprendizagem

No início da experiência de alfabetização digital, algumas das mães participantes tinham conhecimentos rudimentares do uso de programas informáticos como o Windows, sendo que algumas não tinham conhecimento algum. Uma voluntária, aluna da Faculdade de Ciências da Educação, tinha conhecimentos avançados na matéria. Pois bem, desde o princípio se estabeleceram acordos explícitos para recorrer a pessoas com mais habilidades para que, diante das dificuldades, ajudassem aquelas menos treinadas. Por exemplo, no escaneamento dos desenhos das crianças, uma pessoa ensinou o procedimento a uma mãe, e esta, uma vez que aprendeu, o ensinava às crianças que iam à mesa do escâner e a outra mãe. Uma vez estabelecido o conhecimento da tarefa, a mãe aprendiz assumia o protagonismo e continuava ensinando aos alunos e a outro voluntário. Esse tipo de estratégia de aprendizagem permitiu que, durante o tempo em que foi elaborada a revista eletrônica, os adultos participantes adquirissem conhecimentos práticos e necessários para sua própria alfabetização e para sua tutoria das atividades dos alunos da turma.

A multiplicidade das interações, que são geradas nos contextos de aprendizagem comunitários, se incrementa na atual SI com as relações estabelecidas com comunidades de lazer ou de aprendizagem através das redes. Embora sua implementação no âmbito escolar seja inexistente, não podemos deixar de aludir brevemente a essas comunidades.

O desenvolvimento tecnológico dos novos meios de comunicação, especialmente da internet, tem permitido explorar novos espaços de colaboração na rede entre pessoas que se encontram distantes geograficamente. Na nova cultura da convergência, deparamos com novas formas comunitárias que se caracterizam "por afiliações voluntárias, temporárias e táticas, reafirmadas em virtude de empresas intelectuais e investimentos emocionais comuns" (Jenkins, 2008). Essas comunidades são extremamente flexíveis, e a fidelidade de seus membros está vinculada a interesses comuns, à produção conjunta de conhecimento e seu intercâmbio.

Embora seu desenvolvimento seja incipiente, este autor nos demonstra como, em determinados âmbitos (videojogos, produções de reality shows), estão gerando novos modos de gestão do conhecimento através de *comunidades de conhecimento*, nas quais se exercita um modelo de inteligência coletiva próprio da internet, pois "as pessoas aproveitam seus conhecimentos individuais em prol de metas e objetivos compartilhados" (Jenkins, 2008: 36). Com certeza, esses novos contextos virtuais permitem novos modelos de interação, embora ainda não tenham excessiva importância nas práticas educativas que se desenvolvem na educação obrigatória.

Novas práticas escolares de alfabetização digital comunitária[4]

Às vezes, o mais complicado para conseguir a integração das TICs nas práticas escolares é encontrar uma estratégia ou um motivo que permita gerar a enorme quantidade de energia necessária para dar andamento a processos de inovação que alterem as estruturas, às vezes envelhecidas, da cultura escolar. Por isso, como os heróis das histórias populares, é conveniente armar-se de ferramentas adequadas e aliados imprescindíveis. Entre os primeiros, são essenciais a criatividade, o saber profissional, o entusiasmo e uma adequada dose crítica sobre o sentido da educação. Entre os segundos, só é necessária a colaboração das famílias, porque as crianças serão incondicionais, e contar com alguns aliados dispostos a reforçar nossas iniciativas.

As práticas escolares que pretendem criar novos espaços e contextos educativos para tornar possível a integração das tecnologias nas práticas culturais da comunidade têm o valor agregado de tentar eliminar a distância, às vezes irremediável, que existe entre a cultura acadêmica (escolar) e a cultura popular (familiar, comunitária e das mídias).

No caso da que vem sendo realizada no Colégio Tirso de Molina, os esforços dos e das participantes se dirigem a um modelo de integração das TICs nos processos de educação e comunicação segundo a perspectiva comunitária. E esse modelo traz, com certeza, benefícios que transcendem o âmbito da sala de aula. Entre

---

[4]   Pode-se consultar a revista digital em: http://www.periodico4tirso.blogspot.com.

eles podemos destacar a maior preocupação das famílias para entender o fenômeno TIC e sua relação com a educação, a aceleração do aprendizado dos alunos e a modificação da percepção dos professores do colégio a respeito das práticas inovadoras.

A ideia que a atividade gera é realizar uma revista da turma com ferramentas próprias do século XX, mas com a colaboração dos pais e outros voluntários no contexto cotidiano da sala de aula. Esse ponto de partida é essencial. Sem a colaboração familiar, dificilmente poderemos avançar na alfabetização digital dos estudantes, principalmente porque a geração dos pais foi educada numa escola dominada pela alfabetização letrada.

As motivações que dinamizaram a experiência têm sido variadas, mas podem ser resumidas na

- Criação de um contexto educativo para acelerar as aprendizagens dos alunos do ensino fundamental no uso das TICs, prestando especial atenção às crianças que carecem de experiências com o computador no âmbito familiar.
- Geração de processos de alfabetização digital comunitária, no contexto escolar, com a participação conjunta de familiares, voluntariado, alunos e professores, favorecendo a criação de uma comunidade de aprendizagem.
- Transformação da cultura escolar através da reformulação das relações e interações que são produzidas no contexto da sala de aula, com a introdução de estratégias próprias da aprendizagem dialógica.

Posto que da experiência têm participado diversos agentes, que conformaram uma particular comunidade de aprendizagem, as metas de cada um deles têm sido diferentes, embora convergentes.

Os estudantes, por exemplo, tiveram de adquirir habilidades e conhecimentos relacionados com a competência digital e de tratamento da informação para resolver as tarefas e atividades propostas. Além disso, tiveram de aprender modelos de trabalho cooperativos, ajudando solidariamente os seus companheiros e assumindo as orientações que os adultos fizeram diante das dificuldades que foram surgindo. Diante de um determinado problema, quando a criança se dirigia a um adulto para pedir ajuda, a resposta a seu pedido foi a de envolver alguma criança da sua turma para que colaborasse e lhe ensinasse a resolvê-lo.

Por outro lado, as mães tiveram de aprender a participar do desenvolvimento de um novo contexto de aprendizagem, compreendendo os pontos-chave que determinam os processos de ensino-aprendizagem com seus próprios filhos, mas no contexto da sala de aula. Para isso, tiveram que integrar modelos de interação próprios da dinâmica da sala de aula para poder participar cooperativamente com os professores. Tiveram, portanto, que interpretar pontos-chave da cultura da sala de aula, sendo partícipes das mesmas, reconstruindo desta maneira uma imagem muito mais ajustada da ação docente. Esta foi uma das metas mais complexas e mais motivadoras para as mães participantes. Suas opiniões, vertidas nas sessões de avaliação do projeto, destacam este aspecto de forma prioritária:

MÃE 3: "Eu tinha vontade de saber como se desenvolvia uma aula de crianças do 4º ano...; queria saber o que fazem... meu filho e outras crianças... A paciência da professora com eles...; valorizar a profissão de professor, que tem muito mérito, é difícil... e explicar... por que eu posso saber algo, mas explicar é muito difícil".

MÃE 4: "Eu tinha os mesmos motivos... e além disso queria descobrir o mundo da informática. Ver como trabalha cada um".

MÃE 3: "E aprender das crianças, das quais se aprende muitíssimo".

MÃE 1: "Certas pessoas têm medo de perder a autoridade e dizem: 'Eu tenho tudo sob controle, certinho, mas, se vier outra pessoa... muda tudo e já não sei como posso controlar a situação'".

MÃE 1: "Eu acho que o maior mérito de um professor é que tenha mais vontade de aprender do que de ensinar".

(Opiniões recolhidas na sessão de avaliação, de 16/6/2010, no projeto Tirso).

Ademais, tiveram de adquirir conhecimentos sobre informática, ferramentas de comunicação da web e do modelo que o Conselho de Educação desenvolve nos centros escolares (Guadalinex: sistema operacional e software educativo de licença livre na Andaluzia):

MÃE 4: "Eu... não tinha computador em casa, como vocês, até pouco tempo atrás... Eu tive de descobrir tudo... Para mim tudo é uma novidade... Eu aprendi tudo. Agora mesmo tenho tantas coisas aqui..., tenho tantas coisas que gostaria de organizá-las... Tenho tudo anotado na minha caderneta".

(Opiniões recolhidas na sessão de avaliação, de 16/6/2010, no projeto Tirso).

Quanto aos professores, além de considerarem estas questões, tiveram de prestar atenção ao lançamento de um novo modelo de ensino baseado na aprendizagem dialógica e cooperativa, adaptando seu pensamento e suas decisões a uma nova situação em que é fundamental harmonizar as diferentes vozes e agentes que participam da atividade.

Por último, os voluntários contribuíram e adequaram seus conhecimentos tecnológicos para resolver dúvidas e problemas que surgiram no desenvolvimento da atividade.

Estamos diante de uma proposta de alfabetização digital que incide de maneira sistemática na forma em que as comunidades se apropriam da tecnologia, pois, através dela, são gerados processos de aprendizagem para os alunos, os professores e as famílias. Em nosso caso, a professora foi partícipe de um processo de formação num contexto real, aprendendo questões necessárias para seu domínio da tecnologia e da integração da tecnologia numa prática concreta. As mães, por outro lado, ajustaram seu aprendizado às necessidades das atividades abordadas, mas isso lhes permitiu

Educação comunitária e novas alfabetizações

ampliá-las, acrescentando conhecimentos através das ajudas oferecidas por membros mais experientes da comunidade ou através de processos de autoaprendizado.

A referência a esta e a outras experiências escolares, no uso da tecnologia nos novos processos de alfabetização, nas novas mídias, obriga-nos a nos questionar sobre o lugar que a tecnologia vem ocupando neste processo. Neste momento, na Espanha, numerosas escolas e institutos, no afã de modernização pedagógica, estão sendo dotados de uma enorme quantidade de computadores e de outros recursos tecnológicos que, na maioria dos casos, confundem e distorcem as práticas profissionais de um professorado que carece de uma adequada formação na educação que inclui as mídias modernas. É importante lembrar que a tecnologia sempre esteve presente na gestão do conhecimento e, portanto, tem feito parte da cultura escolar. A escrita, considerada como uma das principais ferramentas culturais, tem desenvolvido importantes tecnologias para a gestão da informação e do conhecimento. Por isso, precisamos nos perguntar o que trazem de novo as tecnologias da comunicação, como e por que as utilizaremos. Talvez, depois de uma discussão tranquila sobre essas questões, possamos esclarecer o significado das práticas inovadoras com as novas mídias, para não reproduzir os modelos caducos da escola da era industrial.

Da nossa perspectiva, os novos meios tecnológicos possibilitam dois eixos inovadores de ação nas práticas escolares, aos quais nos referimos ao longo deste capítulo. Por um lado, propiciam formas de produção de conhecimento diferentes, porque o papel da informação na cultura escolar tem mudado substancialmente. Antes, o problema era o acesso à informação, e uma boa parte da função do docente era administrá-la nos processos de aprendizagem. Na atualidade, o problema se desloca para a gestão da informação, pois o acesso é imediato e ilimitado. Por isso, a nossa preocupação deve ser selecionar e discernir para criar conhecimento útil e adequado para interpretar e intervir, nos contextos próximos da comunidade e da localidade, ou nos mais distantes, através das redes e comunidades virtuais.

Por outro lado, as tecnologias favorecem o surgimento de diferentes tipos de relações entre a escola e a comunidade, para construir novos espaços de colaboração na educação conjunta das crianças.

Bibliografia

AUBERT, A.; FLECHA, A.; GARCÍA, C.; FLECHA, R.; RACIONERO, S. (2008). *Aprendizaje dialógico en la Sociedad de la Información*. Barcelona, Hipatia.

BALLESTEROS, F. (2002). *La Brecha Digital*. El riesgo de exclusión en la Sociedad de. Información. Madrid, Biblioteca Fundación Retevisión.

BRUNER, J. (1996). *La educación puerta de la cultura*. Madrid, Visor.

CASTAÑO COLLADO, C.; AÑINO, S. (2008). *La segunda brecha digital*. Madrid, Cátedra.

CASTELLS, M. (1998). *La era de la información*. Economía, sociedad y cultura. Vol. 1. La sociedad red. Madrid, Alianza Editorial.

CUMMINS, J. (2003). *Lenguaje, poder y pedagogía*. Niños y niñas bilingües entre dos fuegos. Madrid, Morata.

ELBOJ, C.; PUIGDELLÍVOL, I.; SOLER, M.; VALLS, R. (2002). *Comunidades de aprendizaje*. Transformar la educación. Barcelona, Graó.

FLECHA, R. (1997). *Compartiendo palabras*. El aprendizaje de las personas adultas a través del diálogo. Barcelona, Paidós.

FREIRE, P. (1997). *A la sombra de este árbol*. Barcelona, Roure.

GILSTER, P. (1997). *Digital Literacy*. New York, Wiley Computer Pub.

GUTIÉRREZ MARTÍN, A. (2003). *Alfabetización Digital*. Barcelona, Editorial Gedisa.

JENKINS, H. (2008). *Convergence Culture*. La cultura de la convergencia de los medios de comunicación. Barcelona, Paidós. Ed. bras.: *A cultura da convergência*. 2. ed. São Paulo, Aleph, 2009.

LANKSHEAR, C.; KNOBEL, M. (2008). *Nuevos alfabetismos.* Su práctica cotidiana y el aprendizaje en el aula. Madrid, Morata.

LAVE, J.; WENGER, E. (1998). *Situated learning:* Legitimate peripheral participation. Cambridge. Cambridge University Press.

LEVIN, H. M. (1999). *Aprender en las escuelas aceleradoras.* Volver a pensar la educación. Prácticas y discursos educativos. Madrid, Morata.

LÉVY, P.; MEDINA, M. (2007). *Cibercultura:* informe al Consejo de Europa. Rubí/Barcelona/México, Edit. Anthropos/UAM.

MASTERMAN, L. (1993b). La revolución de la educación audiovisual. In: APARICI, R. (coord.). *La revolución de los medios audiovisuales.* Madrid, La Torre.

ROGOFF, B. (1993). *Aprendices del pensamiento.* Desarrollo cognitivo en el contexto social. Barcelona, Paidós.

SERRANO SANTOYO, A.; MARTÍNEZ MARTÍNEZ, E. (2003). *La Brecha Digital:* Mitos y Realidades. Mexicali, Editorial UABC.

SNYDER, I. (comp.) (2004). *Alfabetismos digitales:* comunicación, innovación y educación en la era electrónica. Málaga, Ediciones Aljibe.

UNESCO. *Hacia las sociedades del conocimiento:* informe mundial de la Unesco. Paris, UNESCO, 2005.

VYGOTSKY, L. *El Desarrollo de los Procesos Psicológicos Superiores.* Barcelona, Crítica, 2000.

WELLS, G. (1990). Condiciones para una alfabetización total. *Cuadernos de Pedagogía,* 179.

_____ (2001). *Indagación dialógica.* Hacia una teoría y una práctica socioculturales de la educación. Barcelona, Paidós.

Capítulo 14
O uso da TIC no ensino e na aprendizagem: questões e desafios[1]

*Jerome Morrissey**

Existe um consenso generalizado de que as TICs (Tecnologias de Informação e Comunicação) deveriam integrar-se na vida das escolas. A publicação da OECD (Organização para a Cooperação e Desenvolvimento Econômico) "Os estudantes estão preparados para um mundo repleto de tecnologia?" confirma o papel central que as TICs estão desempenhando no desenvolvimento das economias baseadas no conhecimento.

O investimento em TICs tem contribuído, de forma significativa, para o crescimento do PIB em muitos países durante os últimos dez anos. O relatório reconhece que as TICs permeiam toda a nossa vida, desde o âmbito social e pessoal até o profissional.

Cada vez mais, a evidência mostra que o uso das TICs contribui para o desenvolvimento da criatividade e da inventividade, habilidades que são particularmente valorizadas no mercado de trabalho. O uso das TICs é um fator-chave para a mudança social. A disponibilidade de computadores mais baratos, dispositivos eletrônicos portáteis e telefones celulares mais potentes tem levado a uma revolução nas comunicações entre os jovens. Eles usam normalmente sites de interação social como MySpace, Facebook e

---

[1] Este artigo é uma das palestras do seminário internacional "As TICs: da sala de aula à agenda política. Palestras do Seminário Internacional *Como as TICs Transformam as Escolas*", promovido pela Unicef da Argentina.

* Jerome Morrissey foi diretor do Centro Nacional de Tecnologia da Educação (NTCE) da Irlanda.

Bebo para interagir com seus amigos e, rapidamente, adaptam e personalizam o uso destas ferramentas.

Viver numa sociedade da informação e numa economia baseada no conhecimento requer que seus jovens possuam uma ampla gama de competências em TIC para que possam participar plenamente, como cidadãos. As TICs são consideradas, atualmente, como um componente essencial da educação do século XXI. No entanto, o mundo educativo deve enfrentar dois fortes desafios interdependentes, se pretende que as escolas se transformem em ambientes de ensino mediados pelas TICs, que explorem seu vasto potencial para enriquecer a aprendizagem. O primeiro deles é demonstrar, de modo claro e bem-sucedido, *o valor educativo* das TICs na sala de aula. O segundo desafio, relacionado com o anterior, é convencer os tesouros públicos nacionais e os departamentos de educação a proporcionar os altos níveis de investimento necessários para se conseguir chegar a uma mudança real na educação, através das TICs.

Para realizar a integração das TICs nas escolas

As pesquisas ainda não conseguiram demonstrar que a integração das TICs contribua para melhorar o desempenho dos estudantes: não há evidência que comprove que uma aprendizagem dada seja resultado da integração das TICs na aprendizagem. Estas descobertas não são surpreendentes, dado que o nível de provisão da TIC e os pré-requisitos para uma integração real e efetiva ainda não foram cumpridos na maioria das escolas da maioria dos países. Transformar as escolas através das TICs exige uma mudança organizacional significativa, além do investimento em infraestrutura e a capacitação dos docentes.

Os requerimentos para uma verdadeira integração das TICs nas escolas incluem o seguinte:

1. A provisão de recursos suficientes em TIC que sejam confiáveis, de fácil acesso e estejam disponíveis quando necessários, tanto para os docentes como para os estudantes.
2. As TICs devem estar incluídas no processo de desenvolvimento do currículo e na sua posterior implementação.
3. O uso das TICs deve ser refletido na forma como os estudantes são avaliados. Além disso, as TICs são excelentes recursos para a avaliação das aprendizagens.
4. Acesso ao desenvolvimento profissional baseado em TIC para os docentes.
5. Forte apoio para diretores e coordenadores de TIC nas escolas, para dominar seu uso e facilitar a aprendizagem entre os colegas e o intercâmbio de recursos.
6. Suficientes recursos digitais de alta qualidade, materiais de ensino e exemplos de boas práticas para envolver os estudantes e apoiar os docentes.

Sem níveis razoáveis de provisão de TIC nos lugares adequados, a pesquisa sobre o impacto das TICs para a aprendizagem e melhores avaliações é, em muitos sentidos, prematura e de valor limitado, semelhante a medir uma melhoria na saúde depois de tomar o primeiro comprimido de antibiótico.

Qual é o sentido de usar TIC no ensino e na aprendizagem?

O acesso a recursos TIC, programas e materiais na sala de aula pode oferecer um ambiente muito mais rico para a aprendizagem e uma experiência docente mais dinâmica. A utilização de conteúdos digitais de boa qualidade enriquece a aprendizagem e pode, através de simulações e animações, ilustrar conceitos e princípios que – de outro modo – seriam muito difíceis para os estudantes.

Há algumas evidências de aprendizagens enriquecidas e aprofundadas pelo uso da TIC. As TICs são fortemente motivadoras para os estudantes e proporcionam encontros de aprendizagens mais ativos. O uso das TICs na aprendizagem baseada em projetos e em trabalhos de grupo permite o acesso a recursos e a especialistas que levam a um encontro de aprendizagem mais ativo e criativo, tanto para os estudantes como para os docentes. A avaliação da aprendizagem é uma dimensão-chave para qualquer domínio de aprendizagem personalizado. As TICs são particularmente adequadas como ferramentas para a avaliação da aprendizagem.

As TICs são especialmente efetivas para atender algumas das dificuldades de aprendizagem associadas à inclusão social e à igualdade de oportunidades educativas. Os resultados de várias pesquisas demonstram uma grande participação, envolvimento e realizações subsequentes em tais cenários (*The Liberties Learning Initiative* em Dublin, Irlanda, é um desses exemplos).

O uso das TICs pode apoiar a aprendizagem de conceitos, a colaboração, o trabalho em equipe e a aprendizagem entre os colegas. Podem oferecer simulações, modelagens e mapas conceituais que animem e provoquem respostas mais ativas e relacionadas com a aprendizagem exploratória dos estudantes. As TICs podem ser utilizadas para criar situações de aprendizagem que estimulem os estudantes a desafiar seu próprio conhecimento e a construir novos ambientes conceituais.

Como consumidores, demandamos e recebemos serviços e produtos conforme os nossos requerimentos pessoais. De forma inevitável se exige que a educação procure ajustar as experiências de aprendizagem às necessidades individuais dos estudantes. O currículo atual da escola fundamental está focado no aluno; por isso os docentes se esforçam para proporcionar uma experiência de aprendizagem personalizada para cada estudante, em resposta a suas necessidades individuais. As TICs oferecem uma caixa de ferramentas fundamental para alcançar esse tipo de experiências de aprendizagem. Adquirir as competências para realizar uma aprendizagem autônoma ao longo de toda a vida depende, em boa parte, do uso integrado de recursos TIC.

"Desconectar-se" na porta da escola não é uma opção.

Envolver-se com os novos meios digitais é uma atividade interativa e colaborativa. Ao longo do dia, muitos jovens se conectam com seus amigos e companheiros em websites de intercâmbio social e em blogs. Constantemente trocam e compartilham ideias, pontos de vista e informação. Suas opiniões se debatem, são provadas e vão sendo ajustadas até atingirem um acordo. Os jovens se transformaram em produtores, editores e publicadores ativos de conteúdo digital na web e, através destas atividades, uma aprendizagem personalizada abre espaço de maneira informal e permanente.

Um relatório recente da National School Boards Association dos Estados Unidos, que atende a quarenta e sete milhões de alunos, descobriu que 96% dos estudantes com acesso à internet usam ferramentas de interação social com texto, imagens e vídeo. Muitos, inclusive crianças, são criadores de conteúdo multimídia. Curiosamente, o relatório destaca que os estudantes que costumam romper com as regras de uso das TICs na escola eram, na maioria, também os de menor rendimento, mas suas competências no uso da web e na criação de conteúdos eram excelentes, assim como suas habilidades criativas, de comunicação e liderança. Contudo, enquanto os docentes atribuem a seus alunos deveres de casa que exigem o uso da internet, as escolas proíbem que os estudantes acessem seus próprios sites de interação social nos computadores da escola.

O problema que a educação enfrenta, então, é encontrar formas de nivelar e incorporar as numerosas competências e metodologias para a aprendizagem baseada em TIC que os estudantes possam trazer para a sala de aula. Isto representa um desafio enorme e crescente para os docentes como facilitadores da aprendizagem.

A existência e o protagonismo dos livros didáticos na sala de aula têm sido, até agora, uma maneira muito eficiente de proporcionar exatamente o conteúdo correto, na medida correta para atingir os objetivos curriculares e preparar as provas. Por muitos motivos, este sistema manteve a ênfase na memorização da informação e dos dados para reproduzi-los e prová-los no momento da avaliação. Na sociedade do conhecimento, os jovens devem ser estudantes ao longo de toda a vida. Isto significa que sua formação deve enfatizar, de modo especial, a construção de competências de ordem superior. Procurar fontes, avaliar a relevância, analisar, sintetizar e reformular a informação e os dados são competências críticas para o futuro. Um uso planejado da TIC e dos recursos baseados na internet pode contribuir, em boa medida, para transformar a aula num lugar onde, guiado pelo professor, o processo de aprendizagem dos estudantes esteja baseado na indagação, pesquisa e colaboração. E em que sejam eles mesmos os criadores de alguns de seus próprios recursos, organizando e armazenando a informação. Os estudantes, orientados por seus professores, tornam-se criadores de conteúdos e produtores de seus próprios "livros didáticos". Neste sentido, os jovens já estão utilizando estas competências diariamente.

Se os estudantes estiverem obrigados a "desconectarem-se" de seus telefones celulares ou dispositivos eletrônicos portáteis na porta da escola, estes estabelecimentos cada vez mais serão vistos como irrelevantes, chatos e distantes desse mundo guiado pela tecnologia em que os jovens vivem. Os sintomas deste desencontro se verão cada vez mais através da pouca assistência e dos crescentes problemas de disciplina nas escolas.

Uso efetivo de tecnologias de baixo custo

Os níveis de investimento necessários para sustentar a integração das TICs nas escolas são proibitivos para muito países e há grandes disparidades entre as verbas que são destinadas. A infraestrutura em TIC tem significado, tradicionalmente, a compra de computadores de alta qualidade, desenvolvidos e montados para o mercado comercial. E as escolas não precisam de computadores de padrão comercial. Existem poucos exemplos de compra maciça de computadores econômicos que tenham sido pré-configurados especificamente para a sala de aula. Do mesmo modo, em alguns países existe atualmente uma corrida para comprar lousas interativas. Estes dispositivos de alto potencial são muito caros e só são efetivos se os docentes que os utilizarem já estiverem altamente capacitados no uso das TICs para o ensino. Com o custo de uma só tela interativa de alta qualidade poderiam ser equipadas quatro salas com um projetor digital, um computador e um mouse sem fio.

Até o momento, quando falamos de TIC nas escolas, invariavelmente nos referimos a computadores e a dados ou informação que se apresentam em formato de texto. Por algum motivo, não prestamos demasiada atenção nas escolas aos formatos visuais ou audiovisuais. No entanto, as câmeras digitais, por exemplo, são relativamente acessíveis e apresentam infinitas vantagens para a inovação das escolas com a TIC. Com um cuidadoso planejamento do docente, o uso de uma câmera digital pode ajudar a alcançar muitos dos objetivos de aprendizagem, por exemplo, habilidades básicas para a fotografia, registrando imagens para ilustrar projetos de trabalho, fotografando lugares da localidade, sítios históricos, paisagens ou situações familiares. Professores e alunos podem criar juntos um "banco de imagens" com fotografias que, com o passar do tempo, pode se transformar em um recurso interessante para toda a escola. Inclusive, podem-se convidar os pais e a comunidade local para que contribuam com suas fotos. À medida que este banco cresce, pode ser aproveitado tanto pelos professores como pelos estudantes para dar aulas ou montar projetos.

Outra maneira efetiva de integrar as TICs no processo de ensino/aprendizagem consiste em utilizar câmeras de vídeo digital de baixo custo para fazer, por exemplo, filmes curtos de cinco minutos.

A maioria das matérias do nível fundamental pode ser ensinada através de atividades de realização de filmes. Na verdade, estas atividades colaborativas provocam um grande entusiasmo nos alunos. Não é difícil ter acesso a guias ou a manuais sobre o processo de realização de filmes, de maneira que os alunos aprendam a linguagem e a gramática do cinema. A partir dali, podem surgir projetos sumamente criativos e colaborativos para desenvolver toda uma aula. Os estudantes terão temas ricos e variados para seus filmes.

O processo de produção pode incluir também grupos mais amplos dentro da comunidade. Inclusive, os curtas-metragens ou filmes podem ser projetados em auditórios comunitários ou cinemas locais.

Propostas de salas de aula ou de escolas irmãs de diferentes lugares do mundo, que trabalham em conjunto, também podem ser realizadas, combinando os meios tradicionais com a internet. As escolas procuram outra escola em algum lugar do mundo e concordam em compartilhar informação, enviando algum material através do correio postal. Também podem comunicar-se por correio eletrônico.

Por exemplo, uma escola irlandesa trocou um ursinho de pelúcia com outra da Austrália por correio. Cada boneco se tornou um imigrante e "morou" numa sala de aula estrangeira. Os ursinhos escreviam e-mails a suas escolas de origem, contando suas experiências numa cultura e num clima diferente. As crianças aprenderam muito preparando as mensagens, e o projeto gerou muito entusiasmo em cada um dos grupos.

Projeto FIS http://www.fis.ie/

Este projeto estruturou um programa curricular em torno da produção de filmes. Por um lado, teve como objetivo que as crianças aprendessem a utilizar a terminologia, o vocabulário da filmagem. Paralelamente, foi organizado o treinamento para os docentes. Por outro lado, foram abordadas diferentes disciplinas: arte, linguagem, matemática, criatividade. O recurso principal com o qual a escola contava era uma câmera de vídeo básica. Os diferentes grupos de alunos fizeram um filme de um ou dois minutos. Em alguns casos, foi feita a estreia no cinema local, ou na escola, com a presença dos pais. Finalmente se organizou um evento em nível nacional com mil crianças no Ministério da Educação.

Na atualidade, ter celulares é um fato quase universal. Ao incorporar novas características e funções, o telefone celular já se transformou num computador de mão. Os estudantes os usam constantemente como ferramentas de comunicação e como arquivo de informação, mas também como organizadores pessoais e para baixar informação da internet. No entanto, seu uso está proibido na escola. A dificuldade para a escola é como encontrar usos educativos legítimos para os celulares nas atividades de ensino e aprendizagem, e como usá-lo construtivamente.

Na Irlanda está sendo realizado um projeto de aprendizagem da língua original irlandesa através da telefonia móvel. O objetivo da iniciativa era promover o interesse dos alunos pela língua irlandesa, desenvolver suas habilidades comunicativas e incrementar o uso das quatro competências básicas – ler, escrever, falar e escutar – nesta língua. Para isso, foi criado um sistema de conteúdos com muitas frases baseadas em mensagens de texto, que foi utilizado por 200 jovens. Houve também uma pesquisa para saber de que maneira os celulares podiam servir aos docentes para a avaliação dos estudantes, e aos estudantes em sua própria autoavaliação, já que se resolveu que pelo menos a terça parte da avaliação das aprendizagens se realizaria por esse meio. A tecnologia contou com telefones que usaram ligações convencionais e aplicações SMS, chat, laptops e um software de administração relativamente simples. Os celulares foram usados para a prática e avaliação da língua e para a aquisição de vocabulário. A avaliação inicial foi muito positiva, e o projeto se estenderá de imediato. Os estudantes manifestaram um aumento na motivação, melhoraram suas competências, aumentaram sua confiança e autonomia na aprendizagem.

O aumento na motivação e a utilização pelos estudantes adiantados são realmente significativos, visto que geralmente existe uma apatia, e até mesmo resistência, dos alunos para falar irlandês. Como resultado, o projeto se ampliará a um número maior de escolas. Para as primeiras fases do projeto se decidiu comprar celulares muito simples e baratos para serem utilizados exclusivamente neste projeto. Dessa maneira, pode-se controlar o custo do serviço e esse uso específico fica garantido. Além disso, houve um programa especial de gestão para os laptops dos professores, de modo que eles/elas podiam monitorar a participação, dar resposta a consultas e orientar os estudantes.

Planejamento da mudança guiada pelas TICs nas escolas

Existem numerosos exemplos em qualquer país do mundo que mostram escolas totalmente equipadas com TIC até níveis invejáveis. A Irlanda, desde que ficou independente do Reino Unido, em 1921, tentou reintroduzir o uso do idioma irlandês. Em sua versão escrita, conseguiram que a maioria da população o domine, uma vez que se ensina a ler e escrever irlandês em todo o ensino obrigatório. Todavia, isto não acontece com a versão oral, já que o inglês mantém um alto predomínio, e o nível de utilização ou de integração das TICs na vida cotidiana da sala de aula é decepcionante.

O uso da TIC no ensino e na aprendizagem: questões e desafios

De maneira oposta, existem muitas escolas com escassos recursos que realizam maravilhosas inovações com as TICs e as integram no ensino e na aprendizagem. O uso bem-sucedido e a integração das TICs nas escolas exigem muito mais que a aquisição da infraestrutura básica da TIC e os recursos dos governos ou autoridades regionais.

Cada escola deve planejar, cuidadosa e metodicamente, a mudança guiada pelas TICs. Cada uma delas definirá um modo de incorporação diferente, nascido de suas fortalezas e prioridades particulares. Há uma clara evidência internacional que indica que o diretor é uma figura de importância central para realizar a mudança com TIC nas escolas. O diretor deve liderar a mudança e planejar colaborativamente o desenvolvimento de um ambiente de aprendizagem mediado pela TIC em sua escola. Há também evidência de que se consegue uma maior integração das TICs e de colaboração entre os colegas nas escolas que contam com um docente coordenador de TIC.

Liderança e visão

Cada escola tem de identificar sua visão sobre o uso e a integração das TICs. Para isso, é essencial que os diretores tenham alguma visão ou expectativas em relação a este propósito e que os docentes realizem suas contribuições para configurar esta visão. Ela estará influenciada e moldada pelas características particulares e pelas capacidades da própria escola. O planejamento de uma política TIC é um processo colaborativo em que a intervenção docente é fundamental.

Todo o projeto institucional de TIC deve estar de acordo com esta visão e estratégia. A política deve abarcar a integração das TICs no currículo; o planejamento de melhora dos recursos TIC e do acesso de estudantes e docentes a estes recursos; o planejamento de oportunidades para o desenvolvimento profissional docente e uma política de uso seguro da internet.

Ao preparar o plano de TIC, a equipe responsável por essa tarefa deve identificar o lado forte e o lado fraco da escola com relação a estas tecnologias. É importante levar a cabo um estudo da situação da qualidade e da quantidade de equipamentos e outros recursos digitais existentes na escola, de modo a poder ter um panorama real sobre as melhorias que podem ser feitas em infraestrutura nos próximos três anos.

Além do financiamento proveniente das autoridades locais ou nacionais, também existem outras maneiras de obter equipamento ou outros recursos digitais, através de empresas ou organizações. Muitas vezes, as empresas doam equipamento que está em boas condições, fazem doações ou ajudam financeiramente. É muito útil ter uma visão de negócios quando se procura este tipo de assistência. Um plano de TIC, com uma projeção de três anos, que identifica as necessidades de equipamentos e como a escola fará uso deles, com certeza será profundamente valorizado nestas situações.

Novas responsabilidades para as escolas

Existem várias preocupações para as escolas em torno do rápido crescimento das redes da internet. Para elas, o aumento das possibilidades de *cyber bullying* ou importunação através de meios digitais com os quais devem lidar como parte de suas normas de uso aceitável da internet, que cada escola deve elaborar. A importunação on-line pode ter consequências mais severas para as vítimas porque é muito difícil escapar delas. É preciso que os próprios estudantes tenham consciência por si mesmos de que na internet não existe privacidade ou anonimato: uma vez que publicam um material na web, perdem o controle e possibilitam o uso impróprio ou manipulação para qualquer propósito, inclusive com o risco de ser logo julgado como ilegal, racista ou indevido.

Garantir um nível adequado de recursos TIC é uma luta constante para a maioria das escolas. Todavia, a tarefa constante de assegurar o equipamento se nivela com o entusiasmo dos docentes para participar de seu desenvolvimento profissional em TIC e para usar as TICs na sala de aula. Os docentes podem ser os inovadores mais eficientes no uso das TICs e já demonstraram comprometimento e criatividade em como utilizam a tecnologia para a aprendizagem e o ensino.

No futuro, o foco para as TICs na escola será menor no que se refere à aquisição de equipamentos dispendiosos, e será maior no que diz respeito a estratégias para incorporar a tecnologia móvel e conteúdos digitais, tanto de estudantes como de docentes.

Capítulo 15
Educação na rede. Algumas falácias, promessas e simulacros

*José Antonio Gabelas Barroso**

A ignorância só se produz para ser explorada.
Guy Debord

Ambiente social, ambiente tecnológico, ambiente comunicativo?

Assistimos ao desenvolvimento de uma tecnologia em que as explorações e a otimização nos servidores *streaming*, a velocidade de conexão dos usuários, a popularização da conexão à internet, a partir dos dispositivos móveis e da tela da televisão, descrevem um ambiente social com um perfil de público muito diferente do que vivenciamos com a mídia tradicional. Hoje, estamos falando de públicos segmentados, diferentes, dinâmicos, flexíveis, e com uma capacidade de participação significativa. Todavia, não podemos esquecer que esta "fotografia" obedece ao mundo conectado. Segundo a *Internet World Stats*,[1] na África, com uma população de 991.002.342 habitantes, os usuários que dispõem de conexão à internet são 4.514.400; enquanto na Europa, com uma população de 803.850.858, dispõe de 425.773.571 de habitantes conectados à internet. Estas diferenças se manifestam também entre homens e mulheres, cidade ou campo, idades, *status* sociais. Pensemos que,

---

* José Antonio Gabelas Barroso é professor da UOC (Universidade Aberta da Catalunha) e da pós-graduação em Comunicação e Educação em Rede da UNED (Universidade Nacional Espanhola de Educação a Distância).

[1] http://www.internetworldstats.com/Consulta: 1º de julho 2010.

José Antonio Gabelas Barroso

ao lado destas "exclusões", existem outras mais profundas como a assistência à saúde, a educação, a mortalidade infantil, a fome, a pobreza.

Segundo as teses de Castells,[2] o surgimento das redes sociais como *Facebook* ou *Twitter* corresponderia a uma nova estrutura de comunicação que traria como consequência uma nova estrutura de relações sociais. Nesta obra, o autor questiona a promessa da internet como meio livre, horizontal e descentralizado. Formula interessantes questões, como o grau de intervenção dos cidadãos e sua capacidade de visibilidade no ciberespaço e, portanto, nos espaços físicos; também se aborda a responsabilidade de sermos mais críticos com o sistema comunicativo que está sendo construído e, portanto, social e econômico; e qual é a verdadeira possibilidade que todos temos para mudar as coisas, para nos fazer ver e para ouvir no cotidiano e nas problemáticas diárias. A partir de outras posições, mais próximas ao determinismo tecnológico, para McLuhan, estas redes sociais mudariam as formas em que nos comunicamos, rompendo os limites do espaço-tempo, no que ele denomina como "prolongamentos de nossos sentidos".

A sociedade tem manifestado uma tendência progressiva à comunicação e à expansão de suas próprias redes de convivência, explorando além das barreiras de espaço e de tempo. Considero que diante do surgimento de uma nova tecnologia, se ela não for aceita e utilizada pela sociedade, não se desenvolverá. Linkedin, Facebook ou Twitter têm feito sucesso devido à sua "eficácia social", uma vez que a sociedade, em seu conjunto, considera que são ferramentas úteis para ampliar seus relacionamentos, contatos, informação e, de alguma maneira, reforçar o vínculo comunicativo que existe entre os membros de uma comunidade e entre outras comunidades.

Que o novo ambiente 2.0 está mudando muitos aspectos é evidente, pois acrescenta um novo paradigma tecnológico com uma

---

[2] Castells, M. (2010). *Comunicación y poder.* Alianza Editorial. Madrid.

Educação na rede. Algumas falácias, promessas e simulacros

dimensão global que diminui o espaço e o tempo. Permanece a dúvida sobre se este novo paradigma forma cidadãos mais críticos e participativos na melhoria de seu ambiente mais próximo e imediato. Nesse sentido, Jeffrey S. Juris[3] estabelece alguns exemplos de como os cidadãos mais ativistas utilizam eficazmente a rede, indicando o aparecimento de "guerras em rede" globais. Por sua vez, Henry Jenkins[4] ressalta que a convergência midiática não é somente a interconexão das tecnologias, nem dos canais de distribuição, mas que se trata de um processo de transformação cultural baseado nas novas possibilidades de ação e participação dos públicos que supõem a digitalização das mídias. Jenkins afirma que "a convergência representa uma mudança cultural, já que anima os consumidores a procurar novas informações e a estabelecer conexões entre conteúdos midiáticos dispersos" (Jenkins, 2008: 15).

De modo que haverá pessoas que desenvolverão um papel mais crítico, reivindicativo, e outros que o utilizarão como algo lúdico, ou de diversão.[5] Outros autores, como Nicholas G. Carr, autor de *O cérebro digital*, em seu afã por diferenciar o que é certo do que não é na nova mídia, em seu ensaio de 2005, "Amorality of Web 2.0", deixa claro que a internet foi criada para fazer negócios, e os "inventores" da web 2.0 venderam as promessas da rede para incrementar o consumo e também seus lucros. Este autor propõe uma interessante pergunta: existe alguma minoria que pode estar lucrando com os conteúdos gerados com o esforço gratuito dos internautas, aos quais foram entregues uns meios de produção e lhes estão negando a propriedade de seus trabalhos?

---

[3] JURIS, J. *Networking Futures: the movements against corporate globalization.* Durham, NC, Duke University Press, 2008.

[4] JENKINS e JENKINS, H. *La cultura de la convergencia de los medios de comunicación.* Editorial Paidós, Barcelona, 2009.

[5] Como acontece com o *flashmob*, entendido como uma multidão instantânea e imediata que se convoca a partir de SMS através das redes sociais.

Algumas ilusões da educação on-line

Alguns dos parâmetros mais significativos que descrevem a educação virtual são o docente, o estudante e os EVA (ambientes virtuais de aprendizagem). Comenta-se que o docente muda seu papel de professor-transmissor de informação para mediador-facilitador de processos de aprendizagem e coaprendizagem. Sobre o estudante, também se diz que é o sujeito, destacado protagonista de sua própria aprendizagem e da aventura para o conhecimento (não da informação). Quanto aos EVA, apresentam-se como ambientes em que os meios (TIC), os docentes e os estudantes se inter-relacionam num processo de crescimento, comunicação e aprendizagem em que, por ser basicamente assíncrono, todos desfrutam do acesso ao conhecimento em qualquer lugar e momento. Acho que em poucas linhas conseguimos resumir a essência do denominado *elearning*. E, então, o que significa se tudo o que foi dito for correto? Indicarei algumas premissas:

- *Que* o protagonismo do docente deve ceder ao do discente, e que a localização "única" da informação no livro didático e na lousa (sejam digitais ou não) se desloque para outros "centros" e a partir de outros "meios, suportes, formatos e canais".

- *Que*, para superar a materialidade de uma sala de aula, um programa, um horário, num campo virtual basicamente assíncrono, é preciso uma enorme energia mental e preparação por parte do "novo professor".

- *Que* a importância do estudante, como sujeito protagonista de sua aprendizagem, supõe um nível de responsabilidade, motivação e autonomia para o trabalho com as TICs e nos EVA muito mais intenso e potente que a do estudante tradicional e presencial. Constatamos que o ponto de motivação do estudante se reduz conforme aumenta o grau de interação entre docente, discente e EVA.

Educação na rede. Algumas falácias, promessas e simulacros

- *Que* a educação virtual, aberta, acessível, flexível e personalizada, implica uma importante preparação e dedicação do professorado virtual.
- *Que* o nível de usabilidade exige uma lógica de organização e navegação homogênea e coerente; um planejamento atual, claro e atraente das telas; uma linguagem clara; além de uma solidez em seus conteúdos, de modo que os itens e hipervínculos sejam descritivos e eficazes para a procura.
- *Que* os EVA, que são promovidos como uma janela aberta ao conhecimento, com um nível de acessibilidade e usabilidade importantes, devem dispor de uma plataforma tecnológica que permita a interação em todas as horas, durante todos os dias do ano.
- *Que* a riqueza de um espaço telemático destinado à formação exige um cuidadoso planejamento formativo – como enfatizam Duart e Sangrá na obra *Aprender en la virtualidad* –, de acordo com as necessidades e as finalidades educativas de seus usuários. Nesse aspecto, contêm uma importante direção didática a criação de materiais multimídia com um roteiro didático e a inclusão de guias que orientem, esclareçam e ofereçam confiança ao estudante virtual.
- *Que* os documentos multimídia, como menciona Osuna, "são abertos ou fechados, em função da concepção comunicativa e educativa que os sustente. Que no hipertexto, hipermídia e multimídia não é que não existe linearidade, mas a sua linearidade é múltipla. Na realidade, sempre há um princípio, o que escolher cada usuário ou usuária em sua navegação com o documento" (Osuna, 2007: 59).

O termo MCM (meios de comunicação de massas) tem sido criticado com insistência, com a observação de que os grandes meios não comunicam, mas apenas transmitem informação e modelos. E foram apresentadas como alternativa os denominados news-media ou novas mídias, novas tecnologias, como meios que, sim, comunicam, que permitem a comunicação. Perguntemo-nos se com as TICs e os EVA mudou o modelo de comunicação na educação. Agora, com a irrupção das novas tecnologias nos cenários virtuais de formação, a comunicação seria mais horizontal, próxima, humana. A educação ainda tem uma tarefa pendente: medir a qualidade de sua educação pela qualidade de sua comunicação. E este desafio é para todos, tanto para a educação presencial como para a virtual. Um desafio que também não foi levado em consideração na última reforma educativa, sob a bandeira das denominadas competências comunicativas.

Falácias e TICs...

O contexto midiático que foi sendo gerado ao longo deste último século e, sobretudo, os ambientes virtuais que contribuíram para o fenômeno TIC nestas últimas décadas, nos obrigam a definir com nova perspectiva o fenômeno da comunicação. A comunicação se tornou um conceito-curinga que é utilizado para tudo, adquirindo certas conotações que merecem uma análise mais detalhada que permita eliminar certas ideologias que estão presentes, embora não apareçam.

A comunicação é poliédrica, permite observar vários fatores que estão estreitamente relacionados e se complementam. Em primeiro lugar, qualquer povo, qualquer civilização nasceu e cresceu a partir da narração, a partir do relato. O Ocidente deve ao Iluminismo seus princípios fundamentais que hoje são a chave de todas as Cartas Constitucionais. Este processo e sedimento cultural recolhe a produção da mídia que, ao longo de mais de um século, deixou uma profunda marca no imaginário coletivo social.

A crescente importância que tem o emaranhado informático-telemático e multimídia tem modificado vertiginosamente nossa maneira de entender o mundo e nossas relações. A convergência midiática supõe um giro muito significativo nos conceitos-chave da

Educação na rede. Algumas falácias, promessas e simulacros

alfabetização audiovisual e digital, como a recepção e as audiências, a interatividade ou a representação. Os grupos empresariais da comunicação são cada vez mais potentes dentro de uma arquitetura globalizada que abrange as esferas cidadãs (economia, cultura, sociedade, política). Contudo, a sensibilidade das instituições políticas e administrativas não apresenta a necessidade de promover e facilitar a alfabetização da cidadania porque os rendimentos políticos, e os acordos de conveniência com as empresas midiáticas, são mais importantes que uma sociedade crítica e construtiva com seu ambiente.

Por último, não podemos esquecer esse conjunto de símbolos, valores, normas, representações que formam a chamada cultura pós-moderna com seus múltiplos sonhos e manifestações. Apesar de este ser o ambiente em que se deveria estar situada a comunicação, observamos que o discurso oficial e estabelecido subestima estes fatores. Ignora-se a comunicação como relato e como manifestação cultural para enfatizar o lado tecnológico. A partir deste reducionismo, as empresas do ramo vendem unidades tecnológicas a partir de redes eficazes de promoção, com discursos que equiparam a venda de computadores com atualidade e progresso.

Por que gostamos tanto da tecnologia e nos sentimos atraídos por ela? D. Wolton[6] comenta que se produz um conjunto de transferências. Associa-se tecnologia a juventude, que supõe modernidade, igualdade, liberdade de acesso e deslocamento. No final da década passada, 80% dos programas informáticos dirigidos ao grande público eram jogos, segundo os dados do jornal *Libération*.

Também se associa tecnologia a utopia. A utopia da rede que prega que diante dos computadores todos somos iguais. Voltando à realidade, observamos[7] que, dos mais de 6,7 bilhões de habitantes,

---

[6] WOLTON, D. *Internet ¿Y después?* Editorial Gedisa, Barcelona, 2000. Wolton é diretor de pesquisas no CNRS (Centre National de Recherche Scientifique). Anteriormente havia desenvolvido este discurso em *Penser la communicatión* em Flammanión, 1998.

[7] http://www.internetworldstats.com/ Consulta: 5 de julho de 2010.

José Antonio Gabelas Barroso

só 1,8 bilhão estão conectados à rede. Que o perfil do internauta é masculino, branco e de classe média ou média alta. Citamos as palavras de E. Galdeano, quando afirma que "estamos diante de um mundo sem alma; não há povos e sim mercados; cidadãos, e sim consumidores; nações, e sim empresas; relacionamentos humanos, e sim concorrências mercantis".

Ou seja, a realidade é muito menos multimídia de como nos querem vendê-la. Se a comunicação se reduzir a tecnologia e mercado, estamos transformando nossas relações em somente intercâmbio comercial, alimentando o triste círculo de quem mais tem mais investe para ter mais. As grandes empresas vendem aos que têm, enquanto aqueles que carecem de poder aquisitivo simplesmente não existem. Isso foi afirmado, com um amplo registro de eufemismos, por N. Negroponte, em sua obra *Digital Men*: "ou você digital ou não existe". O custo social já conhecemos, grandes parcelas orçamentárias que deveriam ser utilizadas em projetos de educação ou saúde são destinadas a compras de materiais informáticos que somente beneficiam a poucos, ou que se estragam nos armazéns ou estantes dos centros porque ninguém sabe utilizá-los com uma visão de desenvolvimento comunitário; ou porque se faz com eles o que antes se fazia com a máquina de xérox e a lousa: repetir mecanicamente os conteúdos do ano anterior.

Nossa proposta parte de uma nova abordagem da comunicação, que leve em conta as outras dimensões, a social e a cultural. Como manifesta D. Wolton, é preciso eliminar o falso discurso de que a comunicação é progresso e futuro. Não pode haver teoria da comunicação sem a implicação social. Urge, portanto, socializar as novas tecnologias; humanizar a comunicação. Colombo afirma:

> O Éden da rede está do outro lado de uma cancela que se está abrindo... somente para poucos... Diferentes hierarquias de cérebros utilizarão os computadores, jogarão e experimentarão com eles. Para os excluídos, fica o jogo interativo... para preencher um imenso tempo livre.

Assistimos à criação de um grande parque temático chamado comunicação, onde as marcas globalizadas fidelizam seus clientes com a sensação do bem-estar na conexão.

Consideramos que as TICs não só consistem em usar o computador ou aprender umas noções de informática. O modelo político em que hoje se localizam é neoliberal, com uma clara e única proposta tecnocrata. Dizem e repetem que a irrupção e seu uso gerarão abundância e bem-estar. Isso é indicado por Aparici[8] quando expressa que se parte de um problema tecnológico, quando o problema é econômico e social: pobreza e injusta distribuição da riqueza. De modo que também procuram soluções na tecnologia, quando aí não estão. A reflexão de um *para que*, de uns modelos de sociedade e pessoa, supõe outro modelo de educação. Uma nova forma de aprender e ensinar. Outra comunicação. Esta reflexão é muito difícil sem levar em conta uma série de coisas agregadas e de deformações, que a partir da indústria do marketing foram atribuídas às TICs.

A fenomenologia das telas como cenário lúdico e social

> Havia uma criança que avançava a cada dia, e o primeiro objeto para o qual olhava, naquele objeto se transformava.
> Walt Whitman

Com os MCM foi construído o simulacro da realidade. Antes, liderados pela televisão, acreditava-se no que se via pela telinha doméstica; só existia o que a TV emitia. Com a internet, o You-Tube representa o "existo porque estou e estou porque participo", impôs-se o simulacro da participação, da interatividade. Afirmar o

---

[8] APARICI, R. e SÁEZ, V. *Cultura popular, industrias culturales y ciberespacio.* Em "Mitos de la Educación a distancia y de las nuevas tecnologías". Madrid, UNED, 2003.

conceito de interatividade quando falamos de computadores é uma tautologia, posto que não pode existir computador sem interface, e esta sempre é interativa com o usuário. Este conceito, segundo essa dimensão, descreve processos e sistemas associados à tecnologia digital.

Não há dúvida de que a interatividade é uma das questões teóricas mais complexas. A arte clássica, a vanguardista e, ainda mais, a moderna também foram interativas. Também o são as elipses narrativas do cinema e seus foras de campo, o são as metáforas visuais da literatura e da narrativa audiovisual, a montagem teatral e o jogo de perspectivas da pintura. A partir da década de 1920, as novas técnicas da montagem cinematográfica convidam o espectador a reconstruir a narração e a preencher os "vazios" narrativos. Nos anos sessenta, os dadaístas e futuristas lançaram o *happening* e a *performance* que derivariam numa festa participativa. Em síntese, como dizia L. Manovich,[9]

> com o conceito de mídias interativas exclusivamente no que se refere aos meios que estão baseados no computador, corremos o risco de interpretar 'interação' de maneira literal, tornando-a equivalente à interação física que se dá entre o usuário e um objeto midiático, à custa da interação psicológica.

O termo "interativo" também pode se referir a um modo de relacionar-se com representações ou ficções multimídia. Darley afirma que "é difícil desvincular o espaço do tempo no que se refere a este aspecto. A ilusão de experimentar acontecimentos como se estivessem sendo realizados agora, nos jogos do computador, depende em boa parte da simulação visual" (Darley, 2002: 248). A partir desta abordagem, encontramos a interatividade como uma porta de entrada ao universo ficcional, em que interação e simulação mantêm estreitas vinculações. De modo que subestimamos um

---

[9] MANOVICH, Lev. *El lenguaje de los nuevos medios de comunicación*. Paidós Comunicación, Barcelona, 2005.

Educação na rede. Algumas falácias, promessas e simulacros

conjunto de processos cognitivos como a formulação de hipóteses, o reconhecimento, a identificação e projeção, que também se produzem no processo interativo.

Definir a interatividade não é simples, pois não se diferencia de modo suficiente com a interação. O primeiro conceito implica uma participação ativa de todos os participantes com uma máquina; já a interação seria o processo que se produz entre seres humanos. Quando operamos com uma máquina, só podemos seguir o itinerário planejado previamente pelo programador do produto. Como menciona Aparici na conferência citada, não há necessariamente uma correspondência entre o grau de interatividade de um dispositivo técnico e o nível de democratização da mídia. Do simulacro da realidade com os meios analógicos, especialmente o televisivo, passamos ao simulacro da participação com os ambientes digitais.

Os meios informáticos interativos exibem com insistência sua "qualidade interativa". Vamos nos deter num dos elementos mais característicos: o hipervínculo. Um modo de representar tecnicamente um dos princípios interativos que reproduz o pensamento associativo, muito próprio do pensamento humano. Através de um link que nos permite mudar de página, de imagem, cena, produz-se a metáfora associativa. Mas o clique que executamos só é um trilho marcado pelo programa anteriormente.

A relação do usuário com o computador se produz na interface, que funciona como um código que transporta diferentes mensagens culturais a partir de diferentes suportes. Quando entramos na internet, temos acesso a texto, música, vídeo, web, espaços navegáveis... A interface não só é acesso, ela também contém uma rota pautada. Os diferentes suportes e meios perderam suas singularidades para se encaixarem numa nova disposição. Um sistema hierárquico de arquivos representa uma maneira e um modelo de representação. Entendemos que a interface não é separável do usuário, e que ela determina o conteúdo de cada obra na rede. Uma filosofia no sistema de intenções determinará se queremos que a interatividade

José Antonio Gabelas Barroso

seja mais aberta ou mais fechada. O programador pode estabelecer umas condições, umas regras iniciais que controlem o programa, embora também possa provocar uns comportamentos interativos que procedem do próprio transcurso da execução do programa.

A interface, portanto, gera um tipo de relação com o computador. Contudo, também contém uma linguagem. Uma linguagem cultural que representa qualidades como a memória e a experiência discriminatória. Trata-se de uma linguagem que fala a partir de e com objetos hierarquizados, como o sistema de arquivos e atribuição de ícones, que classifica como a base de dados, que associa e inter-relaciona com o hipervínculo.

Hoje, a TDT (Televisão Digital Terrestre) converge com o ciberespaço, como uma mídia mais integrada ao ambiente das redes. A indústria do marketing integra os modelos de representação tradicionais com as novas mídias. A relação entre os tradicionais MCM e as TICs é um tema muito enviesado em seu estudo, esquecendo que umas mídias não substituem outras, mas elas convergem. A fascinação que as, ainda denominadas, novas tecnologias exercem cobre um desejo muito humano, que pouco mudou com o passar dos anos. Ser jovem, modernidade, novas solidariedades, liberdade de acesso e deslocamentos, igualdade são características que aparecem em todos os anúncios. "Diante do computador, todos somos iguais", seria o slogan dessa macrocampanha muito bem orquestrada pelas grandes empresas tecnológicas e entidades financeiras.

Fenomenologia das telas

Os videojogos, televisão, computador e dispositivos móveis oferecem uma imersão pessoal que enfatiza a relação entre a pessoa e a máquina. Enquanto os jogadores participarem e os usuários interagirem, serão transformados em autores; eles mesmos abrem novos "eus", outras identidades, através desse jogo de interações.

Educação na rede. Algumas falácias, promessas e simulacros

O computador utiliza as janelas como uma maneira de situar-nos em vários contextos ao mesmo tempo. Este jogo de janelas torna-se uma potente metáfora para refletir sobre o "eu" como um sistema múltiplo.

O paraíso de gratificações que estes consumos digitais oferecem precisa empreender uma pedagogia do conflito que entenda que o impacto multimídia é inicialmente emotivo, contextualmente lúdico e cognitivamente social. O conflito começa aceitando a condição de espectador, internauta ou jogador que experimenta a contradição. Sentimo-nos identificados e projetados nas distintas cenas e personagens do ciberespaço que contêm o legado televisivo e cinematográfico. Um cenário real de nossas identificações choca com o nosso cotidiano, gerando tensão; em alguns casos, inclusive frustração e ansiedade.[10] Qual é o papel do educador e da escola? Nossa proposta é que se torne um mediador que facilite um processo de conhecimento e aprendizagem, em que a experiência emotiva,[11] vivida vicariamente pelo espectador/jogador, se transforme em experiência cognitiva, vivida a partir dos espaços de formação; e experiência social, que permita ao sujeito reconstruir os significados percebidos na relação e no diálogo com os outros, na construção de relatos paralelos e/ou alternativos, de modo que consigamos integrar o consumo destas telas, que se produz fora da escola, em documentos[12] para o diálogo, a reflexão, a criação, den-

---

[10] Os relatos publicitários constroem uma mensagem sobre estereótipos e paisagens narrativas fantásticas que prometem paraísos e realizações que jamais se conseguem com o consumo do produto, produzindo frustração e ansiedade. Esta ideia está amplamente desenvolvida no livro *La publicidad ante las aulas* (Prensa Diaria Aragonesa, Zaragoza, 1999), coordenado por J. A. Gabelas e M. C. Gascón.

[11] J. Ferrés tem desenvolvido amplamente este tema em suas obras *Televisión y educación* (Barcelona, 1994) e *Educar en una cultura del espectáculo* (Barcelona, 2000), ambas com Ediciones Paidós.

[12] Não gostaríamos que se interpretasse academicamente como um texto impresso, nem mesmo como material curricular de estudo, e sim como suporte que contém significados e significantes que interessam e afetam e que formam o *corpus* de seu consumo.

tro dos diferentes âmbitos educativos. De modo que possamos dar esse salto qualitativo, do ver-navegar-interagir-jogar para o sentir; e do sentir para pensar e agir. Este trajeto cognitivo não se realiza assepticamente, e sim com os outros. Como indicamos em outro trabalho,

> a mídia transformou o consumo midiático numa "papinha fictícia", em que os relacionamentos humanos, os conflitos bélicos, os dramas familiares, tornam-se um espetáculo com aparente cotidianidade. O lado complexo, a contradição, são tratados como papinha intelectual para que o espectador-internauta-jogador sinta, mas não entenda; emocione-se, mas não reflita; fique impactado, mas não se mobilize (Gabelas e Marta, 2008: 26).

Portanto, a dimensão social da experiência receptivo-criativa dos produtos midiáticos, assim como seu diálogo e expressão coletiva, tem sido subestimada por muitos analistas e por diferentes estudos,[13] descartando um potencial enorme para a construção do sujeito receptor/produtor autônomo e inteligente; crítico e participativo. Apostamos em um cidadão que é, em termos de Carmen Marta,[14] "perceptivo-participante", visto que não se limita a ser espectador, mas descreve o que vê e com o que interage, interpreta a forma e o conteúdo, estabelece comparações.

A educação midiática não se contempla como uma proteção,[15] e sim como uma forma de preparação, que supõe uma dupla finalidade: que os jovens desenvolvam a sua compreensão da cultura midiática, e que participem criando e produzindo suas próprias narrações.

---

[13] Os estudos culturais e semióticos sociais, tanto na programação infantil, como nos dados sobre audiências, estão demonstrando como se produz um processo social e discursivo através do qual os espectadores constroem seus significados. D. Buckingham assim expõe em sua obra *Crecer en la era de los medios electrónicos*. Ediciones Morata, Madrid, 2002.

[14] MARTA LAZO, C. *Análisis de la audiencia infantil: de receptores de la televisión a perceptores participantes*. Servicios de Publicaciones UCM, Madrid, 2006.

[15] BUCKINGHAM, D. *Educación en medios*. Ediciones Paidós, Barcelona, 2005.

Educação na rede. Algumas falácias, promessas e simulacros

A alfabetização midiática atende com prioridade a dimensão social dos consumos e as convivências com as telas, como um cenário real (presencial e virtual, ambos complementares) para a socialização. O que as crianças e os jovens veem na televisão, ou jogam nos consoles, ou navegam pela/batem papo na internet não só corresponde a um processo cognitivo ou intelectual, nem responde a um processo individual. Os programas que são consumidos, os jogos (on-line ou presenciais) que são praticados, os *chats* e conversações que exercitam são essencialmente lúdicos e sociais. O jogo social envolve a presença das telas e alimenta o crescimento de seus usuários. Fala-se, além de rir, jogar, imitar ou rejeitar o que foi visto ou interagido através das telas. Um turbilhão de clubes de fãs e de comunidades virtuais surge e cresce ao redor de programas e jogos que marcam a identidade dos jovens e descrevem seus hábitos, vestimentas, costumes, linguagem e gostos.

As grandes marcas entendem muito bem disto. Adolescentes e pré-adolescentes crescem num mundo em que a Nike é mais que uns tênis, e a Disney mais que um filme. São cidades cheias de sonhos, também guetos onde se fala, se veste, se come para fazer parte de um grupo; "é preciso ser visto" para poder estar e ser do grupo. O outro é a exclusão, porque, como diz um publicitário, "as crianças percebem se um de seus companheiros de sala de aula usa um 'tênis' fora de moda".

Os adolescentes se encontram imersos numa disputa, procurando com ansiedade serem aceitos, agradarem:

> Muito velhos para serem crianças, muito novos para serem adolescentes. Muito velhos para aceitarem uma dependência total dos pais, muito novos para trabalharem, os pré-adolescentes podem criar uma marca de mais de cem milhões de dólares (Quart: 163).

Porque, como indica Ferguson, "os públicos certamente existem, mas só depois de terem sido criados por aqueles que querem vendê-los ou protegê-los" (Ferguson, 2007: 239).

Bibliografia

APARICI, R. & SÁEZ, V. (2003). Cultura popular, industrias culturales y ciberespacio. In: *Mitos de la Educación a distancia y de las nuevas tecnologías.* Madrid, UNED.

BUCKINGHAM, D. (2005). *Educación en medios.* Barcelona, Paidós Comunicación.

CASTELLS, M. (2010). *Comunicación y poder.* Madrid, Alianza Editorial.

DARLEY, A. (2002). *Cultura visual digital.* Barcelona, Paidós.

FERGUSON, R. (2007). *Los medios bajo sospecha.* Ideología y poder en los medios de comunicación. Barcelona, Gedisa.

GABELAS, J. A. & MARTA, C. (2008). *Consumos y mediaciones de familias y pantallas.* Nuevos modelos y propuestas de convivencia. Zaragoza, Governo de Aragón.

JENKINS, H. (2008). *La cultura de la convergencia de los medios de comunicación.* Barcelona, Paidós. Ed. bras.: *A cultura da convergência.* 2. ed. São Paulo, Aleph, 2009.

JURIS, J. (2008). *Networking futures.* The Movements against Corporate Globalization. Durham, Duke University Press.

MANOVICH, L. (2005). *El lenguaje de los nuevos medios de comunicación.* Barcelona, Paidós Comunicación.

MARTA LAZO, C. (2006). *Análisis de la audiencia infantil:* de receptores de la televisión a perceptores participantes. Madrid, Servicio de Publicaciones UCM.

QUART, A. (2004). *Marcados:* la explotación comercial de los adolescentes. Barcelona, Debate.

OSUNA, S. (2007). *Convergencia de medios.* Barcelona, Icaria.

WOLTON. D. (2000). *Internet ¿Y después?* Barcelona, Gedisa.

Capítulo 16
Pesquisar a educação on-line a partir da etnografia virtual.
Reconhecer a complexidade nos novos contextos educativos

Carlos Rodríguez–Hoyos*
Aquilina Fueyo Gutiérrez**
Adelina Calvo Salvador***

Introdução

As experiências de educação virtual estão tendo uma presença cada vez mais importante em diferentes instituições educativas e níveis escolares. Instituições como as universidades, os centros de ensino médio ou as organizações que centralizam a formação profissional estão desenvolvendo práticas educativas on-line com a ajuda de diferentes redes digitais, tendência que continuará crescendo graças às possibilidades oferecidas pela convergência das mídias (Osuna e Busón, 2007; Jenkins, 2008).

As pesquisas e experiências que estão sendo desenvolvidas na Espanha, no âmbito da educação virtual, têm ressaltado tanto seus limites, como suas vantagens. Entre os limites, estaria, por exemplo, o fato de favorecer o isolamento, o individualismo e a introversão dos alunos (Ralón, Vieta e Vásquez, 2004). E entre suas possibilidades são mencionadas a facilidade para atualizar os conteúdos,

---

* Carlos Rodríguez-Hoyos é professor da Universidade de Cantábria, Espanha.
** Aquilina Fueyo Gutiérrez é professora da Universidade de Oviedo, Espanha.
*** Adelina Calvo Salvador é professora da Universidade de Cantábria, Espanha.

a flexibilidade e adaptação às necessidades do usuário ou o estabelecimento de um maior controle do estudante (Cabero e Castaño, 2007). Também se tem reconhecido que, em não poucas ocasiões, o desenvolvimento dessas práticas está guiado por um interesse produtivista que se traduz numa redução das despesas com a produção do ensino e numa tecnificação da modalidade (Rodríguez-Hoyos, 2009).

Essa forma de entender os processos de ensino-aprendizagem encontra um aliado naquela pesquisa educativa que, assim como ocorreu no âmbito da educação presencial, dirige-se a controlar o fenômeno educativo virtual e a tentar estabelecer certas leis de funcionamento que possam ser generalizadas para o resto de processos de ensino on-line. No entanto, diante dessa tendência, é importante reconhecer a existência de várias perspectivas de pesquisa que, englobadas sob o guarda-chuva da pesquisa qualitativa, tratam de ensaiar ambientes teóricos e instrumentos metodológicos que sejam capazes de restituir a complexidade (que é própria da educação) aos fenômenos educativos (Jociles e Franzé, 2008).

Neste capítulo, apresentamos algumas reflexões gerais sobre as metodologias qualitativas derivadas de vários processos de pesquisa dos quais participamos e que tinham como objeto de análise as diferentes práticas e experiências de educação on-line (Fueyo e Rodríguez-Hoyos, 2006, 2008 e 2010; Rodríguez-Hoyos, 2005, 2008 e 2009). Isso nos levará a reconhecer a etnografia, a etnometodologia e a análise crítica do discurso como metodologias de pesquisa que, no campo da educação virtual, podem ser utilizadas com a finalidade de conhecer em profundidade estes processos educativos para melhorá-los, para além da lógica técnico-instrumental que, como já mencionamos, parece dominar um número importante destas experiências.

A seleção do paradigma qualitativo de pesquisa se fundamenta na própria finalidade que, em nossa opinião, deve orientar e dar sentido à pesquisa no terreno da educação virtual e que não é outra que chegar a obter um conhecimento mais complexo e profundo sobre estes processos. A diferença fundamental que tem sido estabelecida entre as abordagens quantitativa e qualitativa está relacionada com a finalidade última que guia ambos os paradigmas de pesquisa. Assim, considera-se que enquanto a pesquisa quantitativa procura *explicar* as causas dos fenômenos estudados através do controle das variáveis, a qualitativa se dirige a *compreender* as realidades que são objeto de estudo (Colás e Buendía, 1992; Stake, 1998; Rodríguez Gómez et al., 1999).

Dessa forma, a abordagem qualitativa nos permite a elaboração de certas perguntas de pesquisa, como as seguintes:

- O que acontece durante o processo de desenvolvimento das experiências de educação virtual?
- Quais são as estratégias e procedimentos utilizados para planejar a formação desenvolvida através da internet?
- Que tipos de significados são dados pelos participantes ao que acontece nos contextos virtuais em que se desenvolvem?
- É possível entender o que acontece neste tipo de experiências sem contextualizá-las no ambiente das instituições que as concebem?
- Que estratégias metodológicas podem ser utilizadas nos processos de pesquisa sobre a educação virtual para chegar a compreendê-los em profundidade?

Determinar a relevância das metodologias qualitativas de pesquisa no terreno da educação on-line supõe reconhecer que estas reflexões são herdeiras de outros trabalhos que já estabeleceram suas potencialidades na hora de estudar os novos âmbitos de formação através da internet (Fandos, 2003; Ruiz, Anguita e Jorrín, 2006; Tejada, Navío e Ruiz, 2007; Martínez Arbelaiz, 2007; Perera, 2007; Cebrian e Vaín, 2008). De qualquer maneira, devemos apontar que as potencialidades destas metodologias não devem ser valorizadas somente a partir do tipo de resultados que podemos encontrar nestes trabalhos, mas também a partir da revisão e reflexão que nos oferecem do próprio processo da pesquisa.

Apresentamos, a seguir, um quadro-resumo em que figuram as principais contribuições da etnografia, etnometodologia e da análise crítica do discurso para o estudo dos processos educativos on-line.

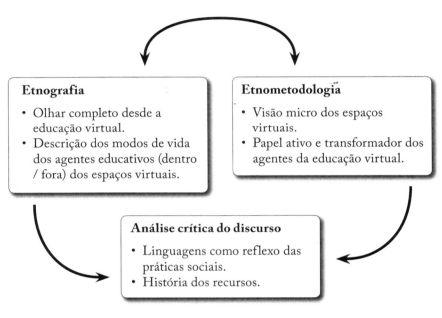

Contribuições das metodologias de pesquisa ao estudo da educação virtual.

A finalidade última deste trabalho é apresentar as possibilidades de diferentes metodologias de pesquisa que permitem produzir um conhecimento antropológico sobre os processos de formação virtual, algo que em nosso país é especialmente importante dada a escassa trajetória da antropologia da educação na Espanha, assim como sua tendência a focar somente a escola. Além disso, reconhece-se também que quando a antropologia e a etnografia são aplicadas à escola (e, como dizemos, em menor medida à educação), produz-se certa "especialização" no estudo sobre minorias étnicas e/ou no trabalho socioeducativo desenvolvido com elas (Jociles, 2008). Deste ponto de vista, parece-nos especialmente relevante o uso destas perspectivas de indagação no âmbito da formação on--line, tanto pelo que supõem de enriquecimento para estas metodologias de pesquisa, como pelo que contribuem para a possível melhoria da formação on-line, abrindo com isso a possibilidade de conceber estes processos educativos a partir de parâmetros diferentes ao técnico-instrumental (Cabero, 2010).

Um olhar para dentro/fora dos espaços educativos virtuais: a etnografia

Dentro do amplo campo da pesquisa qualitativa ou naturalista, alguns autores afirmaram que a etnografia é a metodologia de pesquisa mais adequada para a exploração dos fenômenos educativos, dada a complexidade que eles revelam (Coronel, 1998; Santos Guerra, 1997; Gairín, 1996; Salgueiro, 1998; Díaz de Rada e Velasco, 1997). Essa metodologia de pesquisa, que inicialmente foi utilizada em outras Ciências Sociais, começou a ser utilizada no campo da educação presencial durante a década de 1960 e teve como resultado a publicação de algumas obras de referência como *A escola por dentro: a etnografia na pesquisa educacional* (Woods, 1998). Atualmente, continua tendo uma interessante presença em alguns estudos educativos sobre temáticas como o fracasso escolar no segundo grau (Contreras Hernández, García Martínez e Rivas Fernández, 2000), a inovação na escola (Sancho et al., 1998), as práticas educativas desenvolvidas pelos professores diante da integração escolar (Arguís, 1999) ou o estudo sobre o trabalho docente e psicopedagógico na educação secundária (Calvo, 2008).

Do nosso ponto de vista, seria sensato pensar que a educação virtual compartilha a mesma complexidade atribuída aos processos de ensino-aprendizagem presenciais e que, portanto, esta abordagem metodológica é adequada para a exploração das peculiaridades do ciberespaço. Nosso interesse aqui não é engrossar o debate, que já foi desenvolvido por diferentes autores, sobre a definição da etnografia virtual (Hine, 2002; Domínguez Figaredo, 2007) ou netnografia (Kozinets, 1997; Redondas, 2003; Turpo, 2008), e sim expor algumas reflexões sobre a forma de aplicação dessa metodologia para a compreensão e melhoria dos processos de ensino-aprendizagem on-line. E isso nos leva a realizar uma proposta metodológica combinada necessariamente com a etnografia "tradicional" situada em contextos não virtuais, algo que já foi comentado por outros autores (Marcus, 2001; Gálvez Mozo, 2005; Domínguez Figaredo, 2007), fato que, por sua vez, ajudará a superar o que, para Gálvez Mozo (2005), constitui um dos principais desafios da etnografia virtual: a conexão entre o "virtual" e o "não virtual" como duas dimensões de uma mesma realidade.

Consideramos que uma das vantagens seguras da etnografia é permitir a ruptura com uma visão linear desta modalidade de formação, segundo a qual os processos podem ser controlados racionalmente através de dispositivos técnicos (como, por exemplo, os padrões de programação), que permitem estabelecer um controle da atividade dos alunos e dos professores nos espaços virtuais. A partir desta perspectiva, a única dificuldade está em construir bons materiais didáticos que garantam a aquisição de aprendizagens; paralelamente, a tarefa docente se reduz a constatar que os alunos passam por todas as etapas programadas. Uma das linhas de trabalho que estão sendo desenvolvidas a partir da utilização da etnografia na educação on-line se concentra no estudo da interação nos ambientes virtuais. Assim, autoras como Gálvez Mozo (2005) procuram avaliar a sociabilidade neste tipo de espaços, outras como Miranda, Santos e Stipcich (2007) analisam os padrões de interação social nas comunidades de aprendizagem on-line e outros, como Suárez (2010), estudam a interação cooperativa através de ferramentas de comunicação assíncronas na formação virtual.

Uma das principais características da etnografia, como forma de pesquisa social, é exatamente seu caráter *fenomenológico* ou *êmico* (Del Rincón, 1997). Isto é, a pesquisa etnográfica oferece a possibilidade de obter um conhecimento elaborado pelo grupo que estudamos, de forma que os fenômenos analisados são descritos tomando como referência a perspectiva das pessoas participantes. Do nosso ponto de vista, para oferecer essa aproximação êmica é preciso penetrar na vida das instituições que dão suporte aos citados processos educativos e chegar a conviver com as pessoas participantes dessas experiências. Isto permitiria dotar os espaços virtuais de contexto para compreender, por exemplo, quais são as concepções sobre a educação realizadas pelas pessoas encarregadas de planejar e desenvolver as práticas, quais são as dinâmicas trabalhistas estabelecidas nos centros que organizam esse tipo de processos, quais são os significados atribuídos pelos alunos às interações da sala de aula virtual etc. Assim, consideramos que para chegar a conhecer a perspectiva êmica neste tipo de experiências é preciso ir além do processo que se desenvolve através da web, que só supõe a dimensão mais evidente ou emergente deste processo e que aparece refletida numa série de comunicações textuais ou audiovisuais registradas em espaços virtuais de ensino-aprendizagem. A perspectiva *emic* deve proporcionar uma descrição a partir de dentro, utilizando diferenciações e contrastes que os atores pesquisados consideram significativos, reais, relevantes, verdadeiros ou apropriados. E tudo isso para superar a incerteza já mencionada por Urraco (2008: 8) sobre a análise do que acontece nos ambientes virtuais quando afirma que, "embora possam ser analisadas as interações 'visíveis', os elementos que lançam sombra ao quadro tendem a ser demasiado poderosos para interpretar, com um mínimo de confiança, o conjunto da experiência".

O resultado desse processo de pesquisa deve oferecer uma imagem global do coletivo e das práticas analisadas, de forma que sejam representadas tanto as vozes das pessoas que participam (o que se denomina como perspectiva *emic*) como as interpretações destas vozes, realizadas por aqueles que levam a cabo a pesquisa (perspectiva *etic*), entendendo com isso que todo processo de indagação, a partir da etnografia, implica o encontro entre dois mundos, o dos participantes dos processos educativos e o dos pesquisadores. Como afirmou Díaz de Rada (2003: 32): "Qualquer compreensão literal dos dados que ignore o fato de que eles são produzidos a partir de algum ponto de vista teórico, mesmo que não seja explicitamente elaborado, corre o risco de cair nas falácias do positivismo e do naturalismo". Entendemos, assim, que os dados e informações em nosso processo de indagação são "produzidos" e não tanto "recolhidos"; daí se conclui a necessidade de adotar uma metodologia que nos permita avaliar com qual intenção teórica estamos produzindo dados, como os registramos e a partir de que pressupostos elaboramos relações entre estas duas dimensões.

Dessa forma, nos estudos de corte etnográfico se produz uma redefinição da objetividade ao que alguns autores definem como *intersubjetividade* ou diálogo intersubjetivo (Díaz de Rada e Velasco, 1997). Segundo esta lógica, alcançamos uma maior objetividade na pesquisa quando os pesquisadores são capazes de descrever as realidades educativas com os novos conceitos e categorias que emergem do encontro entre os atores educativos e os pesquisadores, sendo criados com isso novos significados.

Levando em conta tudo isso, o etnógrafo dos espaços educativos virtuais deve estabelecer um processo de diálogo permanente com os atores das experiências de formação, com a intenção de que, através deste diálogo, possa chegar a compreender os significados que eles outorgam ao que ali acontece. Algo que é facilitado pela utilização de estratégias próprias da etnografia tradicional (entrevistas, observações, gravações, grupos virtuais de discussão etc.).

Do mesmo modo que Hammersley e Atkinson (2003) quando refletem sobre a situação do pesquisador em processos de pesquisa etnográfica, consideramos que o etnógrafo virtual deve participar (de maneira mais ou menos explícita) da vida diária das pessoas envolvidas no estudo, durante o tempo que permanecer no campo. A natureza espacial distribuída dos processos de formação on-line faz com que a pessoa que pesquisa permaneça mais oculta do que estaria num contexto "não virtual". Por isso, consideramos necessário que o pesquisador participe durante todo o processo de produção dos dados no ambiente virtual, mantendo uma postura de *evidente presença* que deve ser combinada, necessariamente, com estratégias dirigidas à construção de significados externos ao espaço virtual.

A etnografia se caracteriza por estudar, de forma detalhada e em profundidade, os processos socioculturais, como é o caso da educação virtual, num grupo ou num número reduzido de categorias. Devemos levar em conta que o etnógrafo pode encontrar verdadeiras dificuldades para interagir com as pessoas que participam de processos educativos desenvolvidos no ciberespaço e que o tipo e número de dados produzidos através dos espaços virtuais podem dificultar o desenvolvimento daquilo que Díaz de Rada (2003) caracterizou como a utilização de uma *estratégia intensiva* de pesquisa. Alguns trabalhos sobre os processos de ensino e aprendizagem virtuais já revelaram esse tipo de problemáticas, identificando: momentos em que se produzem prolongados silêncios virtuais (Rodrigues, 2003; Murua, 2007); propostas nas quais se prima pelo trabalho individual com relação ao colaborativo, produzindo-se nos espaços apenas registros textuais (Rodríguez-Hoyos, 2005; Salinas, 2007; Rodríguez Malmierca, 2006; Área Moreira, 2008) ou, inclusive, processos concebidos para dar voz aos alunos nos quais eles apenas participam no espaço virtual (Rodríguez-Hoyos, 2009).

Muito embora compartilhemos com autores como Ardévol et al. (2003) ou Domínguez Figaredo (2007) a ideia de que a etnografia virtual exige ir além da análise da representação textual das comunicações estabelecidas nos espaços virtuais, não podemos considerar óbvio que, se elas não se produzem – ou o fazem raramente –, será necessário dotar-se de outras estratégias metodológicas complementares que permitam chegar a compreender em profundidade o que acontece na realidade que estamos pesquisando e analisar como os sujeitos da pesquisa interpretam essas situações.

Portanto, do nosso ponto de vista, a principal contribuição da etnografia para o estudo dos processos de educação virtual é que esta opção metodológica nos devolve uma imagem destes processos como realidades complexas influenciadas por alguns aspectos de tipo tecnológico, além de outros tipos de fatores como, por exemplo, as concepções sobre a educação utilizadas pelas pessoas que participam, as decisões curriculares adotadas nos processos de planejamento e desenvolvimento ou as prescrições da legislação que regula a atividade das instituições geradoras dessas experiências.

A análise micro da educação virtual: os etnométodos

Na linha aberta pela pesquisa etnográfica, a *etnometodologia* se apresenta como uma interessante metodologia de indagação para a educação virtual, dado que se orienta por conhecer os *etnométodos* das pessoas que fazem parte deste âmbito. Entende-se por etnométodos o conjunto de estratégias, recursos, ideias, processos, valores etc., que os sujeitos utilizam para enfrentar seu trabalho ou para adaptarem-se à realidade educativa em que estão participando. Nesses termos e, como menciona Ritzer (1993: 287), a etnometodologia se refere ao estudo dos "os métodos que as pessoas utilizam cotidianamente para viver uma vida diária satisfatória".

Com relação à utilização da etnometodologia no mundo da educação presencial, devemos ressaltar que Coulon (1995: 113 e ss.) menciona alguns trabalhos que versam sobre temáticas que vão desde as formas de organização do trabalho da sala de aula, aos processos de integração dos alunos com as necessidades educativas especiais. Também no âmbito da educação virtual têm sido

Pesquisar a educação on-line a partir da etnografia virtual

desenvolvidas diferentes pesquisas inspiradas na etnometodologia, como a proposta de Perera (2007), dirigida à análise didática da interação nos fóruns virtuais, e a realizada por Mayans i Planells (2002), orientada à análise das formas de interação através dos chats.

Esta estratégia metodológica nos ajuda a entender os contextos sociais em que são planejados e desenvolvidos os processos de formação virtuais como espaços dinâmicos, como ambientes em que as pessoas implicadas estão ativas e participam permanentemente como agentes capazes de aceitar, transformar, reconstruir etc., aquelas normas e processos que lhes permitem solucionar as dificuldades que caracterizam seus processos de formação.

Dessa maneira, consideramos que os atores que participam dos processos de formação on-line reinventam as normas existentes, criando uma série de procedimentos concretos que lhes permitem enfrentar diariamente seu trabalho e que constituem uma série de regras, na maioria das vezes não escritas, que lhes facilite ir dando respostas a diferentes demandas que surgem. Assim como afirmou Díaz de Rada (2003: 129-130), "qualquer ser humano é um *metodologista* de seu mundo: reflete sobre a estrutura de sua realidade e tenta encontrar solução a estes problemas através de interpretações que procuram ser consistentes".

Tomando como referência esta tradição de pesquisa, acreditamos que uma das possibilidades da etnometodologia para a pesquisa nas experiências de formação através da web radique em suas potencialidades para proceder à análise daqueles métodos e recursos que as pessoas participantes desenvolvem durante suas próprias atividades. Nesse sentido, a etnometodologia nos permite entender que os agentes implicados nas práticas educativas desenvolvidas através da internet, embora estejam influenciados por alguns fatores macroestruturais, têm uma função ativa dentro deles, dado que são eles que dão vida às estruturas que já vêm configuradas e inventam diferentes alternativas que, numa complexa rede de relações sociais, dão sentido a essas formas de organização social e educativa. O tipo de descrições no nível micro, que dão como resultado os estudos etnometodológicos, oferecem novas alternativas para a transformação e melhoria das práticas educativas on-line, na medida em que reconhecem a capacidade das pessoas que intervêm como agentes de mudança e melhora.

Levando em conta o que foi dito, as técnicas utilizadas na produção de dados devem ser orientadas para a finalidade geral de "entender os lugares" em que são desenvolvidas essas práticas numa dupla direção: levar em consideração o mais imediato e que afeta de forma direta a atividade dos atores, assim como entender o contexto mais geral em que se insere esse tipo de experiências e cuja influência parece mais diluída e difícil de precisar (por exemplo, o fato de viver na Sociedade da Informação, o reconhecimento da ideologia neoliberal dominante etc.). Isso exige recorrer a diferentes técnicas de produção de dados que, como já mencionamos, são próprias da pesquisa etnográfica (entrevistas, análises de documentos, observações, análises das interações na sala de aula virtual etc.) e que permitem conhecer detalhadamente as estratégias utilizadas nos processos de planejamento, desenvolvimento e avaliação desse tipo de experiências virtuais.

Portanto, a principal contribuição da etnometodologia, para esta proposta, está relacionada com o reconhecimento do papel dos atores da educação virtual como agentes de mudança e transformação, capazes de reconstruir, aceitar, interpretar, modificar ou criar normas e dinâmicas dirigidas ao aperfeiçoamento deste tipo de educação e, consequentemente, das próprias sociedades em que estão inseridos.

Com isso, esta metodologia nos permitiria mostrar o caráter processual da educação virtual, mostrando empiricamente em que consiste este processo e como se desenvolve. Esta tarefa é hoje considerada fundamental num âmbito como o da antropologia educativa em que, como mencionaram García Castaño e Pulido (1994), esta abordagem tem enfatizado mais o conhecimento e a cultura transmitida do que o estudo do próprio processo de transmissão. Desta forma, o caráter processual do ensino tem sido mais um postulado que um campo de estudo e objeto de pesquisa pedagógica. Isto explicaria também por que no campo da pesquisa sobre a educação virtual algumas das linhas preferenciais têm a ver com o planejamento de materiais educativos na rede, o planejamento de objetivos e repositórios de aprendizagem ou o nível de satisfação mostrado pelos estudantes e professores que participaram dessas experiências formativas (Cagero, 2010) e não tanto com o estudo dos modelos pedagógicos presentes nas salas de aula virtuais (Área Moreira, 2008) ou o estudo dos processos de interação didática na educação virtual (Perera, 2007), por exemplo.

A análise crítica do discurso na educação virtual

Todos os processos educativos e de pesquisa supõem, sempre, um processo de decodificação de discursos, entendendo como tal não somente a linguagem escrita, como também qualquer prática social. Assim como afirmou Díaz de Rada (2003), a análise do discurso deve ser dirigida a explorar as convenções, entre aqueles que produzem o discurso e aqueles que o recebem, que possibilitam a formação de uma comunidade de pessoas que se entendem. E é precisamente a estrutura das convenções que organizam a comunicação entre os sujeitos que nos permitirá conhecer as categorias através das quais eles classificam sua realidade. Dessa forma, podemos chegar a estudar as convenções socioculturais dos sujeitos entre os quais circulam e fazem sentido estes discursos, assim como as posições sociais em relação a um determinado espaço comunicativo.

Esse ponto de vista nos permite reconhecer que os seres humanos criam constantemente convenções, ou seja, produções contingentes que não derivam de uma suposta natureza humana universal, mas que, ao contrário, só podem e devem ser entendidas e analisadas no contexto concreto em que foram produzidas. Por outro lado, este contexto está transpassado por relações de poder, dado que todas as pessoas, como agentes criadores de discursos, tratam de influenciar nos demais e de impor, de uma forma mais ou menos negociada, seus próprios significados. Daí a natureza política (se entendemos a política como a arte de governar e, portanto, de influenciar nos demais) de todo discurso e a necessidade de analisá-lo a partir de um ponto de vista crítico, isto é, de ser capazes de planejar como circulam nesses discursos as relações de poder e de influência. Levando tudo isso em consideração, e como afirmou Wodak (2003), a análise crítica do discurso, como metodologia de pesquisa, entende o discurso ou como *prática social*, ou como uma representação dela. Do nosso ponto de vista, isso supõe proceder à análise das diferentes vozes presentes nas experiências de educação virtual, refletindo sobre o conteúdo que nelas se encontra, dado que quem produz um discurso reflete sua subjetividade através de uma série de ideais e intenções que manifestam sua vontade de influenciar os outros seres humanos.

Desta forma, as práticas sociais, e para o caso que nos ocupa as experiências de educação virtual, podem ser entendidas como "textos" que os pesquisadores devem desentranhar, interpretar e comentar. Para que isso seja possível, devem levar em consideração os diferentes níveis desta prática social e a interação que se produz entre eles; por isso são necessárias várias operações, entre as quais analisar o que os atores dizem e colocar suas vozes num contexto mais geral, aquele da comunidade discursiva da qual fazem parte e que lhes dá sentido.

A utilização desta metodologia não é nova na pesquisa sobre a educação virtual e começou a dar seus frutos em diferentes âmbitos como o da análise dos fóruns didáticos (Perera, 2007). Nesse sentido, consideramos que tem enormes potencialidades no estudo das interações que se produzem nos processos de ensino-aprendizagem virtuais, na medida em que permite encontrar o significado das

Pesquisar a educação on-line a partir da etnografia virtual

diferentes vozes presentes, sua relação no contexto da interação e seu sentido como manifestações das práticas educativas desenvolvidas. Além disso, permite também estabelecer relações entre os discursos e os conhecimentos (implícitos ou explícitos) mantidos pelos profissionais que desempenham sua atividade no ambiente das experiências em que participam e das instituições que as acolhem, apresentando-se estes discursos com um caráter marcadamente grupal. Assim como afirma Van Dijk (2005: 293-294):

> Especialmente relevante para a relação entre discurso e conhecimento é o fato de que o conhecimento pode ser mais ou menos pessoal, interpessoal, grupal e, portanto, compartilhado por um número maior ou menor de pessoas [...]. Desse modo, cada comunidade epistêmica é também uma comunidade de discurso: o que é conhecido pela comunidade não precisa se expressar explicitamente no discurso desta comunidade, exceto no discurso didático, ou quando o consenso sobre o que é conhecido se rompe.

A partir de nossa perspectiva, para compreender em profundidade os processos de ensino-aprendizagem on-line é preciso chegar a conhecer os ambientes em que se desenvolvem, visto que essas realidades são fenômenos em permanente processo de construção por parte das pessoas que participam delas, algo que é impossível de conhecer sem "proporcionar contexto" a cada uma das experiências. De tudo isso, deriva a importância da análise crítica do discurso, posto que esta metodologia dá uma enorme importância à *historicidade* dos textos, entendendo que eles se encontram muito influenciados por fatores como a cultura própria de uma determinada organização educativa ou as características da sociedade do momento em que se desenvolvem as experiências virtuais que nada têm a ver com o puramente linguístico. Seguimos, portanto, a premissa apontada por Fairclough (2008: 176), para quem "a análise do evento discursivo como prática social pode referir-se a diferentes níveis de organização social – o contexto de situação, o contexto institucional e o contexto social mais amplo ou *contexto de cultura*".

Assim, entendemos que para poder interpretar adequadamente as interações produzidas nos ambientes virtuais, ou os discursos dos profissionais que desempenham sua atividade nessas experiências, é essencial conhecer alguns fatores que, conforme já mencionamos, não têm nada a ver com o puramente linguístico desses intercâmbios. Entre eles, poderiam ser consideradas as funções exercidas pelos docentes em cada experiência, os planos ou programas de formação em que se desenvolvem, a legislação que regula o funcionamento das instituições organizadoras, a cultura e a história das organizações que aplicam os processos educativos etc.

Do ponto de vista metodológico, devemos ressaltar que a análise crítica do discurso se apoia numa grande pluralidade de abordagens e teorias, o que a transforma numa ferramenta flexível de trabalho. Nesse sentido, coincidimos com De la Fuente (2001-2002) quando afirma que uma das características básicas da análise crítica do discurso é a sua *interdisciplinaridade*, já que deve integrar conhecimentos de outras disciplinas (sociologia, linguística etc.) para oferecer uma visão completa do objeto de estudo.[1]

Desse modo, a proposta metodológica da análise crítica do discurso trata de revelar não só o que *dizem* as pessoas que participam das experiências de educação on-line, como também o que *fazem*, na medida em que os discursos supõem um reflexo das práticas educativas desenvolvidas, nas quais entram em jogo diferentes relações de poder. Isso permite, por exemplo, comprovar como os docentes das experiências põem em jogo suas estratégias didáticas

---

[1] Segundo o autor citado, a análise crítica do discurso "supõe a inclusão de conceitos tanto históricos como econômicos ou sociais na análise do discurso; por consequência, uma pesquisa com estas características não deveria estar limitada ao estudo das estruturas linguísticas, mas teria de relacionar estas estruturas com os condicionamentos socioeconômicos que afetam um discurso concreto (seja ele literário, publicitário, político etc.), com o contexto histórico e sobretudo cultural em que se desenvolve, com os aspectos cognitivos implicados nos processos de produção e interpretação desse discurso e, em definitiva, com todos aqueles aspectos que sejam relevantes para a relação discurso-sociedade" (De la Fuente, 2001-2002: 410).

Pesquisar a educação on-line a partir da etnografia virtual

nos ambientes virtuais, através da análise das interações produzidas nestes ambientes, ou delimitar suas concepções – explícitas ou implícitas – sobre o ensino virtual.

Conclusões

As reflexões epistemológicas que desenvolvemos neste capítulo respondem a nosso interesse como pesquisadores/as (e cidadãos/ãs) de ir além da mera compreensão das experiências de educação virtual para promover sua transformação, além de procurar critérios de eficácia e eficiência. Trabalhar nesta linha supõe, para nós, manter a premissa de dar um maior protagonismo às pessoas participantes do processo de pesquisa, contextualizar as ações no ambiente social e institucional de seu desenvolvimento e realizar uma leitura em chave ideológica dos argumentos vertidos pelos atores destes processos de educação virtual.

Uma proposta de corte etnográfico, como a que aqui defendemos, possibilita – por um lado – o desenvolvimento de um conhecimento complexo e relacional sobre a educação virtual e – por outro – a proposta de melhorias e mudanças nesse tipo de experiências, ao entender que o papel dos pesquisadores não deve ser meramente "contemplativo", e sim também "comprometido" com o aperfeiçoamento da educação.

Ao mesmo tempo, o fato de considerar a tradição etnometodológica nos leva a reconhecer o papel ativo e transformador de todos os agentes que intervêm nos processos de ensino-aprendizagem virtuais.

Finalmente, a análise crítica do discurso nos permite revisar os discursos em chave histórica para entendê-los em relação a seu contexto e ver como se encontram conformados por fatores extralinguísticos.

Consideramos que uma das fortalezas do uso destas metodologias está relacionada com o desenvolvimento da própria tradição na pesquisa sobre a educação presencial e virtual, que tem demonstrado a pertinência e a necessidade de partir dos pressupostos do paradigma qualitativo para estudar essas realidades. Durante as últimas décadas, diferentes autores duvidaram da idoneidade do paradigma quantitativo de pesquisa para o estudo das Ciências Sociais, no ambiente de uma crítica mais geral aos alicerces filosóficos em que se baseava o projeto da modernidade (Harris, 2000; Bericat, 2003; Constante, 2004; Bauman, 2008). Entre outros elementos, estas críticas têm questionado a forma de entender o conhecimento científico, amparado nos pressupostos do paradigma positivista e cuja finalidade se dirige a descobrir um conhecimento "certo" e "objetivo" da realidade, assim como à predição dos fenômenos sociais.

Diante desses pressupostos filosóficos, outras vozes propuseram uma forma de interpretar o conhecimento científico mais aberta e heterodoxa, que reconhece a existência de "múltiplas" formas de entender a realidade pesquisada, a necessidade de refletir sobre a relação entre o "objeto"e o "sujeito" da pesquisa, assim como a impossibilidade de predizer e controlar os fenômenos sociais devido às características imprevisíveis do comportamento humano. Com certeza, levar em conta estes "novos" pressupostos nos permitirá ter um olhar mais complexo e mais comprometido com a mudança educativa e social.

Bibliografia e outras fontes

ARDÉVOL, E. et al. (2003) Etnografía virtualizada: la observación y la entrevista semiestructurada en línea. *Atenea Digital*, 3, 72-92. A partir de http://antalya.uab.es/athenea/num3/ ardevol.pdf. Acesso em 8/11/2009.

ÁREA MOREIRA, Manuel (dir.) (2008). *Evaluación del campus virtual de la Universidad de La Laguna. Análisis de las aulas virtuales (periodo 2005-07). Informe final.* Unidad de Docencia Virtual,

Universidad de La Laguna. Disponível em http://webpages.ull. es/users/manarea/informeudv.pdf. Acesso em 2/2/2009.

ARGUIS, R. (1999). El pensamiento y la práctica educativa del profesorado ante la integración escolar: un estudio de caso. Cáceres Arranz, J. J. et al. (coords.). *La atención a la diversidad. Revista interuniversitaria de formación del profesorado*, n. 36, pp. 143-156.

BAUMAN, Z. (2006). *Modernidad líquida*. Buenos Aires, Fondo de Cultura Económica. Ed. bras.: *Modernidade líquida*. Rio de Janeiro, Zahar, 2003.

BERICAT, E. Fragmentos de la realidad social posmoderna. *Revista Española de Investigaciones Sociológicas* 102 (2003). Disponível em: http://www.reis,cis. Es/REIS/PDF/REIS_102_ 031167995793345.pdf. Acesso em 27/11/2008. pp. 9-46.

CABERO, J. (dir.) (2010). *Usos del e-learning en las universidades andaluzas: estado de la situación y análisis de buenas prácticas*. Disponível em: http://tecnologiaedu.us.es/nweb/htm/pdf/excelencia1.pdf. Acesso em 1/2/2010.

CABERO, J. & CASTAÑO, C. (2007). Bases pedagógicas del e-learning. CABERO, J. & BARROSO, J. (coord.). *Posibilidades de la teleformación en el Espacio Europeo de Educación Superior*. Barcelona, Octaedro. pp. 21-45.

CALVO, M. A. (2008). Las pedagogías como dispositivos. Un estudio de caso sobre la organización de apoyos escolares en educación secundaria. *Revista Iberoamericana de Educación*, n. 46/7, pp. 1-11.

CEBRIÁN, M. & VAIN, P. D. (2008). Una mirada acerca del rol docente universitario desde las prácticas de enseñanza en entornos no presenciales. *Píxel-Bit. Revista de Medios y Educación*, n. 32, março. Disponível em: www.sav.us.es/pixelbit/pixelbit/articulos/n32/8. pdf. Acesso em 21/1/2009, pp. 117-129.

COLÁS, M. P. & BUENDÍA, L. *Investigación educativa*. Sevilla, Alfar, 1992.

CONSTANTE, A. Un acercamiento a la modernidad. *Revista Razón y Palabra*, n. 40. Agosto-Setembro. Disponível em: http://www. cem.itesm.mx/dacs/publicaciones/logos/anteriores/n40/aconstante.Acesso em 1/12/2008. 2004.

CONTRERAS, J. A.; GARCIA, A.; RIVAS, A. (2000). *Tristes institutos. Una exploración antropológica de un instituto de enseñanza secundaria y su entorno*. Gijón, Fundación Municipal de Cultura, Educación y Universidad Popular.

CORONEL LLAMAS, J. M. (1998). *Organizaciones escolares: nuevas propuestas de análisis e investigación*. Huelva, Universidad de Huelva.

COULON, A. (1995). *Etnometodología y educación*. Barcelona, Paidós.

DE LA FUENTE, M. (2001-2002). El análisis crítico del discurso: una nueva perspectiva. *Contexto*, n. 37-40, pp. 407-414.

DEL RINCÓN, D. (1997). *La metodología cualitativa orientada a la comprensión*. Barcelona, EDIOUC.

DIAZ DE RADA, A. (2003). *Etnografía y técnicas de investigación antropológica*. Madrid, UNED.

_____ & VELASCO, H. (1997). *La lógica de la investigación etnográfica. Un modelo de trabajo para etnógrafos en la escuela*. Madrid, Trotta.

DOMÍNGUEZ FIGAREDO, D. (2007). Sobre la intención de la etnografía virtual. *Revista Electrónica Teoría de la Educación*. Educación y Cultura en la Sociedad de la Información, v.8, n. 1. Universidad de Salamanca. Em: http://gredos.usal.es/jspui/bitstream/10366/56552/1/TE2007_v8n1_P42.pdf. Acesso em 7/4/2009.

FAIRCLOUGH, N. (2008) El análisis crítico del discurso y la mercantilización del discurso público: Las universidades. *Discurso & Sociedad*, v. 2 (1) 170-185. Disponível em: http://www.dissoc.org/ediciones/v02n01/DS2(1)Fairclough.pdf. Acesso em 16/11/2008.

FANDOS, M. (2003). *Formación basada en las Tecnologías de la información y Comunicación: análisis didáctico el proceso de enseñanza–aprendizaje*. Tese doutoral. Universidad Rovira i Virgill. Inédito. Disponível em: <http://www.tdx.cesca.es/TDX-0318105-122643/> [acesso em 3 março 2009]

FUEYO, A. & RODRÍGUEZ-HOYOS, C. (2006). Teleformación: enfoques pedagógicos críticos frente a modelos de mercado. *XVI Jornadas Universitarias de Tecnología Educativa*. Santiago de Compostela, junho.

_____. (2008): A la búsqueda de enfoques pedagógicos críticos en las experiencias de teleformación. *XVI Jornadas Universitarias de Tecnología Educativa*. Madrid, junho.

_____. (2010). O e-learning no ensino universitário: a avaliação a partir de um enfoque didático crítico. SILVA, M.; PESCE, L.; ZUIN, A. (orgs.). *Educação Online*. Rio de Janeiro, Wak. pp. 357-358.

GAIRIN SALLAN, J. (1996). La Investigación en Organización Escolar. *Actas del IV Congreso Interuniversitario de Organización Escolar*. Tarragona.

GÁLVEZ MOZO, Ana M. (2005). Sociabilidad en pantalla. Un estudio de la interacción en los entornos virtuales. *Revista de Antropología Iberoamericana*. n. Especial. Nov.-Dez., pp. 1-29.

GARCÍA CASTAÑO, F. J. & PULIDO, R. A. (1994). *Antropología de la educación. El estudio de la adquisición-transmisión de la cultura*. Madrid, Eudema.

HAMMERSLEY, M. & ATKINSON, P. (2003). *Etnografía: métodos de investigación*. Barcelona, Paidós.

HARRIS, M. (2000). *Teorías sobre la cultura en la era posmoderna*. Barcelona, Crítica.

HINE, C. (2002). *Etnografía virtual*. Barcelona, UOC.

JENKINS, H. (2008). *Convergence culture. La cultura de la convergencia de los medios de comunicación*. Madrid, Paidós. Ed. bras.: *A cultura da convergência*. 2. ed. São Paulo, Aleph, 2009.

JOCILES, María Isabel (2008). Panorámica de la antropología de la educación en España: estado de la cuestión y recursos bibliográficos. JOCILES, María Isabel & FRANZÉ, Adela (coords.). *¿Es la escuela el problema? Perspectivas socioantropológicas de etnografía y educación*. Madrid, Trotta.

JOCILES, María Isabel & FRANZÉ, Adela (coords.) (2008). *¿Es la escuela el problema? Perspectivas socioantropológicas de etnografía y educación*. Madrid, Trotta.

KOZINETS, R. V. (1997). *Initial reflections on consumer investigations of cyberculture*. Disponível em: http://research.bus.wisc.edu/rkozinets/printouts/kozinetsOnNetnography.pdf.

MARCUS, George. Etnografía en/del sistema mundo. El surgimiento de la etnografía multilocal. *Alteridades*, 2001.

MARTÍNEZ ARBELAIZ, Asunción (2007). La interacción mediada por el ordenador en el aula de lengua extranjera: experiencias y reflexiones. *RELATEC: Revista Latinoamericana de Tecnología Educativa*, 6 (2), pp.127-138. Disponível em: http://campusvirtual.unex.es/cala/editio/. Acesso em 16/8/2009.

MAYANS I PLANELLS, J. (2002). *Género Chat O cómo la etnografía puso un pie en el ciberespacio*. Barcelona, Editorial Gedisa.

MIRANDA, A.; SANTOS, G.; STIPCICH, S. (2007). Patrones de análisis de las interacciones en línea desde la perspectiva de la actividad. *Revista Electrónica de la Educación: Educación y Cultura en la Sociedad de la Información*, v. 8, n. 1, pp. 64-80. Disponível em: <http://www.usal.es/~teoriaeducacion/rev_numero_08_01/n8_01_miranda_santos_stipcich>

MURUA ANZOLA, Iñaki (2007). Entornos virtuales: nuevos espacios para la investigación cualitativa. SÁNCHEZ GOMEZ, Maria Cruz & REVUELTA DOMÍNGUEZ, F. I. (coords.). *Metodología de Investigación Cualitativa en Internet. Revista Electrónica de la Educación: Educación y Cultura en la Sociedad de la Información*, v. 8, n. 1. Universidad de Salamanca. Disponível em: http://www.usal.es/~teoriaeducacion/rev_numero_08_01/n8_01_murua_anzola>. Acesso em 3/5/2008.

OSUNA, S. & BUSCÓN, C. (2007). *Convergencia de medios: la integración tecnológica en la era digital*. Barcelona, Icaria.

PERERA, V. H. (2007). *Estudio de la interacción didáctica en e-learning*. Sevilla, Facultad de Ciencias de la Educación de la Universidad de Sevilla. Tese doutoral. Disponível em: http://prometeo.us.es/idea/publicaciones/hugo/tesishugo.pdf. Acesso em 5/4/2009.

RALÓN, L.; VIETA, M.; VÁSQUEZ, M. L. (2004). (De)formación en línea: acerca de las desventajas de la educación virtual. *Comunicar*, 22, pp. 171-176.

REDONDAS, J. (2003). *Netnografías: una mirada a la vanguardia de la investigación comercial*. Disponível em: http://www.baquia.com/noticias.php?idnoticias.php?id=8950. Acesso em 9/1/2009.

RITZER, G. (1993). *Teoría sociológica contemporánea*. Madrid, McGraw--Hill. vv. I e II.

RODRIGUES, M. I. (2003). *Educación en el ciberespacio*. Madrid, UNED. Tese doutoral inédita.

RODRIGUEZ GÓMEZ, G. et al. (1999). *Metodología de la investigación cualitativa*. Málaga, Aljibe.

RODRÍGUEZ-HOYOS, C. (2005). *Teleformación: enfoques pedagógicos críticos frente a modelos de mercado*. Trabalho de pesquisa, Departamento de C.C de la Educación, Universidad de Oviedo, inédito.

_____. (2008). La formación continua en red: estudio de caso de un curso de alfabetización audiovisual desde una perspectiva crítica. *Congresso Edutec 2008*. Santiago de Compostela, setembro.

_____. (2009). *La teleformación en el ámbito de la formación continua: una investigación con estudio de casos*. Universidad de Oviedo. Tese doutoral inédita.

RODRÍGUEZ MALMIERCA, M. J. (dir.) (2006). *El estado del e--learning en Galicia. Análisis en la Universidad y empresa*. Santiago de Compostela. Disponível em: http://observatorioel.cesga.es/resultados/DO_ELE_InformeFinalObsEL_ca.pdf. Acesso em 5/7/2008.

RUIZ, I.; ANGUITA, R.; JORRÍN, I. (2006). Un estudio de casos basado en el análisis de competencias para el nuevo maestro/a experto en Nuevas Tecnologías Aplicadas a la Educación. *RELATEC: Revista Latinoamericana de Tecnología Educativa*, 5 (2) <http://www.unex.es/didactica/RELATEC/sumario_5_2.htm> [Consulta 22/1/2009].

SALGUERO, A. M. (1998). *Saber docente y práctica cotidiana. Un estudio etnográfico*. Barcelona, Editorial Octaedro.

SALINAS, J. (2007). Modelos didácticos en los campus virtuales universitarios: perfiles metodológicos de los profesores en procesos de enseñanza-aprendizaje en entornos virtuales. Disponível em: <www.virtualeduca.info/ponencias/252/virtual_salinas.doc> [Acesso em 3/3/2009].

SANCHO, J. M. et al. (1998). *Aprendiendo de las innovaciones en los centros: la perspectiva interpretativa de investigación aplicada a tres estudios de caso*. Barcelona, Editorial Octaedro.

SANTOS GUERRA, M. A. (1997). *La luz del prisma. Para comprender las organizaciones educativas*. Málaga, Aljibe.

STAKE, R. (1998). *Investigación con estudio de casos*. Madrid, Morata.

SUÁREZ, C. (2010). Aprendizaje cooperativo e interacción asíncrona textual en contextos educativos virtuales. *Pixel-Bit. Revista de Medios y Educación*, n. 36, pp. 53-67. Disponível em: http://www.sav.us.es/pixelbit/actual/4.pdf. Acesso em 11/6/2010.

TEJADA, J.; NAVÍO, A.; RUIZ BUENO, C. (2007). La didáctica en un entorno virtual interuniversitario: experimentación de ECTS apoyados en TIC. *Pixel-Bit. Revista de Medios y Educación*, n. 30, julho de 2007. Disponível em: http://www.sav.us.es/pixelbit/ pixelbit/ articulos/n30n30art/art303.htm Acesso em 14/6/2008.

TURPO, O. W. (2008). La netnografía: un método de investigación en Internet. *Revista Iberoamericana de Educación*, v. 47, n. 2, pp.1-10.

URRACO, M. (2008). Cuando despertó… la tienda de campaña era una aldea virtual (y global). De lo novedoso y lo que no lo es tanto. Reflexiones en torno a la "etnografía virtual". *Gazeta de Antropología*, n. 24, pp. 24-42. Disponível em: http://www.ugr.es/~pwlac/ G24_42Mariano_Urraco_Solanilla.html. Acesso em 23/11/2009.

VAN DIJK, T. A. (2005). Discurso, conocimiento e ideología. *Cuadernos de Información y Comunicación* (CIC), n. 10. Disponível em: http://dialnet.unirioja.es/servlet/busquedadoc?t=an% C3%Adtico+del+discurso&i=1. Acesso em 11/7/2008.

WODAK, R. (2003). De qué Trata el Análisis Crítico del Discurso (ACD). Resumen de su historia, sus conceptos fundamentales y sus desarrollos. WODAK, R. & MEYER, M. (comp.). *Métodos de Análisis Crítico del Discurso*. Barcelona, Gedisa Editorial, 2003. pp. 17-34.

WOODS, P. (1998). *La escuela por dentro: la etnografía en la investigación educativa*. Barcelona, Paidós/MEC.

Capítulo 17
Riscos e promessas das TICs para a educação. O que aprendemos nesses últimos dez anos?[1]

*Nicholas C. Burbules**

|

Nos Estados Unidos temos um ditado que possivelmente existe em todos os países: "Cuidado com o que você pede, porque você pode conseguir". Muitas vezes passamos um longo tempo esperando algo que desejamos ou necessitamos, somente para descobrir que, uma vez que o encontramos, se transformou em algo completamente diferente do que havíamos pensado, ou então que chega acompanhado de outras coisas que não desejávamos ou que jamais teríamos pedido.

O impacto das TICs para a educação deu como resultado algo muito semelhante a isso. Uma grande parte dessa promessa excessiva aconteceu naqueles entusiastas primeiros dias de computadores e da internet: íamos transformar as escolas, resolver os problemas de injustiça, motivar alunos desmotivados, abrir uma ampla gama de novos trabalhos. Hoje, no começo do século XXI, muitos dos problemas da escolaridade ainda continuam sem resolução. Pior ainda, a expansão do uso da tecnologia informática trouxe consigo novos problemas.

---

[1] Este artigo é uma das palestras do seminário internacional "As TICs: da sala de aula à agenda política. Palestras do Seminário Internacional *Como as TICs Transformam as Escolas*", promovido pela Unicef da Argentina.

* Nicholas Burbules é professor da Universidade de Illinois, Urbana/Champaign.

A história da inovação tecnológica está cheia de exemplos como este: o automóvel, a televisão, a energia nuclear. Cada um tem enormes benefícios, ou benefícios potenciais, e cada um apresenta enormes perigos.

Adquirimos mobilidade, mas também engarrafamentos e poluição. Posto que as novas tecnologias, por definição, criam possibilidades novas e imprevisíveis, é impossível prever todos os seus efeitos com antecedência. Seu potencial e sua periculosidade aparecem com claridade só depois de que seu uso se difunde e, muitas vezes, só depois de que nos tornamos dependentes delas. E tem mais: existem tecnologias que foram desenvolvidas com um único uso ou propósito e, muitas vezes, as pessoas utilizam as tecnologias de maneira surpreendente e inesperada.

Quando as companhias telefônicas incorporaram pela primeira vez a possibilidade de mandar mensagens de texto pelos telefones, pensaram que era uma prestação trivial e desnecessária: por que alguém se incomodaria em escrever quando tem um aparelho em mãos que lhe permite falar? Falar não é mais fácil? Não obstante, o resultado não foi assim. Os jovens, em particular, têm uma grande habilidade para transformar as tecnologias para seus propósitos, sem inibições do tipo pensar que as estão usando de modo errado. Usar a roupa íntima sobre a externa, de modo que seja vista, como Madonna? Usar um disco de vinil para criar ritmos movimentando-o com a mão? Usar o boné com a aba para trás?

Por isso, a tecnologia nunca é somente uma máquina ou um objeto em si mesmo; é sempre o objeto e como ele é utilizado. Um sapato pode ser um martelo quando alguém o utiliza para este fim. Esta capacidade criativa das tecnologias em uso é parte de seu poder. Contudo, por definição, estes usos inesperados não podem ser antecipados nem planejados. Ninguém teve a intenção de que as coisas fossem usadas de tal maneira. Assim, encontramo-nos permanentemente com o fato de que o efeito real das coisas não é o que havíamos pensado, e estes usos inesperados podem ser para melhor,

Riscos e promessas das TICs para a educação

ou para pior (ou, como eu gosto de dizer, para melhor e para pior). Esta capacidade de gerar consequências não intencionais deveria nos fazer mais humildes e céticos quando se formulam promessas grandiloquentes sobre as novas tecnologias. E, mesmo assim, continuamos sendo propensos à ideia de que cada novo problema criado pela tecnologia somente precisa de uma nova tecnologia para resolvê-lo (e depois uma nova tecnologia para resolver esta última, e assim sucessivamente).

Estes problemas, como já indiquei, não são exclusivos das TICs, ou das TICs na educação. Contudo, nesse contexto, os riscos de exceder-se nas promessas são especialmente importantes. Os desafios que as escolas enfrentam hoje são tão complexos e desanimadores, que é lógico que surjam grandes esperanças diante de máquinas e redes que prometem contribuir com enormes quantidades de informação e de oportunidades de aprendizagem para as pessoas, sejam jovens ou adultos, de um modo inimaginável para a geração anterior. E essas máquinas e redes têm, sim, um grande potencial. Por essa razão, a sociedade tem enfrentado o problema de proporcionar o acesso a estes recursos e oportunidades. Nos Estados Unidos, estamos muito preocupados com a "exclusão digital", com aqueles que estão sendo deixados de lado na nova revolução digital. Existe o temor, bastante justificado, de que os grupos que não tenham acesso a estas novas oportunidades de aprendizagem se afastem ainda mais das oportunidades de educação e de emprego. Por isso, os governos implementam políticas para expandir o acesso a estas tecnologias. Um exemplo disto seria a participação da Argentina no programa do computador portátil de cem dólares. Eu aplaudo esses esforços. Todavia, como comentei antes, o sucesso sempre tem duas caras. Porque nem bem proporcionamos o acesso aos jovens, descobrimos que o usam para todo tipo de coisas que não queríamos que fizessem. Eles utilizam a tecnologia, uma vez mais, de uma maneira que não é a que se pretendia, mas adequando a seus propósitos. E assim é como, ironicamente, nem bem lhes damos acesso, começamos a imaginar formas de limitar esse acesso através de filtros ou alguma outra estratégia de proibição. Contudo, do mesmo modo que na época da lei seca nos Estados Unidos nos anos vinte, que pretendia que o povo não comprasse bebidas alcoólicas, o único que se consegue é que o processo se torne clandestino ou que se desafie os jovens – que gostam de ser desafiados – a encontrar alguma maneira de transpassar os limites. Esta é outra capacidade desta tecnologia: a de piratear e desmontar qualquer artimanha tecnológica. Uma vez que se encontra o truque, esta mesma tecnologia permite, além do mais, compartilhar o novo descobrimento. Porque aqui não se trata de uma só pessoa que tenta driblar nossas proibições, e sim de muitos, muitos jovens que usam todos os recursos de sua inteligência coletiva, que neste terreno é considerável. Em geral, sabem mais do que sabemos nós.

||

Como disse anteriormente: e agora? Eu continuo sendo um entusiasta das possibilidades das TICs e da internet. Depois de dez anos de inovação e descobertas, há pouco estamos começando a ver seu enorme potencial. E, por certo, agora percebemos que não se pode voltar atrás. A demanda se generalizou, há novos inventos, custos mais baixos, até mesmo há concorrência no nível internacional: tudo se combina de modo que é inevitável viver na era da tecnologia ubíqua. No programa de entretenimentos do avião, escutei um homem que descrevia a casa do futuro: "Todos os eletrodomésticos terão chips inclusos e vão estar em rede. Vamos abrir a porta da geladeira e ela nos dirá: *Espere! Conforme a balança do banheiro, x não faz parte de sua atual dieta*".

Se vocês concordam comigo, esta projeção não representa algo especialmente desejado. Porém, a mesma função que possibilita tão desagradável atributo é também a que permite organizar a vida cotidiana de modo que lembremos de que a comida está fora de validade e de que já não deve ser comida; de que as histórias clínicas

Riscos e promessas das TICs para a educação

permitam que o médico revise as prescrições e remédios que devam ser tomados, ou uma despensa que avise quando algum alimento estiver terminando, e quando houver desconto de um determinado alimento no supermercado. Pouco a pouco vamos nos acostumando a ter carros que nos dão o endereço do hospital mais próximo quando estivermos perdidos numa região que não conhecemos, ou telefones celulares que nos recordem de que estamos chegando tarde a uma reunião. Este é um dos significados de ubiquidade: as tecnologias estão se tornando onipresentes, e se estão vinculando em rede, entre si. Numa era sem cabos, com dispositivos portáteis e manuais, estamos permanentemente conectados. Obviamente, isto traz consigo vários perigos. Vigilância e invasão de privacidade. A potencial expansão do controle do governo ou das corporações. A perda da intimidade. Certo esgotamento por estar demasiado disponível para os demais. Publicidade e solicitações não desejadas.

É outro dos paradoxos do acesso aos computadores: quanto mais facilmente se tenha acesso a outras pessoas e a fontes de informação, mais facilmente os outros têm acesso a você. Como disse no princípio, cuidado com o que pedir. Contudo, em educação, a noção de ubiquidade tem também outros significados.

Nós sempre utilizamos a tecnologia para expandir nossas capacidades físicas e mentais. Antes do texto escrito, a maior fonte de textos era a memória humana; depois foi possível escrevê-los, e depois, mais adiante, imprimi-los e reproduzi-los em muitas cópias. Nossa memória, em algum sentido, se estendeu para além de sua capacidade finita; nossa memória se transformou em "memória + livro". Muitos já estamos acostumados a guardar números de telefone, receitas, aniversários, reuniões, em assistentes eletrônicos que, de modo similar, ampliam nossa memória para além do que está em nossa cabeça. Mas são também, em certo sentido, parte de nossa memória. Se me perguntarem a data de um fato histórico importante, e eu estou justamente trabalhando com o computador, poderia procurar a resposta com a mesma rapidez – ou ainda maior – que a que demoraria em lembrá-la (e isso desde que tivesse conhecido antes essa data). Meu computador me faz mais inteligente. Ele faz parte da minha inteligência?

Ainda me lembro de quando as escolas proibiam as calculadoras de bolso nos exames de matemática porque se pretendia que os estudantes pudessem reter certas fórmulas em sua cabeça. Cada vez em maior medida as pessoas foram vendo que aprender a usar a calculadora como complemento de nosso conhecimento e compreensão é, em si mesmo, um importante objetivo educacional. E se os engenheiros e contadores usam a calculadora em seu trabalho, como explicar aos jovens que estes não podem?

Meu computador também me proporciona um contato instantâneo com muitas pessoas que sabem coisas que eu não sei. Nós, juntos, somos mais inteligentes que qualquer um de nós sozinho. Essa rede distribuída de inteligências faz parte da minha inteligência? Ao ser ubíqua, então de algum modo faz. Eu posso acessá-la a qualquer momento. E assim nos encontramos com outro significado de ubiquidade: os modos em que as TICs criam uma inteligência extensível, tanto em termos tecnológicos como sociais. Qual seria o significado dessas competências em rede para os projetos escolares que implementamos nas aulas? Que impacto têm para a elevação das médias escolares? E em relação ao que consideramos colar numa prova? Muitas das práticas escolares modernas têm sido construídas sobre o modelo do aluno individual. Avaliamos e comparamos indivíduos com outros indivíduos todo o tempo. Não obstante, estamos ingressando numa era em que a inteligência coletiva e a colaboração serão o estandarte de muitos âmbitos de trabalho; em muitos aspectos, já estamos nessa era. As escolas, no entanto, têm sido muito lentas e resistentes à mudança. Em geral, ensinamos da maneira em que fomos ensinados e, enquanto isso, cada vez mais e com maior frequência, vemos que os jovens já estão em outro lugar.

Um terceiro significado de ubiquidade é a ideia de "em todo lugar/em todo momento". As TICs desafiam os limites espaciais e temporários do que chamamos prédio escolar e período escolar. Antes e depois da escola, e além da sala de aula, um crescente número de jovens acessa uma riqueza de oportunidades de aprendizagem que, em seu conjunto, ultrapassa, por volume e diversidade, o que poderia existir em qualquer sala de aula ou biblioteca escolar. Os jovens estão aproveitando estas oportunidades? Como tudo isso impacta no modo em que os docentes deveriam considerar os "deveres de casa"? Como dilui a tradicional diferenciação entre educação formal e informal (ou não formal)?

Eu acho que é preciso que as escolas, e os docentes nas escolas, não considerem que são as únicas (e, inclusive, tampouco as primeiras) fontes de conhecimento para a maioria de seus alunos, especialmente para os alunos a partir de certa idade. Aliás, a escola deve ser pensada como um centro de distribuição, talvez um lugar que coordena e sintetiza diferentes recursos de aprendizagem. Como aprendem os jovens a navegar nesses oceanos de informação? Como aprendem a discernir melhor entre informação valiosa e rumores e mitos? Que função a escola pode desempenhar como equalizadora entre estudantes que possuem um perfil semelhante e quantidade de oportunidades fora da escola, por sua situação familiar ou geográfica, e estudantes que têm poucas oportunidades? Estas são, na minha opinião, as principais razões para transformar as escolas atualmente: não se trata mais de instalar computadores em cada sala de aula; trata-se de romper os limites do que é a "sala de aula" e onde e quando (e com quem) os jovens de hoje realizam suas aprendizagens mais importantes.

No entanto, esta mudança de pensamento significa que os limites devem ser estabelecidos em ambas as direções; não significa somente que é preciso dar aos alunos outro tipo de tarefa para que a façam em casa; também significa que é preciso levar para a aula atividades que envolvam outras ferramentas de aprendizagem e recursos que até agora não haviam sido vistos como típicos da escola. Hoje em dia, por exemplo, muitas escolas proíbem os celulares ou insistem para que os alunos os deixem no escaninho. Assim como outras abordagens proibitivas, esta vai fracassar. Primeiro, porque os jovens certamente serão mais hábeis em driblar as regras; além disso, fracassará de um modo mais grave, porque se esta desperdiçando um recurso de aprendizagem potente e criativo. Antes de proibir os telefones celulares, deveríamos procurar a maneira de incentivar os jovens a usarem os celulares para fazer atividades com valor educativo. Atualmente, os telefones já não são só telefones: têm mensagens de texto e são ferramentas colaborativas, incorporam câmeras e vídeos portáteis; podem ser usados para gravar conversações e reportagens. Se os estudantes estiverem ocupados usando os celulares para estudar, a possibilidade de que funcionem como objetos de distração diminui, embora já saibamos que algumas vezes vão servir mesmo para distrair, não importa o que fizermos. Parece que, e eu acabei de aprender isso, os mais jovens consideram que o e-mail é uma "velha" tecnologia. Não gostam de usá-lo e não o consideram fundamental para suas necessidades. Eles usam mensagens de texto, torpedos. Por isso, os celulares e os dispositivos manuais estão se tornando mais importantes e acessíveis para eles do que os computadores ou até mesmo laptops. No terrível massacre que aconteceu na Universidade Virginia Tech, a administração do colégio tinha enviado um alerta a todos os estudantes sobre o perigo, mas nunca lhes chegou porque a universidade o enviou por e-mail. Os estudantes não leem e-mails.

Existe um último significado de tecnologia ubíqua que eu gostaria de discutir aqui, que é a ubiquidade em termos das oportunidades de aprendizagem ao longo da vida. Não é uma ideia nova, e não foi introduzida somente pela moda das TICs. Na minha universidade, aos alunos de primeiro ano de Engenharia, no primeiro dia de aula, comentei: "40% daquilo que aprenderem nesta matéria

Riscos e promessas das TICs para a educação

já estará obsoleto no momento da sua formatura". Quais deveriam ser os objetivos dessa matéria? Não pode consistir somente em cobrir conteúdos que têm uma vida tão curta. Todos conhecemos as estatísticas sobre quantas vezes se espera que uma pessoa mude de trabalho e, inclusive, mude de profissão.

Até mesmo com uma carreira concluída, a capacitação permanente e o desenvolvimento profissional se transformaram numa expectativa, já não uma opção. As escolas, e até mesmo as universidades, foram criadas na época em que um determinado período de estudos, e depois um diploma ou um certificado ao finalizar, poderiam comprovar que a pessoa estava preparada para um trabalho ou profissão para o resto de sua carreira. As universidades estavam no negócio de outorgar credenciais e certificar essas qualificações. Contudo, esses dias terminaram para sempre; em troca, agora precisamos pensar a educação como um processo contínuo e em permanente mudança. Neste caso, também a ubiquidade das tecnologias e as oportunidades de aprendizagem que elas representam podem ser um componente importante do que deve ser dado aos estudantes durante seus anos de escolaridade.

As tecnologias ubíquas também contribuem com meios para a interação atual e contínua entre alunos, espaços de trabalho e escolas. Isso significa não só que os estudantes podem permanecer em contato com seus docentes e companheiros depois da formatura, e sim que estes estudantes experientes representam um importante recurso para a escola. Como a escola pode aproveitar os conhecimentos e a experiência destes alunos como parte da aprendizagem dos estudantes que ainda estão nos cursos e, ao mesmo tempo, favorecer aqueles que se formaram a encontrar seu desenvolvimento profissional? Aqui novamente vemos que pensar numa rede distribuída de conhecimento e *expertise* é mais valioso que pensar que a escola é a única ou a primeira fonte de conhecimento e *expertise*. Contudo, isso exige grandes mudanças nas escolas, posto que abre muitas oportunidades e recursos para elas.

III

As escolas mudarão do modo como está sendo pedido, à luz desses novos desafios e oportunidades, riscos e promessas emergentes?

Tomara que sim. Mas, que esta mudança aconteça ou não, está menos ligado às possibilidades tecnológicas, acredito, do que aos limites do desejo e da imaginação. O maior obstáculo a estas novas possibilidades educativas aqui mencionadas pode ser a resistência a renunciar a costumes conhecidos e confortáveis. Isso pode ser algo muito difícil, como todos sabemos. Permitam-me citar brevemente alguns desses hábitos.

Um hábito é a abordagem proibitiva que mencionei antes. As escolas estão obrigadas por lei e por solicitação dos pais a serem lugares seguros para os jovens. E é certo que existem perigos na internet, dentro de uma gama que abrange desde o perigo de perder o tempo, até o perigo da desinformação e de encontrar adultos gananciosos que tentam tirar proveito dos jovens. Estes são perigos reais e nada triviais. Não obstante, se o propósito das escolas é contribuir para que os jovens sejam menos vulneráveis a estes perigos, o objetivo deveria ser aprender a reconhecê-los e evitá-los.

O paradoxo é que aprender a reconhecê-los e evitá-los necessariamente implica ganhar experiência dentro do ambiente em que existem como riscos. Ninguém quer que seu filho se afogue, mas não se aprende a nadar ficando fora d'água. As autoescolas não podem ensinar com simuladores ou num estacionamento, embora pudesse começar por aí. Em algum momento, o aprendiz tem que sair para as ruas, onde estão todos os motoristas perigosos, e tem que aprender a reconhecer e evitar esses perigos. Se quem estiver aprendendo a dirigir tiver um acidente (e de vez em quando o terá), nem por isso fecharíamos as autoescolas. Precisamos de uma "autoescola de internet" (esta é uma frase de um dos meus alunos).

Riscos e promessas das TICs para a educação

Com muita frequência, as políticas escolares que proíbem celulares, e-mails ou sites de redes sociais, como o MySpace, nas escolas estão nadando contra uma corrente muito poderosa. Se para esses lugares se dirige o tempo, a atenção e as energias dos jovens, é então um tempo, uma atenção e uma energia que – através de um planejamento criativo – podem ser orientados a projetos educacionalmente produtivos que utilizem essas tecnologias. E tem mais: como já comentei, as tentativas de proibição geralmente não funcionam, já que fazem com que essas atividades se realizem de maneira subterrânea. Sim, esses aparelhos chegam a ser tremendamente distrativos e fazem perder o tempo; mas o mesmo acontece com olhar para fora da janela, passar recadinhos aos colegas ou rabiscar na carteira. As escolas sempre tiveram que lidar com este tipo de distrações e sempre tiveram que ensinar os jovens a aprenderem a canalizar seus esforços para alguma direção educativamente produtiva. Esta é, precisamente, a última versão desse desafio.

Uma linha mais profunda para continuar pensando sobre isso seria que uma cultura de aprendizagem ubíqua significa que as escolas não são o único e principal lugar em que se dão as aprendizagens e, para algumas pessoas, nem sequer o mais importante. Isso não significa que as escolas não desempenhem um papel central, e ainda mais, essencial, e sim que já não têm o papel monopólico ou a custódia do conhecimento. Trata-se de algo mais parecido, como mencionei, a ajudar os jovens na integração a um leque de influências, a aprender a ter opiniões críticas e avaliar seus benefícios e propósitos. A aprendizagem ubíqua também pode soar como uma cacofonia insuportável: demasiada informação, demasiadas possibilidades.

Os jovens, de modo particular, podem possuir as habilidades tecnológicas, mas carecem da experiência e de uma visão de mundo mais ampla que lhes permita selecionar, interpretar e avaliar todas essas opções. Quais seriam valiosas e úteis, não só a curto prazo, mas para toda a vida? As escolas devem fazer mais para dar-lhes ferramentas para que possam fazer estas escolhas, tanto na escola como fora dela e ao longo de suas vidas.

Essa descentralização da autoridade escolar também significa renunciar a certo tipo de controle unilateral sobre as condições da aprendizagem. Particularmente, na medida em que os estudantes crescem, o papel do educador é mais o de ser um guia ou administrador do que um diretor. Isso significa duas mudanças importantes no relacionamento professor-aluno: primeiro, significa comprometer os jovens a partir do lugar em que se encontram. Há algumas coisas que eles vão viver e aprender, com ou sem a participação dos docentes; eles têm seus próprios interesses e desejos para cumprir. Estes interesses e desejos podem guiar e motivar aprendizagens que estiverem relacionadas com as prioridades que a escola estabelece para os jovens; mas é preciso fazer a conexão entre ambos.

Uma segunda mudança importante é que, neste tema, os estudantes muitas vezes são especialistas. Provavelmente, nunca tenha existido na história um período em que um aspecto tão importante para a educação estivesse mais sob o controle dos alunos do que dos professores. Isso requer, considero, um relacionamento entre docentes e estudantes que seja mais próximo da negociação do que das palavras de ordem. E tem mais: os alunos têm muito para ensinar aos professores sobre as TICs. Eles agora são uma fonte importante com valor educativo. Isso sugere um relacionamento muito mais colaborativo entre estudantes e docentes do que aquele que a maioria dos modelos de ensino-aprendizagem possa considerar.

Finalmente, essa natureza de rápido crescimento que o conhecimento apresenta em muitos campos significa que as escolas e os docentes nunca vão poder dar aos estudantes tudo o que eles precisam saber e estar preparados para fazer com sucesso ao longo de sua vida profissional e pessoal. O que permanece ao longo do tempo não são os fatos específicos, mas o "como fazer": competências, capacidades e atitudes que habilitem aprendizagens e desenvolvimentos futuros à medida que o conhecimento muda. Também muitas dessas competências, capacidades e atitudes se referem a navegar, usar e aprender de maneira frutífera através de ambientes de *e-learning*. Isso implica uma forma diferente de planejar o currículo e um modo diferente de avaliar e certificar as aprendizagens. Os testes poderão fazer parte do filme, mas, em princípio, não os testes sobre o domínio de conteúdos conceituais.

Assim, é isso que considero que aprendemos das TICs na educação, durante os últimos dez anos: ambos têm riscos e promessas. Muitas vezes superestimamos as promessas. Às vezes superestimamos os riscos. Agora, quero sugerir, precisamos ver esses dois aspectos um em relação com o outro. Precisamos ter uma visão realista das tecnologias no âmbito da educação. Necessitamos estar abertos durante todo o tempo para a possibilidade de que seus efeitos não sejam os esperados, porque essa é a lição que nos dão todas as mudanças tecnológicas. Devemos estar conscientes de que as mudanças mais importantes causadas pelas tecnologias não se devem às próprias tecnologias, e sim a uma mudança de ideias e práticas sociais que as acompanham. Para os docentes, isso não significa simplesmente instalar computadores nas salas de aula e integrá-los à nossa maneira de ensinar e conduzir a aula. Os computadores não são somente um "sistema de distribuição" de informação: são poderosas ferramentas colaborativas e em rede, que rompem os limites espaciais e temporários do que entendemos como uma sala de aula, um ciclo letivo ou uma jornada escolar. Essas mudanças fundamentais podem ser difíceis e muito ameaçadoras.

Não pretendo minimizar o problema. O que quero ressaltar é que, com ou sem a nossa participação, essas mudanças estão igualmente acontecendo: os interesses, atividades e formas de aprender dos jovens estão mudando e determinam o caminho. E somos nós que devemos acelerar o nosso ritmo para estar com eles.

Impresso na gráfica da
Pia Sociedade Filhas de São Paulo
Via Raposo Tavares, km 19,145
05577-300 - São Paulo, SP - Brasil - 2014